Thorsten Paprotny

Kurze Geschichte der Philosophie der Aufklärung

W0177260

HERDER spektrum

Band 5557

Das Buch

„Aufklärung", so das berühmte Wort Immanuel Kants, „ist der Ausgang des Menschen aus seiner selbstverschuldeten Unmündigkeit". Nicht allein Signum einer historischen Epoche, weist sie auf das der Philosophie eigene Verlangen hin: den Einzelnen aufzuklären – über sich und über die Welt, in der er lebt, über die Gesellschaft und den Staat. Aufklärung will dem Menschen dazu verhelfen, die Fesseln abzustreifen, von denen bereits Platons Höhlengleichnis erzählt. Der Mensch soll lernen, sich seiner eigenen Vernunft zu bedienen. Und so verbindet sich die Philosophie der Aufklärung auf vielfältige Weise mit dem Gedanken der Erziehung als Weg zur Emanzipation.

Anschaulich und mit vielen Anekdoten folgt der Autor den Spuren Kants, Voltaires und Rousseaus, den Epochen des Idealismus und der Romantik bis weit ins 19. Jahrhundert: Schelling, Fichte und Hegel, Schopenhauer, Kierkegaard und Feuerbach. Schließlich Karl Marx, wortmächtiger Aufklärer und Dogmatiker zugleich. Die spannende Darstellung eines Denkens, das bis in unsere Gegenwart hinein wirkt.

Der Autor

Thorsten Paprotny, Dr. phil., lehrt an der Universität Hannover. Zahlreiche Veröffentlichungen. Bei Herder Spektrum: Kurze Geschichte der antiken Philosophie. Herder Spektrum 5286.

Thorsten Paprotny

Kurze Geschichte der Philosophie der Aufklärung

HERDER

FREIBURG · BASEL · WIEN

Gedruckt auf umweltfreundlichem,
chlorfrei gebleichtem Papier

Originalausgabe

Alle Rechte vorbehalten – Printed in Germany
© Verlag Herder Freiburg im Breisgau 2005
www.herder.de
Satz: Rudolf Kempf, Emmendingen
Herstellung: fgb · freiburger graphische betriebe 2005
www.fgb.de
Umschlaggestaltung und Konzeption:
R · M · E München / Roland Eschlbeck, Liana Tuchel
Umschlagfoto: © zefa images
ISBN 3-451-05557-0

Inhalt

I. Die Philosophie der Aufklärung im 18. Jahrhundert

Welches ist das primäre Ziel der Aufklärung? Selbstständig denken zu lernen, können wir mit Immanuel Kant antworten. So besehen ließen sich nahezu alle Philosophen der abendländischen Geschichte zu den Denkern der Aufklärung zählen, von den Vorsokratikern, die die mythologische Sicht der Welt kritisierten, bis hin zu den Repräsentanten der postmodernen Philosophie, die die Probleme unserer Zeit kritisch beleuchten.

Auch wenn die Geschichte des abendländischen Denkens am Leitfaden der Aufklärung entwickelt werden könnte, umfasst diese Darstellung eine vergleichsweise kurze Epoche. Sie beginnt im 18. Jahrhundert mit der so genannten deutschen Schulphilosophie und der französischen Aufklärungsphilosophie und endet mit der Gestalt, dessen Werk bestimmenden Einfluss auf das 20. Jahrhundert besessen hat: Karl Marx.

Die französischen Aufklärer beispielsweise waren davon überzeugt, dass alle Menschen nach Frieden und Glück, nach Gerechtigkeit, Wahrheit und Entfaltung ihrer Talente streben. Letzteres würden wir heute Selbstverwirklichung nennen. Die Denker dieser Zeit waren überzeugt, den Menschen grundlegend verändern und auf vernünftige Weise formen zu können.

Einig sind sich die Aufklärungsphilosophen in der Ablehnung der Theorie der Erbsünde und in der Ausrichtung auf die menschliche Vernunft. Nicht die Erlösungsbedürftigkeit des lasterhaften, schuldig geborenen Wesens Mensch, sondern dessen Bildungsfähigkeit wird im Zeitalter der Aufklärung herausgestellt. Der Mensch ist unschuldig geboren. Trotz all seiner physischen Unzulänglichkeiten kann er zu einem sozialen, intelligenten Wesen erzogen werden. Verdorben wird der Mensch von schlechten Erziehern, durch den Einfluss klerikaler Autorität und durch politische Unterdrückung. Kraft der Vernunft sollen brutale Gesetze abgelöst werden. Die Macht der Kirche gilt es aufzuheben oder zumindest erheblich einzuschränken. Absolutistische Herrschaft soll überwunden werden. Jeder Mensch kann und muss die vernünftigen Gesetzmäßigkeiten wieder entdecken, gemäß denen er als Individuum und in der Gemeinschaft ein wahrhaft natürliches Leben führen soll.

Wünscht sich der Mensch wirklich, mit sich selbst und mit seinesgleichen in Frieden und Harmonie zu leben? Taugt die oft so schwache Vernunft zu diesen hehren Zielen als Richtschnur? Der reaktionär gestimmte Philosoph Joseph de Maistre beurteilte die Aufklärung als verderblichen Unfug. Er war überzeugt, dass der Mensch von Natur aus böse ist und selbstzerstörerisch handelt. Bereitwillig zieht er in Kriege. Armselige Lebewesen mordet er zu Tausenden. Warum verhalten sich Menschen auf diese Weise? Niemand findet darauf eine glaubhafte Antwort. Der Mensch erweist sich als ein zutiefst disharmonisches Geschöpf. Wer auf die Erziehbarkeit des Menschengeschlechts vertraut, ist ein gutgläubiger Narr. Den Menschen vor sich selbst und seinen niederträchtigen, bösartigen Mitmenschen zu schützen, gelingt einzig einem autoritären Regime, einem Staat, der sich den heimtückischen Angriffen aller Feinde, im Innern wie im Äußeren, zu erwehren weiß.

Auch Johann Wolfgang von Goethe betrachtete die Philosophie der Aufklärung und die mit ihr verbundene Revolution in Frankreich im Jahr 1789 mit Unbehagen. Was wurde in der politischen Wirklichkeit aus den propagierten humanistischen Idealen? Der emphatisch artikulierte Traum von Freiheit, Gleichheit und Brüderlichkeit versank in Terror und Anarchie. Der

Dichter stellt ernüchtert fest: „Was ist das für eine Zeit, wo man die Begrabenen beneiden muss?" Juan Donoso Cortés, einer der schärfsten Kritiker seiner Zeit und ihrer Vordenker, warnt in seiner Schrift „Der Staat Gottes" vor dem Versuch, den Himmel schon auf Erden verwirklichen zu wollen: „Wer den Völkern glaubhaft gemacht hat, die Erde könne ein Paradies sein, der konnte ihnen erst recht den Glauben beibringen, die Erde müsse ein Paradies sein, wo niemals Blut fließt. Doch nicht in dieser Illusion liegt der Kern des Übels. Es liegt vielmehr darin, dass in dem Augenblick, wo alles an diese Illusion glauben wird, selbst die harten Felsen Blut schwitzen werden und die Erde sich in eine Hölle verwandeln wird. In diesem dunklen Erdentale kann der Mensch nicht nach einem unmöglichen Paradies jagen, ohne zu allem Unglück auch noch das bisschen Seligkeit zu verlieren, das ihm zusteht." Wenn man diese hellsichtigen, prophetischen Worte bedenkt, scheint es, als sähe der spanische Denker die Schrecken des Totalitarismus im 20. Jahrhundert voraus, die sich unter anderem mit dem Kommunismus verbinden.

Die Philosophen der Aufklärung sind von großer Zuversicht erfüllt. Die Vernunft soll Mut zu sich selbst fassen. Maßgeblichen Einfluss auf die Denker dieser Zeit besaß das Schrifttum eines selbstbewussten Naturwissenschaftlers. Der Physiker Isaac Newton hatte 1687 den Traktat „Philosophiae naturalis principia mathematica" publiziert, eine Abhandlung über die mathematischen Prinzipien der Naturphilosophie, die das Verständnis von Philosophie überhaupt nachhaltig veränderte. Newton suchte nach Gesetzmäßigkeiten in der Ordnung der Natur. Er argumentierte nicht mit erdachten Vermutungen und metaphysischen Prämissen. Als Maßstab für eine solide Wissenschaft kann einzig die Orientierung an den gegebenen Phänomenen der Natur gelten. Die Wissenschaft muss sensibel werden für die Gegenstände. Ursachen sollen nachweislich aus Wirkungen abgeleitet werden. Wer aber spekulative Metaphysik betreibt und beliebige Theorien über die Zeit, den Menschen und die Geschichte aufstellt, verliert sich in triviale, törichte und gefährliche Gedankenspielereien. Zum Wissenschaftler in einem strengen Sinne taugt er nicht.

Newton stellte Leitlinien auf, entsprechend denen philosophiert werden soll. Was er fordert, ist unmittelbar einsichtig: Ein Wissenschaftler soll nur diejenigen Ursachen zur Erklärung von Phänomenen der Natur gelten lassen, die zutreffen und auch genügen, um das, was ersichtlich ist, zu erklären. Was darüber hinausreicht, ist unwissenschaftliche Spekulation. Gleichartige Wirkungen sollen den jeweils gleichen Ursachen zugeordnet werden.

Eine Regel Newtons bedeutete einen vollständigen Einschnitt gegenüber der zeitgenössischen, empirieresistenten Philosophie: „In der Experimentalphysik muss man die aus den Phänomenen durch Induktion geschlossenen Sätze, wenn nicht entgegengesetzte Voraussetzungen vorhanden sind, entweder genau oder annähernd für wahr halten, bis andere Erscheinungen eintreten, durch welche sie entweder größere Genauigkeit erlangen oder Ausnahmen unterworfen werden.“

Auch die Frage nach Gott beschäftigte Isaac Newton. Die neuzeitlichen Versuche indessen, seine Existenz zu beweisen, missbilligte er. Newton war Deist und der Auffassung, dass Gott die „Weltenuhr“ von Zeit zu Zeit neu aufziehen muss. Für die Notwendigkeit eines Offenbarungsglaubens bietet das Weltgefüge weder Anlass noch Hinweise, vielleicht aber für die konkrete Möglichkeit eines göttlichen Baumeisters: „Eine gesunde und wahre Naturlehre gründet sich auf die Erscheinungen der Dinge, welche uns, selbst wider unseren Willen und widerstrebend, zu derartigen Prinzipien führen, dass man in ihnen deutlich die beste Überlegung und die höchste Herrschaft des weisesten und mächtigsten Wesens wahrnehmen kann." Auch unter den Nachgeborenen fanden der 1721 verstorbene Newton und sein Werk zahlreiche Bewunderer.

Die deutsche Aufklärungsphilosophie

Über Gott und die Welt wurden an den deutschen Universitäten „vernünftige Gedanken" mit Hilfe des „gesunden Menschenverstandes" angestellt. Ein Denker wie Christian Wolff zeichnete sich nicht durch kühne Originalität aus. Er griff vielmehr die tradierten Probleme der Philosophie auf und stellte sie auf eine neue Weise dar, indem er die erörterten Fragestellungen volkstümlich abhandelte. Jeder Mensch, der den eigenen Verstand nutzt – so war der Leibniz-Schüler Wolff überzeugt –, vermag die Glückseligkeit zu erlangen. Die Denker, die sich der deutschen Aufklärungsphilosophie des 18. Jahrhunderts zugehörig wussten, verband Wolffs Bemühen, popularphilosophisch tätig zu sein und „vernünftige Gedanken" zu äußern, die, im Einklang mit der Metaphysik des neuzeitlichen Rationalismus, als ethische Unterweisungen taugten.

Christian Wolff 1679 – 1754

Christian Wolff wurde 1679 in Breslau geboren. In seiner Jugend las er die Schriften Descartes'. Wolff studierte an der Universität Jena und habilitierte sich später in Leipzig. Seiner Bekanntschaft mit Leibniz verdankte er die Professur in Halle, wo er auf Deutsch Vorlesungen über Mathematik, Physik und Philosophie hielt. Seine Lehrveranstaltungen waren gut besucht, doch auch die Kommissionen der Regierung beobachtete ihn argusäugig. Schließlich veranlasste der preußische Kö-

11

nig Friedrich Wilhelm I., dass Christian Wolff Halle verlassen musste. Der verbannte Professor galt als philosophischer Märtyrer: Er lehrte nämlich, dass die Moral auf der Vernunft und nicht auf dem Glauben basiert. 1723 wechselte Wolff nach Marburg und wurde dort von den Studenten begeistert empfangen. Er veröffentlichte zahlreiche Schriften mit „vernünftigen Gedanken". In Halle erschien 1720 die Abhandlung „Vernünftige Gedanken von des Menschen Tun und Lassen", eine populäre Handreichung zur Ethik. 1725 wurde das Opus „Vernünftige Gedanken vom Gebrauche der Teile in Menschen, Tieren und Pflanzen" publiziert. Wolff legte ein in sich geschlossenes philosophisches System vor, in das er die praktische Philosophie ebenso integrierte wie politische Themen und Abhandlungen zur Problematik des Natur- und Völkerrechts.

Als Friedrich II. 1740 die Regierungsgeschäfte übernahm, durfte Christian Wolff nach Preußen heimkehren. Neue Abhandlungen legte er in lateinischer Sprache vor. Wolffs Philosophie sollte in ganz Europa Wirkung zeigen, getreu seinen Prinzipien: „Wissenschaft ist eine Fertigkeit des Verstandes, alles, was man behauptet, aus unwidersprechlichen Gründen unumstößlich darzutun." Die von Wolff erarbeitete Methodik der Wissenschaften wurde für die Schulphilosophie maßgeblich: „1. dass ich kein Wort brauche, welches ich nicht erklärt hätte; wodurch dem Gebrauch des Wortes sonst eine Zweideutigkeit entstehen könnte, oder es an einem Grunde des Beweises fehlte; 2. dass ich keinen Satz einräumte und im Folgenden als einen Vordersatz brauchte, den ich nicht vorher erwiesen hätte; 3. dass ich die folgenden Erklärungen und Sätze miteinander beständig verknüpfe und in einer stetigen Verknüpfung auseinander herleitete." Im Feld der Philosophie soll anschaulich, handfest, lückenlos und fehlerfrei argumentiert werden. Über die akkurate Prüfung der Begriffe und die penible Dokumentation und Analyse der Bedingungen aller Sätze gelangt der Philosoph bis zu den Grundsätzen, die unbedingt feststehen. Das System aller Wissenschaften ist streng logisch geordnet und widerspruchsfrei – und deswegen zugleich natürlich und wahr. Philosophie als Wissenschaft soll nach Wolffs Überzeugung „alles Mögliche" erklären. Als Hilfsmittel bediente er sich der euklidischen Geometrie.

Eine „verständliche" Erklärung schließt unerlaubte wie unberechtigte theoretische Konstruktionen aus und weist bloße Fiktionen ab. Die Natur der Gegenstände entspricht der Natur der Vernunft. Über Wolffs „vernünftige Gedanken" lassen sich die in Gott gegründeten Ordnungen der Wirklichkeit und des Geistes erschließen. Im Bereich der Ethik orientiert sich Wolff am Nützlichen. Der menschliche Wille wird heteronom bestimmt durch die verständnisvolle Einsicht in das, was an sich gut und richtig ist. Was mittels der Vernunft erkannt wird, gilt verbindlich wie ein Gebot oder Verbot.

Wolff vertrat den Standpunkt des Naturrechts. Jeglichen Rechtspositivmus lehnte er ab: „So braucht ein vernünftiger Mensch kein weiteres Gesetz, sondern vermittels seiner Vernunft ist er sich selbst ein Gesetz." Ein vernünftiger Mensch orientiert sich ausschließlich an dem Gesetz, das ihm die Vernunft vorschreibt. Er steht mit dem göttlichen Recht in Einklang.

Den Gedanken der moralischen Autonomie – der Mensch gibt sich selbst das moralische Gesetz – kannte Wolff indessen nicht. Er sah gleichwohl ein, dass unvernünftig agierende Menschen durch positives Recht, das idealerweise mit dem Naturrecht übereinstimmen soll, gelenkt und mit entsprechenden Sanktionen für Vergehen zum rechtmäßigen Tun ermuntert werden müssen. Wolffs Ethik mündet in einfache Sentenzen und Anweisungen: „Tue, was die Wohlfahrt der Gesellschaft befördert; unterlass, was ihr hinderlich oder sonst nachteilig ist."

Christian Wolff lehnte nicht durchdachte Verfahrensweisen und planloses Vorgehen in der Wissenschaft ab. Wahrheit, so seine Überzeugung, lässt sich nicht auf gut Glück mit Erfahrungen und Gemeinsinn entdecken. Man muss sich streng an den Prinzipien der wissenschaftlichen Methode orientieren. Diese Grundsätze hielt Wolff für universell gültig und in sich notwendig. Korrektes und folgerichtiges Denken gelingt nur unter Anwendung dieser Prinzipien, die für jeden Erkenntnisbereich gelten. Wer sie beherzigt, gelangt zu „vernünftigen Gedanken".

Christian Wolffs Philosophie war einflussreich, wirkte aber zunehmend altväterlich. Der redselige Philosoph formulierte im Alter zunehmend missverständlich und undeutlich. Wolff verstarb im Jahr 1754.

Moses Mendelssohn

Moses Mendelssohn wurde 1729 in Dessau geboren. Als gläubiger Jude bemühte er sich, innerhalb seiner Gemeinde in Berlin aufklärerisch zu wirken und die Glaubensgenossen zu bilden. Mendelssohn war überzeugt, dass das Individuum geschult, erzogen und erbaut werden kann, zweifelte aber, dass mit der Aufklärung ein allgemeiner Fortschritt des Menschengeschlechtes erreicht würde: „Der Fortgang ist nur für den einzelnen Menschen. Aber dass auch das Ganze, dass die Menschheit hienieden in der Folge der Zeiten immer vorwärtsrücken und sich vervollkommnen soll, dieses scheint mir der Zweck der Vorsehung nicht gewesen zu sein; wenigstens ist dieses so ausgemacht und zur Rettung der Vorsehung Gottes bei weitem so notwendig nicht, als man sich vorzustellen pflegt."

Mendelssohn vertrat die Auffassung, dass es nur eine natürliche Religion gibt. Monotheismus und Polytheismus sind unvereinbar. Wie sein Freund Gotthold Ephraim Lessing empfahl er, auch in Anbetracht der Geschichte von Judentum, Christentum und Islam, Religion in Moral zu verwandeln.

Mendelssohn stellte einfühlsame wie scharfsinnige „Herzensbeweise" für das Dasein Gottes in ethischer Absicht auf, deren rhetorische Gewandtheit gefiel, die wissenschaftlich aber nicht überzeugten. Den Aufklärungsphilosophen seiner Zeit legte er in Religionssachen eine behutsame Vorgehensweise nahe: „Wenn die wesentlichen Bestimmungen des Menschen unglücklicherweise mit seinen außerwesentlichen Bestimmungen selbst in Gegenstreit gebracht worden sind, wenn man gewisse nützliche und den Menschen zierende Wahrheit nicht verbreiten darf, ohne die ihm nun einmal beiwohnenden Grundsätze der Religion und Sittlichkeit niederzureißen, so wird der tugendliebende Aufklärer mit Vorsicht und Behutsamkeit verfahren und lieber das Vorurteil dulden, als die mit ihm so fest verschlungene Weisheit zugleich mit vertreiben … Missbrauch der Aufklärung schwächt das moralische Gefühl, führt zu Hartsinn, Egoismus, Irreligion und Anarchie."

1763 ersuchte Moses Mendelssohn Friedrich II., preußischer Bürger werden zu dürfen. Er war zu dieser Zeit ein recht bekannter philosophischer Schriftsteller, als Jude aber stets bedroht. Auch lebte er in bescheidenen Verhältnissen. Unterstützung fand Mendelssohn beim Marquis d'Argens, einem prominenten Mitglied der Preußischen Akademie der Wissenschaften. Dieser schrieb an Friedrich den Großen: „Ein nicht sehr katholischer Philosoph bittet einen nicht sehr protestantischen Philosophen, einem nicht sehr jüdischen Philosophen das Schutzprivilegium zu geben. Es ist so viel Philosophie dabei, dass es die Vernunft gewiss billigt." Der König gewährte Mendelssohn das Bürgerrecht. Die Aufnahme in die Akademie der Wissenschaften aber wurde ihm verweigert.

Nachdem Mendelssohn 1767 die Schrift „Phaedon" publiziert hatte, wurde er der „deutsche Sokrates" genannt. In dieser

Abhandlung legte er die platonischen Unsterblichkeitsbeweise für die Seele volkstümlich und allgemeinverständlich dar. Zu den aus sich selbst heraus evidenten Gedanken gehörte Mendelssohns Auffassung zufolge auch der Glaube an einen weisen Urheber der Welt und an die Ewigkeit der menschlichen Seele. Staat und Religion unterstützen das Streben des Menschen nach zeitlichem und ewigem Glück. Zugleich sollen die aufgeklärten Bürger, die untertänige Diener der weltlichen Majestät bleiben, ihre Aufgaben im Gemeinwesen treu erfüllen und sittlich gut leben. Der Staat darf seine Untertanen zur Erfüllung ihrer Pflichten nötigen. Die Religion indessen soll niemanden durch weltliche Macht zwingen, sondern vielmehr die Gläubigen durch Förderung der inneren Haltung motivieren, sich anständig zu verhalten.

Moses Mendelssohn stand im Briefwechsel mit Immanuel Kant. Dieser äußerte sich skeptisch zu „philosophischen Erdichtungen", wohl auch in Bezug auf Mendelssohns Werke: „Wenn wir dennoch die Beweistümer aus der Anständigkeit oder den göttlichen Zwecken so lange beiseite setzen und fragen, ob aus unseren Erfahrungen jemals eine solche Kenntnis von der Natur der Seele möglich sei, die da zureiche, die Art ihrer Gegenwart im Weltraume sowohl in Verhältnis auf die Materie als auch auf Wesen ihrer Art daraus zu erkennen, so wird sich zeigen, ob Geburt (im metaphysichen Verstande), Leben und Tod etwas sei, was wir jemals durch Vernunft werden einsehen können. Es liegt hier daran, auszumachen, ob es nicht hier wirklich Grenzen gibt, welche nicht durch die Schranken unserer Vernunft, nein, unserer Erfahrung, die die Data zu ihr enthält, festgesetzt sind." Die Grenzen möglicher Erkenntnis aufzuweisen überstieg die Fähigkeiten des schriftstellernden Philosophen Moses Mendelssohn. Kant rühmte dessen aufrichtiges Plädoyer für die Gewissensfreiheit. Mendelssohn verstarb 1786 in Berlin.

Gotthold Ephraim Lessing *1729 – 81*

Berühmt wurde Gotthold Ephraim Lessing, der von 1729 bis 1781 lebte, als dramatischer Dichter mit „Emilia Galotti" und „Nathan der Weise" und als Kritiker, der mit den Schriften zur „Hamburgischen Dramaturgie" die Welt des Theaters nachhaltiger prägte, als dies viele Stückeschreiber zu tun vermochten. Lessing war nicht im eigentlichen Sinne Philosoph. Die Wissenschaften interessierten ihn nur bedingt, und die aufklärerische Schulphilosophie langweilte ihn beträchtlich: „Der Mensch ward zum Tun und nicht zum Vernünfteln erschaffen." Lessing stellte politische Reflexionen an, er betrachtete den Staat als relative Notwendigkeit. Rigoros urteilte er über die unzulänglichen Versuche von politischen Systemen, das vermeintliche Glück des Staates wider die einzelnen, scheinbar uneinsichtigen Bürger gewaltsam durchzusetzen: „Das Totale der einzelnen Glückseligkeit aller Glieder ist die Glückseligkeit des Staats. Außer dieser gibt es gar keine. Jede andere Glückseligkeit des Staates, bei welcher auch noch so wenig einzelne Glieder leiden, und leiden *müssen*, ist Bemäntelung der Tyrannei."

Mit seinem Freund Mendelssohn korrespondierte er, zu anderen Philosophen entwickelte er aber kaum Affinität. Er bewunderte an Jean-Jacques Rousseau „erhabene Gesinnungen" und „männliche Beredsamkeit". Anders als dieser war er aber überzeugt, dass die Blüte der Wissenschaften und der allgemeine Sittenverfall nicht ursächlich miteinander verknüpft waren: „Und wenn den strengen Sitten die Künste und Wissenschaften nachteilig sind, so sind sie es nicht durch sich selbst, sondern durch diejenigen, welche sie missbrauchen. Ist die Malerei deswegen zu verwerfen, weil sie der und jener Meister zu verführerischen Gegenständen anwendet? Ist die Dichtkunst deswegen nicht hoch zu achten, weil einige Dichter ihre Harmonien durch Unkeuschheiten entheiligen? Die Künste sind das, wozu wir sie machen wollen. Es liegt nur an uns, wann sie uns schädlich sind – Kurz, Herr Rousseau hat Unrecht; aber ich weiß keinen, der es mit mehrerer Vernunft gehabt hätte."

In philosophischer Hinsicht bemerkenswert sind Lessings Überlegungen zur „Erziehung des Menschengeschlechts". Er führt drei menschliche Entwicklungsstufen an. Das Kind sucht nichts als Spaß, Freude und den Genuss des Augenblicks. Erstaunlicherweise werden, wie Lessing beobachtete, viele Kinder zwar älter, aber nicht erwachsen. Jünglinge verhalten sich zuweilen wie entrückte Visionäre, von Ideen erfüllte, tatendurstige Menschen, die von einer lichten Zukunft träumen und sich an Gütern idealer Art berauschen. Die letzte Stufe der Entwicklung bildet das reife Mannesalter. Wer seine Pflicht kennt, leistet das Notwendige fraglos. Darin findet er sein Genügen. Parallel zu diesen Phasen der Entwicklung setzte Lessing das Alte Testament als Geschichte Gottes mit dem Volk Israel, das Neue Testament, das auf den Lohn im Jenseits verweist, und ein künftiges Evangelium, das ein Zeitalter verkündet, in dem die Menschheit sich religiös und moralisch vereinigt und die Gegensätze der Bekenntnisse und Religionen sowie bestehende Irrtümer durch Wissenschaft überwindet. Dieses dritte Zeitalter ist das Reich „Nathans des Weisen". Wer wahrhaft von philosophischer Art ist, muss die eigene Unfähigkeit eingestehen, die absolut gültige Wahrheit zu erkennen. Er vermag nicht zu entscheiden, welches die wahre Religion ist. Deswegen lässt er die unterschiedlichen Wege zu Gott gleichberechtigt nebeneinander existieren. Jeder Mensch soll so leben, als ob seine Religion richtig wäre. Zugleich ist er durch die Vernunft verpflichtet, die anderen Bekenntnisse und Formen des Glaubens zu tolerieren. Ob dieser Zustand einer allgemeinen, aufgeklärten Humanität und Philanthropie real erreichbar ist, lässt Lessing offen. So wichtig wie die zuversichtliche Arbeit für eine bessere Welt ist es, das Gute im Alltag zu befördern und sich anständig zu verhalten. Lessing mahnte auch zur Vorsicht im Umgang mit dem Wahrheitsbegriff. Er zweifelte, dass diejenigen Zeitgenossen, die die Wahrheit zu besitzen wähnten, diese tatsächlich auch erkannt hätten. Ein solches angemaßtes Wissen macht träge und stolz. Seine Empfehlung lautet: „Nicht die Wahrheit, in deren Besitz irgendein Mensch ist oder zu sein vermeinet, sondern die aufrichtige Mühe, die er angewandt hat, hinter die Wahrheit zu kommen, macht den Wert des Menschen. Denn nicht durch den Besitz, sondern durch die Nachforschung der Wahrheit erweitern sich seine Kräfte, worin allein seine immer wachsende Vollkommenheit bestehet."

Georg Christoph Lichtenberg

Zu wissen, dass er zu den Philosophen der deutschen Aufklärung gezählt wird, hätte Georg Christoph Lichtenberg zu zynischen Bemerkungen veranlasst. 1742 geboren, studierte er von 1763 bis 1767 Mathematik und Physik in Göttingen. Bereits in jungen Jahren verfasste er scharfzüngige, gallige Kommentare, die er in seine „Sudelbücher" eintrug. Lichtenberg trieb lange Zeit private Studien. 1776 wurde er zum ordentlichen Professor ernannt. Ein Jahr nach der Berufung auf einen Lehrstuhl begann er, öffentliche Vorlesungen über Experimentalphysik zu halten. 1777 verliebte sich Lichtenberg in die zwölfjährige Maria Stechard, die er drei Jahre später in seine Wohnung aufnahm. Nach deren Tod im Jahr 1782 folgten etliche Affären. Mit wechselnden Frauen zeugte er viele Kinder, übernahm das Amt eines Hofrats im Kurfürstentum Hannover und notierte bis zu seinem Tod im Jahr 1799 tagtäglich philosophisch inspirierte Aphorismen.

Lichtenberg tadelte die unangemessene Hochachtung gegenüber tradierten Gesetzen, Riten und Bräuchen. In Bezug auf die ordentlich bestallten Gelehrten an den Universitäten bemerkte er: „Ich glaube, dass einige der größten Geister, die je gelebt haben, nicht halb so viel gelesen hatten und bei weitem nicht so viel wussten, als manche unserer mittelmäßigen Gelehrten. Und mancher unserer sehr mittelmäßigen Gelehrten hätte ein größerer Mann werden können, wenn er nicht so viel gelesen hätte." Zu viel Bildung betrachtete er als verderblich, da dadurch nur entbehrliches Wissen angehäuft, aber nichts Neues entdeckt und erfunden würde. Theologen kennen die filigranen Dispute arabischer Philosophen und scholastischer Denker, doch was fehlt ihnen? Das Entscheidende, so Lichtenberg, nämlich Verstand und Menschenkenntnis. Juristen verblüffen durch subtile Einsichten, verlieren aber den Blick für die Realität des Verbrechens. Philosophen lernen bei „schlafendem Menschen-Verstand" mitunter „ein paar Stückchen auf der Metaphysik zu spielen", studieren absichtslos, folgen den Lehren anderer und käuen diese wieder, eingesponnen in die „Gelehrten-Geschichte", die nichts weiter ist als eine Geschichte von merkwürdigen Menschen mit wunderlichen Anschauungen. Wie beschreibt Lichtenberg einen Philosophen? „Der Mann hatte so viel Verstand, dass er fast zu nichts mehr in der Welt zu gebrauchen war."

Das Zeitalter der Aufklärung betrachtete Lichtenberg mit Skepsis, Argwohn und Geringschätzung: „Jetzt sucht man überall Weisheit auszubreiten, wer weiß, ob es nicht in ein paar hundert Jahren Universitäten gibt, um die alte Unwissenheit wiederherzustellen." Dem Naturwissenschaftler Lichtenberg waren die Grenzen des menschlichen Wissens sehr wohl bewusst. Er staunte, wie leicht die Kollegen Philosophen unzählige Werke mit scheinbar „vernünftigen Gedanken" zu publizieren vermochten. Skeptische Resignation erfüllte ihn, sofern er an die Forderungen nach allgemeiner Aufklärung dachte. Er war sich gewiss, dass die tiefgründige Philosophie Kants so wenig wie das Seiltanzen in kurzer Zeit zu lernen sei: „Man spricht viel von Aufklärung, und wünscht mehr Licht. Mein Gott, was hilft aber alles Licht, wenn die Leute entweder keine Augen haben, oder die, die sie haben, vorsätzlichverschließen? ... Wir nehmen Dinge wahr vermöge unserer Sinnlichkeit. Aber was wir wahrnehmen, sind nicht die Dinge selbst, das Auge schafft das Licht und das Ohr die Töne. Sie sind außer uns nichts. Wir leihen ihnen dieses. Ebenso ist es mit dem Raume und der Zeit. Auch wenn wir die Existenz Gottes fühlen, beweisen können wir sie nicht. Alle diese Dinge führen auf eines hinaus. Es ist aber nicht möglich, sich hiervon ohne tiefes Denken zu überzeugen." Lichtenberg bezweifelte, dass die Gelehrten – er selbst eingeschlossen – im Stande seien, die wenigen Begabten unter den Studenten zu dieser Art eigenständigen Denkens anzuleiten. Allen Philosophen seiner Zeit galt der Ausspruch: „Den Mann nenne ich groß, der viel gedacht und gelesen und erfahren hat, und der alles, was er gedacht, gelesen und erfahren hat, bei jeder Sache, die er unternimmt, also auch bei jedem Buch, das er schreibt, vereint zum besten Zweck anzuwenden weiß, alles so anschaulich darzustellen, dass jeder sehen muss, was er selbst gesehen hat."

Die französische Aufklärungsphilosophie

Der Esprit, die spielerische Leichtigkeit im Denken, die anmutige Konversation und rhetorischer Überschwang vereinte die aufklärerisch gesinnten Philosophen in Frankreich. Ähnlich wie in Deutschland wollten auch die französischen Aufklärungsphilosophen volksbildend wirken, ohne indessen die schulmeisterliche Attitüde dröger professoraler Gelehrsamkeit einzunehmen.

Die Materialisten, zu denen Denker wie Lamettrie, d'Holbach und Helvetius zählen, und die Enzyklopädisten, deren prominenteste Vertreter Diderot und d'Alembert waren, vertrauten auf den Einfluss der wissenschaftlich fundierten, korrekten Pädagogik. Der Mensch vermag die Gesetzmäßigkeiten in der Natur, der er selbst angehört, einzusehen und diese Erkenntnisse kulturell-praktisch zu verwerten. In einer positiven Stimulierung der Affekte gelingt es, die Leidenschaften vor destruktiven Kräften zu bewahren und so zu lenken, dass das Wohl aller durch individuelles, formal egoistisches Verhalten realisiert wird. Verwirklicht werden soll dieses Ziel durch eine an natürlichen Gegebenheiten orientierte Erziehung und eine entsprechende Gesetzgebung. Der Intellekt kann geschult werden. Moralische Fähigkeiten lassen sich ausbilden. Das Lustempfinden und das Gefühl für Schmerz verleugnen zu wollen, ist töricht. Eine gelungene, geglückte Gesetzgebung besteht in der Versöhnung von egoistischen und sozialen Motiven. Wer das Streben nach Lust kanalisiert, so dass es dem Nutzen aller Menschen dient, bildet wahrhaft gute Gesetze. Eine durch Gewalt errungene Herrschaft kann gewaltsam entfernt werden. Als Voraussetzung für die menschliche Wohlfahrt gilt der Atheismus. Die Annahme der Existenz Gottes ist eine Zumutung, so der Materialist Lamettrie, allein wenn man an die Kriege um des wahren Glaubens willen denkt, die unsagbar viel Leid über die Menschheit gebracht haben. Also soll die Religion durch eine soziale Moral ersetzt werden. Nur die vernunftgemäße Unterweisung der Aufklärung dient dem wahrhaft guten Leben des Einzelnen und zugleich dem Wohl der Allgemeinheit.

Der Materialismus beruht auf der Annahme, dass die intellektuellen Fähigkeiten des Menschen stofflich verursacht sind. Von Natur aus ist kein Mensch gut oder böse. Er ist eine bewegliche, leistungsfähige Maschine – „l'homme machine", wie Lamettrie sagte. Daher ist der Mensch erziehbar und durch Gesetze zu formen, im Guten wie im Bösen.

Montesquieu

Der bedeutendste Rechtstheoretiker dieser Zeit war der 1689 geborene Charles de Montesquieu. Der selbstbewusste Baron, ein Mann vom Lande, blieb sich selbst und seiner Heimat La Brède bei Bordeaux zeitlebens treu. Nachdem er als Romancier debütiert und sich als erfolgreicher Weinhändler einen Namen gemacht hatte, reiste er von 1728 bis 1731 durch Europa. Neugierig betrachtete er Land und Leute in der Fremde. Auch erhob er nicht den Anspruch, die Welt, wie sie sich ihm darstellte, leichthin verbessern zu können. Er schaute zu und ließ gelten, was er sah und erlebte. Diesen Geist der Toleranz atmet auch sein Werk. Über die Deutschen schreibt Montesquieu sehr liebenswürdig: „Die Deutschen sind gute Leute, wenngleich sie zunächst als eher wild und stolz erscheinen. Sie gleichen Elefanten, die uns auf den ersten Blick erschrecken, doch wenn man sie streichelt und ihnen schmeichelt, werden sie sanftmütig. Man braucht dann nur die Hand auf ihre Rüssel zu legen und sie lassen einen willig aufsteigen." Anders als die meisten Philosophen seiner Zeit war der Denker eher traditionell orientiert. Er rechtfertigte die Sklaverei und behauptete, dass der beständige Einfluss weiblicher Gesellschaft die Sitten verderbe, aber den Geschmack veredle.

Montesquieu arbeitete lange an seinem großen Werk, der 1748 veröffentlichten Schrift „Der Geist der Gesetze". Darin wurde ein grundlegender Bruch mit der bis dahin geläufigen apriorischen Konstruktion der Begriffe von Recht, Staat und Gesellschaft vollzogen. Montesquieu ersetzte die Metaphysik des Rechts durch eine gründliche Untersuchung der tatsächlichen Sachlage. Er konstatierte, dass es nicht ein einziges, sondern viele Gesetze gibt. Montesquieu suchte nach dem allgemeinen Vernunftprinzip, das die innere Struktur der Gesetze bestimmt. Dieses führende Prinzip muss in den Gesetzen allgegenwärtig, aber zugleich den jeweiligen nationalen Gegebenheiten angepasst sein. So leistete Montesquieu ungewollt dem romantischen Verständnis einer historischen, kulturellen und geographischen Bedingtheit des Rechts Vorschub.

Für Montesquieu existierten Gerechtigkeit und Ungerechtigkeit objektiv. In der Anwendung seiner Theorie verfuhr er aber positivistisch. Er fragte nicht nach einem absolut gültigen Maßstab der Gesetze, sondern danach, wie das Recht unter bestimmten Bedingungen in Ausrichtung auf das Vernunftprinzip gestaltet werden kann. Freiheit bestand für Montesquieu nicht darin, dem eigenen Willen zu folgen, sondern in einer auf vernünftige Gesetze gegründeten Gesellschaft dem zu entsprechen, was die Bürger des Staates wollen sollen – und nicht tun zu müssen, was vernünftigerweise niemand wollen soll. Indessen warnte er vor dem Missbrauch der Macht und schrieb, dass jeder Mensch, der Macht ausübe, gleichsam innerlich getrieben sei, von ihr korrumpiert zu werden und sie zu missbrauchen. Montesquieus Lehre von der Gewaltenteilung in Exekutive, Judikative und Legislative war von epochaler Bedeutung: „Damit man die Macht nicht missbrauchen kann, muss die Disposition der Dinge so sein, dass die Macht die Macht zügelt." Montesquieu plädierte für Wahlen und zugleich auch für die Beibehaltung der Monarchie, die aber um demokratische Elemente ergänzt werden sollte. Tugendhaft zu leben forderte Montesquieu von jedermann, auch vom König. In der Abgeschiedenheit des väterlichen Schlosses verfasste er jene Abhandlungen zu Recht und Gesetz, die die geistigen Führer der Revolution über dreißig Jahre nach seinem Tod im Jahr 1755 bereitwillig aufgriffen und in ihrem Sinne auslegten. Der konservative Denker hätte sich wohl mit Grausen von den blutrünstigen Untaten der Revolutionäre abgewandt und bezweifelt, dass die Gesetze dieser Zeit dem entsprächen, wovon er überzeugt war, nämlich dass die durch die menschliche Gesellschaft aufgehobene Gleichheit des Naturzustandes durch Gesetze auf einer höheren Ebene des Geistes restituiert würde. Zeitlebens hatte Montesquieu den verderblichen Einfluss der Jesuiten und der Kirche überhaupt auf Gesellschaft und Politik kritisiert. Als sich das Gerücht verbreitete, er müsse sterben, wurde ein Priester zu ihm vorgelassen. Er zeigte dem siechen Philosophen die geweihte Hostie und fragte ihn, ob er glaube, dass der Herr in ihr gegenwärtig sei. Montesquieu bejahte dies unumwunden und murmelte: „Ich glaube es, ich glaube es!" Der Geistliche hielt die Hostie in die Höhe und lud zur Anbetung ein. Bald nachdem Montesquieu sich ein letztes Mal vom Bett erhoben und kommuniziert hatte, verstarb er, versehen mit den Sakramenten der Kirche.

Voltaire

„Viertausend Bände über Metaphysik vermögen uns nicht begreiflich zu machen, was die Seele ist", erklärte Voltaire so pointiert wie apodiktisch. Im Jahr 1694 wurde er geboren. Voltaire war vielfältig begabt. In rascher Folge verfasste er Dramen und Epigramme, schrieb rhetorisch glanzvolle, aber mitunter etwas oberflächlich anmutende Essays. Dann wiederum interessierte er sich für Physik und Erkenntnistheorie. Doch kein Interesse, das der Philosoph hegte, war von Dauer. Gefühl und Neigung schätzte er mehr als Charakterfestigkeit und eine aufrichtige Gesinnung. Voltaire wechselte oft den Wohnort und strebte unausgesetzt nach äußerlichem Glanz. Manche sagten über ihn, dass er das Böse mehr hasste als das Gute liebte.

Voltaires Vater hatte große Pläne. Aus dem Sohn sollte ein tüchtiger Staatsbeamter werden; dieser jedoch schmiedete lieber Verse. Alsbald wurde er des elterlichen Hauses verwiesen. Streitigkeiten, Wortgefechte und Duelle vermied er nicht.

Schließlich wurde Voltaire verhaftet und exiliert. Er reiste nach England. Die angelsächsische Philosophie imponierte ihm. In Frankreich stand die Klugheit in schlechtem Ansehen. Voltaire versuchte dies zu ändern. 1735 veröffentlichte er die Schrift „Elemente der Newtonschen Philosophie". Er hoffte, dadurch die vielfältigen neuen Gedanken und Entdeckungen Newtons in Frankreich zu verbreiten.

Gelegentlich wandelten sich Voltaires Ansichten zur Philosophie in beträchtlichem Maße: „Heute bejahe ich eine Idee, morgen zweifle ich an ihrer Richtigkeit, übermorgen verwerfe ich sie; denn täglich kann ich mich irren. Alle ehrlichen Philosophen haben mir in freimütigem Gespräch gestanden, dass es ihnen ebenso gehe. Wehe den Philosophen, die keinen Humor haben!" Ernüchtert und verärgert über die Humorlosigkeit der Mächtigen in Frankreich übersiedelte der Philosoph für eine Weile an den Hof des preußischen Königs Friedrich II. Der Philosoph und der Staatsmann fühlten sich geistesverwandt. Als die Gegensätze zwischen beiden letztlich überhand nahmen, kehrte Voltaire nach Frankreich zurück. Wenig später ließ er sich am Genfer See nieder. Dort schrieb er 1758 den „Candide", zwischen den Jahren 1760 und 1764 das „Philosophische Wörterbuch" und eine ganze Reihe weiterer Bände zu zahlreichen Themen aus dem weiten Feld der Philosophie und Kultur. Zeitweilig hegte er Sympathien für den französischen Materialismus.

Voltaire war ein intellektueller Aristokrat. An der Bildungsfähigkeit des Volkes zweifelte er. Zugleich plädierte er für Toleranz: „Wer zu mir sagt: Denke wie ich, oder Gott wird dich strafen, der wird auch bald sagen: Denke wie ich, oder ich werde dich strafen. Was bedeutet Toleranz? Dass wir uns gegenseitig unsere Irrtümer verzeihen." Politische Fragen langweilten Voltaire. Jedoch sollten die Landarbeiter vor den Gemeinheiten der Gutsbesitzer bewahrt werden. Das Eigentum müsse geschützt sein, wenn unter dem Vorwand des Allgemeinwohls staatliche Eingriffe erfolgten. Unbescholtene Bürger dürften nicht willkürlich ins Gefängnis gesperrt werden. Letzteres war Voltaire selbst einige Male widerfahren, wie er sich wohl nur zu gut erinnerte. Der Egoismus muss indessen nicht bekämpft, nur besser genutzt werden: „Dass eine Gesellschaft bestehen kann, ohne den eigenen Vorteil im Auge zu haben, ist ebenso unmöglich, wie Kinder ohne Lustgefühl zu zeugen oder zu verdauen, ohne gegessen zu haben. Es ist gerade die Eigenliebe, die uns zur Nächstenliebe führt. Unser Selbsterhaltungstrieb überzeugt uns, dass wir auch den der Mitmenschen anerkennen müssen … Gott hätte sicherlich auch Kreaturen erschaffen können, die einzig auf das Wohlergehen des Nächsten bedacht sind. Dann wären die ersten Kaufleute rein aus Gefälligkeit für ihre Kunden nach Indien gefahren, und die Maurer würden Häuser bauen, nur um ihren Nachbarn einen Gefallen zu tun usw. Doch Gott wollte es anders. Beklagen wir den Urtrieb nicht, sondern nutzen wir ihn. Er ist die Voraussetzung für jede Gesellschaft, die Grundlage allen Handelns, aller Erfindungen und Künste – das alles verknüpfende Band der Menschheit."

Voltaire tadelte die Priester, die die ergebene Treue der einfachen Leute ausnutzten und sich bereicherten. Als überzeugter Deist lehnte der Philosoph den Offenbarungsglauben ab. Der Existenz Gottes war er sich gewiss. Da die Welt existiert, muss es einen Urheber der Schöpfung geben. Wer aber glaubt, Wege, Ziele und Absichten Gottes zu kennen, gerät unweigerlich in unwirtliches Gelände, nämlich: in den Morast der Theologie: „Die Moral stammt von Gott und ist überall die gleiche. Die Theologie stammt von den Menschen und ist überall anders und überall lächerlich… Welche Religion am wenigsten zu tadeln ist? Diejenige, die weniger Dogmen als Güte kennt. Und welche ist die beste? Die einfachste." Voltaire glaubte, dass das Gute und das Böse an sich bestehen und erkennbar sind.

Das Bewusstsein der Moralität lässt Schlussfolgerungen auf Gott als letzte moralische Instanz und Inbegriff der Wahrheit zu. Er allein vergilt gute und böse Taten rechtmäßig. Der Glaube an einen absolut gerecht richtenden Gott sichert und bekräftigt die Etablierung moralischer Wertmaßstäbe unter den Menschen, die sich untereinander allzu oft herzlos, aggressiv und böse verhalten: „Wenn es Gott nicht gäbe, müsste man ihn erfinden." Doch hat Gott, wie Leibniz behauptete, wirklich die „beste aller Welten" geschaffen? Voltaire bezeichnete diese Ansicht als unmoralisch. Extravagant und lächerlich nannte er die Auffassung, dass alle Übel dieser Welt – Verbrechen, Hass, Tyrannei, Mordlust und Diebstahl – zur Vollkommenheit des Weltganzen gehören sollen. Aus einer Vielzahl von Dissonanzen ergibt sich für den Philosophen keine Harmonie. Empfehlenswert ist vielmehr, statt mit einer Scheinlösung sich zu begnügen, die Unbeantwortbarkeit solcher Fragen einzugestehen. Alle denkbaren Versuche, unsagbare Schrecknisse zu erklären oder gar zu rechtfertigen, erweisen sich als ungenügend. Was bleibt zu tun übrig? Sich abzufinden mit dem grausamen Geschehen auf der Welt, weiterhin moralisch zu handeln und demütig glaubend sich Gott zu überantworten.

Voltaire bekämpfte Atheismus und klerikalen Fanatismus in gleicher Weise. Zwar gestand er zu, dass auch ein Gottloser moralisch handeln könne, aber er fürchtete, dass der Verlust der Religion einen unabsehbaren Sittenverfall nach sich zöge. Die Furcht vor dem Gericht Gottes bringt manche Menschen dazu, sich zwar nicht gut, wohl aber nicht gänzlich unanständig zu benehmen: „Obgleich ich mir einiges darauf zugute halte, strikt tolerant zu sein, würde ich mich doch gegen denjenigen verwahren, der da käme und sagte: ‚Da es, meine Damen und Herren, keinen Gott gibt, so verleumden und betrügen Sie ruhig nach Belieben; stehlen und morden Sie! Vorausgesetzt, dass Sie der Stärkere und Geschicktere sind.' – Falls der Glaube an Gott auch nur zehn Morde und zehn Verleumdungen in meinem Umkreis verhütet hat, sollte ihn, wie ich meine, die ganze Welt annehmen."

Als Voltaire 1778 nach Paris zurückkehrte, wurde er von den Menschen auf der Straße, die seine volkstümlich abgefassten Werke kannten, begeistert empfangen. Der alte Philosoph hatte viele Jahre zuvor geschrieben: „Alles ist gut, wenn man nur das Ende des Tages erreicht, dann isst und schlafen geht. Mehr sollte man nicht verlangen. Ertragen wir das Leben – es ist keine so große Angelegenheit. Und der Tod ist es noch weniger." Auf die Frage, auf welche Weise man leben solle, hat Voltaire einmal geantwortet: „Wie der Mann, der von einem Kirchturm stürzt und, durch die Luft fliegend, denkt: ‚Es wäre schön, wenn es immer so weiter ginge.'" Vielleicht fühlte sich Voltaire in den letzten Stunden seines Lebens wahrhaft glücklich. Er hatte die Jubelrufe noch genießen können, ehe er, vierundachtzig Jahre alt, verstarb.

Jean-Jacques Rousseau

„Meine Geburt war mein erstes Unglück", bekannte Jean-Jacques Rousseau, „denn ich kostete meine Mutter das Leben." 1712 erblickte der Philosoph das Licht der Welt. Bereits in jungen Jahren ging er auf Wanderschaft, doch bis zum Ende seines Lebens fand er die ersehnte Ruhe nicht. Rousseau war außerordentlich empfindsam, launisch, misstrauisch und melancholisch. Zeitweilig schloss er sich dem Katholizismus, dann dem Calvinismus an – beides ohne rechte Überzeugung. Er arbeitete als Diener von Adligen. Rousseau, der sich als ausgesprochen talentiert erwies, wollte sich nicht dauerhaft binden, weder an eine Frau noch an einen Fürsten, selbst wenn ihm ein guter Posten als Privatsekretär in Aussicht gestellt wurde. 1741 zog es ihn nach Paris. Kurzzeitig war er auch als Diplomat in Venedig tätig. In Paris verdiente er sich etwas Geld als Kopist – er schrieb Noten ab – und als Literat. Freunschaften zu schließen fiel dem impulsiven Rousseau leicht. Doch derlei Bünde währten nicht allzu lange. Er pflegte viele Beziehungen mit Frauen, die dem Charme des überschäumenden Plauderers erlagen und von ihm bald wieder verstoßen wurden. Beständigkeit schien Rousseau beinahe eine Sünde zu sein. Mit der Wäscherin Thérèse le Vasseur zeugte er fünf Kinder, die er bedenkenlos in Waisenhäusern unterbrachte.

1750 publizierte Rousseau seine erste philosophische Schrift, die „Abhandlung über die Wissenschaft und die Künste". Erstmals mokierte er sich über die bornierte Intellektualität, focht gegen die kapriziöse, gefühllose zivilisierte Welt und pries mit schwülstiger Rhetorik den verlorenen Naturzustand. 1755 verfasste er die „Abhandlung über die Ungleichheit unter den Menschen": „O Mensch! Die Zeiten, von denen ich sprechen will, liegen weit zurück: Wie sehr hast du dich verändert, verglichen mit dem, der du einmal warst!" Der Naturzustand wird nicht idealisiert, wohl aber eine bald darauf entwickelte Gemeinschaft als erstrebenswert ausgegeben. Wer in diesem Verbund lebt, genießt die Einfachheit des täglichen Lebens, ist bescheiden, ungebunden, innerlich zufrieden und anspruchslos. Nur das, was zum Wohlbehagen nötig ist, wird beschafft.

Erst Fortschritt und Technik, die Aufhebung der Kommunität und die Arbeitsteilung führen zu sozialen Ungleichheiten und Ungerechtigkeiten, statt die Lebensumstände zu verschönern, zu verfeinern und zu vervollkommnen. Durch die unfreiwillige, aufgenötigte Arbeit, die sich durch das Privateigentum unweigerlich ergibt, verkommt der Mensch moralisch. Hinzu tritt die Armut. Wenige besitzen viele, manche wenige und viele überhaupt keine materiellen Güter. Aus der gesellschaftlichen Ungleichheit erwachsen Neidgefühle und Rivalitäten. Jeglicher Gemeinschaftssinn geht verloren. Positives Recht soll das Verhalten der Menschen untereinander ordnen. Die Unterschiede zwischen Arm und Reich bleiben bestehen. Not und Elend nehmen zu, die Kluft zwischen den Gesellschaftsschichten wächst. Dann wird ein autoritäres Herrschaftssystem etabliert, um die Reichen zu schützen. Die Armen sollen einem Kontrakt zustimmen, der ihre Entfremdung juristisch besiegelt und rechtfertigt. Die Verteidigung des Besitzes wird als Verteidigung der Freiheit bezeichnet: „Die Staatsmänner der Alten reden immerfort von Sitten und Tugend; die unsrigen reden von nichts als vom Handel und vom Gelde." Vorgeblich liegt der Erhalt des Zustandes krasser Gegensätze in der Gesellschaft im allgemeinen Interesse, und die zu beschließende Rechtsordnung soll die Stabilität des Staates garantieren. Die Armen legitimieren letztlich sogar die Macht ihrer Unterdrücker.

Rousseau forderte einen neuen, wahrhaft gerechten und vernünftigen Gesellschaftsvertrag, die Reinwerdung der bestehenden Gesellschaft, eine radikale innere Wandlung der Menschen und die Überwindung von Unaufrichtigkeit und Ichbezogenheit im kulturellen Leben: „Der Mensch ist frei geboren und befindet sich überall in Ketten." Der Philosoph versuchte die Gründe dafür aufzufinden, um die bestehenden gesellschaftlichen Abhängigkeitsverhältnisse sichtbar zu machen. Sein Kritiker Joseph de Maistre hielt solche Betrachtungen für sinnlos und erwiderte ungerührt, man könne genauso gut fragen, warum Schafe, die als Fleischfresser geboren seien, sich noch immer von Gras ernähren würden.

Schon in der bald darauf veröffentlichten Abhandlung „Über die politische Ökonomie" wird der Begriff der „volonté générale" eingeführt. Rousseau schreibt: „Ich hatte gesehen, dass alles im letzten Grunde auf die Politik ankäme und dass, wie man es auch anstellte, jedes Volk stets nur das würde, was die Natur seiner Regierung aus ihm machen würde."

Die „volonté générale" lässt sich treffend mit „Allgemein-wille" übersetzen und bildet das Herzstück der Philosophie Rousseaus. Aus persönlichem Erleben und kritischer Reflexion der Zeit heraus gebildet, firmiert die „volonté générale" als einzig leitende Autorität. Der jeweilige Wille eines Individu-ums ist ihr völlig untergeordnet. Die „volonté générale" bün-delt nicht Partikularinteressen. Sie orientiert sich am Allge-meinwohl und garantiert jedem Einzelnen innerhalb des Ge-meinwesens absolute Gleichheit. Das Individuum tritt seine Rechte, auch seinen Besitz, an die Allgemeinheit ab: „Das Ei-gentümliche dieser Veräußerung liegt darin, dass die Gemein-schaft durch Übernahme der Güter der Einzelnen diese nicht etwa ihres Besitzes beraubt, sondern ihnen gerade den recht-mäßigen Besitz sichert." Geregelt ist dies durch den „contrat social", den von Rousseau intendierten und konzipierten „Ge-sellschaftsvertrag". Jeder Mensch hat sich der „volonté géné-rale" anzupassen: „Indem sich jeder ganz hingibt, ist das Ver-hältnis für alle gleich, und wenn gleiche Bedingungen für alle bestehen, hat niemand ein Interesse, es für die anderen belas-tend werden zu lassen." Gibt das Individuum, indem es sich der „volonté générale" unterordnet, nicht seine Freiheit und sein Streben nach Glück auf? Für Rousseau richtet sich die „volonté générale", wie bemerkt, auf das Allgemeinwohl. Was dem Staat, dem auch jedes Individuum zugehörig ist, dient, muss richtig sein. Wie im 1762 verfassten „Gesellschaftsvertrag" bestimmt, entäußern sich die Individuen ihrer natürlichen Frei-heit für die Etablierung der „volonté générale", die ein sinn-gebendes, normatives und metaphysisches Prinzip ist, in dem alle Bürger notwendig ihren eigenen Willen integriert, aufgeho-ben und in höchstem Maße erfüllt sehen. Sie gewinnen die „wahre Freiheit, die in der Bindung aller an das Gesetz be-steht", das sie selbst für sich beschlossen haben. Die „volonté générale" kann nicht fehlgehen. Freilich mag ein Bürger nun protestieren und behaupten, seine Wünsche ließen sich nicht mit der „volonté générale" verbinden. Vielleicht stehen die von ihm angestrebten Ziele den Interessen der „volonté générale" entgegen. Handelt er wider die „volonté générale", schadet er sich selbst und seinen Mitmenschen. Er agiert unfrei, weil er Unrecht tut: „Man muss wissen, was sein soll, um das, was ist, recht beurteilen zu können." Wer der „volonté générale" widerstreitet, muss aufs Neue unter das Recht gestellt werden. Sein Fehlverhalten wird durch Anweisungen und bestimmte Handlungen seitens des Staates und der Exponenten der „volonté générale" zum Wohle des sich irrenden Individuums und aller anderen Bürger des Gemeinwesens korrigiert.

Um die „volonté générale" zu verwirklichen, erarbeitete Rousseau eine Art Leitfaden zur Pädagogik. Im selben Jahr wie den „Gesellschaftsvertrag" publizierte er sein bis heute viel gelesenes Werk „Émile oder über Erziehung". Natürlichkeit hielt Rousseau für gut und wichtig. Darum forderte er emphatisch: „Zurück zur Natur!" Der negative Einfluss vermeintlicher Erzieher wirkt indessen verderblich. Rousseau forderte eine formalisierte Methode der Erziehung mit der Absicht, dass sich das Individuum authentisch in seinem Wesen, seiner Natur nach, entfalten kann. Nur von den bestehenden Konventionen und tradierten pädagogischen Leitlinien, die Rousseau als Fesseln begriff, muss der Mensch befreit werden. Die Affekte richtig zu ordnen ist wichtig. Egoismus schadet dem Individuum und den Mitmenschen. Wer sich der Selbstsucht hingibt, entwickelt alsbald Ehrgeiz und Eitelkeit. Solch ein Mensch giert nach Macht und Einfluss und verhält sich unsozial. Dass ein jeder Mensch sich selbst erhalten möchte, ist natürlich. Indessen soll er nicht durch die Willkür anderer gestaltet, sondern durch Angleichung an die in der Natur vorfindlichen Gesetzmäßigkeiten geformt, geprägt und gebildet werden. Rousseau dachte an die persönliche Entwicklung der Weisheit des Herzens und den Erhalt des ursprünglichen Gefühls für den Nächsten. Wenn dieses Gefühl gut ist, muss es durch die geeignete Erziehung zur Entfaltung gebracht werden. Schädliche Einflussnahme auf das ungehinderte Aufblühen des natürlichen Gefühls gilt es zu verhindern: „Lasst uns nur den Menschen nicht selbst verderben." Oft wird das Phlegma, nicht aber die Tugend anerzogen. Wissenschaft und vielfältige Wissenselemente werden unterrichtet, die aber im täglichen Leben nutzlos sind. Die einzig bedeutsame Unterweisung besteht darin, den Schüler zu ermuntern, sich selbst zu unterrichten, sich aufzuklären und sich in der ihm eigenen, naturgemäßen Weise zu entwickeln: „Man quält unsere arme Jugend, um sie die schönen Wissenschaften zu lehren, und wir kennen alle Regeln der Grammatik, ehe wir von den Pflichten des Menschen sprechen hörten. Wir wissen alles, was sich bis heute zugetragen hat, ehe man uns ein Wort darüber sagt, was wir tun sollen, und wenn man nur unsere Geschwätzigkeit übt, so sorgt sich niemand darum, ob wir zu handeln oder zu denken verstehen. Mit einem Wort, man soll gelehrt nur in den Dingen sein, die uns zu nichts dienen …"

Zugleich warnte Rousseau vor Hochmut. Einleuchtend nannte er allein die Erkenntnis, der man treuherzig die Zustimmung nicht versagen könne, und wahr ist allein, was damit verknüpft ist. Rousseau forderte eine natürliche Religion, zu der das unmittelbare Erleben, nicht das abstrakte Denken führt. Die Prinzipien der wahren Philosophie sind dem wohlgesinnten, natürlichen Menschen „ins Herz geschrieben". Allein das Gewissen ist zuverlässig und nicht die moralischen Reden jener Philosophen, die für ihre fragwürdigen Systeme Gefolgsleute suchen. Rousseau lehnte den Fortschritt kategorisch ab. Den Buchdruck hielt er für ein Unglück. Weil es Bücher gäbe, würden die abstrusen Gedankengebäude der Philosophen weiterhin gelesen und ernsthaft bedacht: „Soll man denn alles ausrotten, woraus Missbrauch entstehen kann? Ich antwortete: Ja, all das, dessen Missbrauch mehr Übel als sein Gebrauch Gutes hervorbringt."

Im Alter litt Rousseau zunehmend an Verfolgungswahn. Eine unsagbare innere Erregtheit beherrschte ihn. Rousseau, der größte Bekenner unter den Philosophen der Neuzeit, verkündete: „Ich kenne meine großen Fehler und fühle alle meine Laster lebhaft. Mit all dem werde ich voller Hoffnung auf den höchsten Gott sterben, fest überzeugt, dass von allen Menschen, die ich in meinem Leben gekannt habe, keiner besser war als ich." Er starb 1778. Sein Grabstein erhielt gemäß seiner eigenen Verfügung die Inschrift: „Hier ruht der Mann der Natur und der Wahrheit."

In Immanuel Kants schmucklos-spartanisch eingerichtetem Arbeitszimmer hing ein einziges Gemälde, ein Bildnis von Jean-Jacques Rousseau. Kant bewunderte an Rousseau den revolutionären Impetus wider die Bigotterie des Pietismus und die auf vielfältige Weise anregenden, belebenden Impulse seines Denkens. Kant bemerkte in Rede und Gespräch zuweilen in respektvoller Dankbarkeit: „Rousseau hat mich zurechtgebracht."

II. Kant

Moses Mendelssohn nannte Immanuel Kant einen „Alleszermalmer". Anlass für diese pointierte Wendung bot Kants rigoroser Bruch mit der herkömmlichen Metaphysik des neuzeitlichen Rationalismus. Kants Denken, insbesondere die „Kopernikanische Wende" im Feld der Erkenntnistheorie, lässt sich in seiner Zeit als eine Art philosophisches Erdbeben begreifen. Einfach gesagt: Menschliche Erkenntnis richtet sich nicht nach den Objekten, die untersucht werden, sondern die Objekte werden entsprechend den Möglichkeiten unseres Erkenntnisvermögens, dessen Grenzen Kant in der „Kritik der reinen Vernunft" darlegt, aufgefasst.

Die bis dahin an den Universitäten in Deutschland im Anschluss an Christian Wolff üblicherweise gelehrte Schulphilosophie der Aufklärung verlor zusehends an Einfluss. Immanuel Kant selbst philosophierte anfangs, bei allem sorgfältigen Bemühen um Eigenständigkeit, auf den vorgebahnten Denkwegen seiner Zeit. Die systematische Ausführung seiner Philosophie erfolgte erst mit der so genannten „kritischen Philosophie". Von Jean-Jacques Rousseaus Angriff auf die Erziehungsmethoden, Strukturen und Verhaltensweisen der bürgerlichen Gesellschaft beflügelt und von dem englischen Empiristen David Hume aus dem „Schlummer der dogmatischen Metaphysik" geweckt, verfasste Kant sein dreibändiges Hauptwerk. Dies umfasst die „Kritik der reinen Vernunft", die „Kritik der praktischen Vernunft" und die „Kritik der Urteilskraft". Der Begriff „Kritik" bezeichnet Kants Methodik einer sorgfältigen „Unterscheidung" der in diesen Schriften behandelten Themen. Die Auseinandersetzung mit der Metaphysik, der Erkenntnistheorie und mit der Frage nach verallgemeinerungsfähigen ethischen Maßstäben wird getragen von dem Gedanken der Aufklärung, den Kant prägnant als „Ausgang des Menschen aus seiner selbstverschuldeten Unmündigkeit" bezeichnet.

Kants Leben

Emanuel Kandt – erst 1747 änderte er seinen Namen in „Immanuel Kant" – wurde 1724 in Königsberg geboren. Auf seinen Vornamen war er zeitlebens stolz. Übersetzt heißt „Immanuel": „Gott ist mit uns". Kant, der aus einem frommen Elternhaus stammte, wuchs in bescheidenen Verhältnissen auf. Sein Vater war ein tüchtiger Riemermeister, die früh verstorbene Mutter sorgte sich rührend um das Wohl ihrer Familie. Kant verbrachte eine sorglose, glückliche Kindheit. Dankbar bekannte er im hohen Alter, dass er vorbildlich erzogen worden sei und zu Hause nie etwas Unrechtes gesehen oder etwas Unsittliches gehört habe.

Zunächst ging Kant auf eine Armenschule. Von 1732 bis 1740 besuchte er das Collegium Fridericianum, wo er Latein und Griechisch lernte. Der pietistische Religionsunterricht missfiel ihm. Nach dem Schulabschluss wechselte er an die Universität. Kant erwarb sich eine umfassende Bildung, studierte Mathematik, Philosophie und Theologie. Vor allem widmete er sich den Naturwissenschaften und zeigte sich von Isaac Newtons revolutionären Arbeiten zur Physik besonders beeindruckt. Als 1747 sein Vater starb, arbeitete Kant als Hauslehrer bei verschiedenen ostpreußischen Familien. Auch referierte er gelegentlich vor Offizieren, zum Beispiel über Befestigungsanlagen.

1755 promovierte Kant mit einer kleinen Schrift „Über das Feuer". Kurze Zeit später habilitierte er sich. Von seinen Studenten erhielt Kant Vorlesungshonorare. Auf diese spärlichen Einkünfte war er angewiesen. Denn vergeblich bemühte er sich lange Jahre um eine Professur in Königsberg. Berufungen nach Erlangen und Jena lehnte er ab. Veränderungen machten ihn, so bekannte er seinem Freund Marcus Herz, bange. Die Lehrtätigkeit erschöpfte ihn sehr. Für wissenschaftliche Studien blieb dem jungen Philosophen nur wenig Zeit: „Ich meinesteils sitze täglich vor dem Amboss meines Lehrpults und führe den schweren Hammer sich selbst ähnlicher Vorlesungen in einerlei Takt fort. Bisweilen reizt mich irgendwo eine Neigung edlerer Art, mich über diese enge Sphäre etwas auszudehnen, allein der Mangel, immer wahrhaftig in seinen Drohungen, treibt mich ohne Verzug zur schweren Arbeit zurück … Gleichwohl befriedige ich mich endlich mit dem Beifall, womit man mich begünstigt, und den Vorteilen, die ich daraus ziehe, und träume mein Leben durch."

Erst 1770 wurde Kant auf den Lehrstuhl für Mathematik an der Universität Königsberg berufen. Wenig später wechselte er das Fachgebiet und unterrichtete Logik und Metaphysik. Als Professor war er finanzieller Sorgen ledig. Doch das wöchentliche Lehrdeputat war arbeitsaufwendig. Es umfasste vierzehn bis zweiundzwanzig Stunden. Kant las über Logik, Mathematik und Physik, Geographie, Pädagogik und Anthropologie, Metaphysik und Theologie. Wie damals üblich trug der Professor aus Abhandlungen namhafter Autoren vor, die gelesen, kommentiert und mitunter auch kritisiert wurden. Kant verfügte über eine stattliche Anzahl treuer Hörer. Zur Abfassung eigenständiger philosophischer Schriften blieb nur wenig Zeit.

Kant arbeitete gern: „Das Ausfüllen der Zeit durch planmäßig fortschreitende Beschäftigungen, die einen großen beabsichtigten Zweck zur Folge haben, ist das einzige sichere Mittel, seines Lebens froh und dabei doch auch lebenssatt zu werden." Er führte ein wohlgeordnetes Leben, war prinzipientreu, aber nicht asketisch. Beständig suchte er neue Anregungen. Zu philosophieren war seine Passion: „Einem Gelehrten ist das Denken ein Nahrungsmittel, ohne welches, wenn er wach und allein ist, er nicht leben kann; jenes mag nun im Lernen (Bücherlesen) oder im Ausdenken (Nachsinnen und Erfinden) bestehen."

Als Professor für Philosophie erwarb Kant sich rasch Meriten. Den Ruf an die Universität Halle lehnte er ab, obwohl die Stelle dort besser dotiert war als seine Professur in Königsberg. Doch er hatte sein Auskommen. Kant schwärmte von seiner Heimat: „Eine große Stadt, der Mittelpunkt eines Reichs, in welchem sich die Landeskollegien der Regierung desselben befinden, die eine Universität (zur Kultur der Wissenschaften) und dabei noch die Lage zum Seehandel hat, welche durch Flüsse aus dem Inneren des Landes sowohl, als auch mit angrenzenden entlegenen Ländern von verschiedenen Sprachen und Sitten einen Verkehr begünstigt, – eine solche Stadt, wie etwa Königsberg am Pregelflusse, kann schon für einen schicklichen Platz zur Erweiterung sowohl der Menschenkenntnis als auch der Weltkenntnis genommen werden, wo diese, auch ohne zu reisen, erworben werden kann." Also blieb Kant Professor in Königsberg, bis er 1796 seine Vorlesungstätigkeit aus Altersgründen einstellen musste.

Zeitlebens war Kant Junggeselle. Er sagte, dass er, als er „eine Frau brauchen konnte, keine bezahlen konnte", und als er genügend Geld besaß, um eine Familie zu ernähren, glaubte er für solche „phantastischen Entzückungen" zu alt zu sein. Vorschläge für angehende Eheleute hielt der Philosoph durchaus bereit: „Viele Menschen sind unglücklich, weil sie nicht abstrahieren können. Der Freier könnte eine gute Heirat machen, wenn er nur über eine Warze im Gesicht oder eine Zahnlücke seiner Geliebten wegsehen könnte. Es ist aber eine besondere Unart unseres Attentionsvermögens, gerade darauf, was fehlerhaft an anderen ist, auch unwillkürlich seine Aufmerksamkeit zu heften; seine Augen auf einen dem Gesicht gerade gegenüber am Rock fehlenden Knopf oder die Zahnlücke oder einen angewohnten Sprachfehler zu richten und den anderen dadurch zu verwirren, sich selbst aber auch im Umgange das Spiel zu verderben."

Zarte Bande knüpfte Kant als junger Mann gewiss. Doch er zauderte und wusste wohl nicht so recht, ob sein Herz in angemessener Weise für die Angebetete klopfte. Vielleicht dachte er an sich selbst, wenn er ausführte, dass der „ernstlich Verliebte" sich in der Nähe der Geliebten ausgesprochen töricht, verlegen und ungeschickt verhalte, während der Unbefangene, mit klarem Kopf, sich geschickt anstelle, obgleich es ihm nur ums Spiel, nicht aber darum gehe, die Gunst der Dame wirklich zu gewinnen. Eine „feine Dame", die in der Gesellschaft vorzeigbar ist, eignet sich bestens, „um Parade zu machen". Den Alltag zu Hause mit ihr auszuhalten, ist aber nicht ganz einfach, aufgrund ihres schwierigen Charakters. Ausschau halten soll man lieber nach einer „wackeren" und zudem „angenehmen Frau", sozusagen nach einer ungeschminkten, natürlichen Schönheit, die letztlich die „Glückseligkeit des Mannes" bedeutet. Die Liebe betrachtete Kant als eine ernste Angelegenheit, eine „Sache der Empfindung". Eine Pflicht zu lieben nannte er ein „Unding" und bemerkte realistisch: „Wer liebt, kann dabei doch wohl noch sehend bleiben; der sich aber verliebt, wird gegen die Fehler des geliebten Gegenstandes unvermeidlich blind; wiewohl der Letztere acht Tage nach der Hochzeit sein Gesicht wieder zu erzeigen pflegt."

Kant bezeichnete den Menschen als ein Wesen „ungeselliger Gesellgkeit". Dem Philosophen war „ehrwürdige Gesprächigkeit" ebenso angenehm wie „gedankenvolle Verschwiegenheit". Kant scheint von sich selbst zu sprechen, wenn er in der

Frühschrift „Beobachtungen über das Gefühl des Schönen und Erhabenen" über den Melancholiker ausführt: „Er hat ein hohes Gefühl von der Würde der menschlichen Natur. Er schätzt sich selbst und hält einen Menschen für ein Geschöpf, das da Achtung verdient. Er erduldet keine verworfene Untertänigkeit und atmet Freiheit in einem edlen Busen. Alle Ketten, von den vergoldeten an, die man am Hofe trägt, bis zu dem schweren Eisen des Galeerensklaven sind ihm abscheulich. Er ist ein strenger Richter seiner selbst und anderer, und nicht selten seiner sowohl als der Welt überdrüssig." Kant war ein tief ernster, zuweilen auch verdrießlich gestimmter Gelehrter. Anregende Gesellschaft wusste er stets zu schätzen, zumindest solange noch genügend Zeit fürs Philosophieren im stillen Kämmerlein blieb.

Im Alter besuchte Kant jeden Nachmittag seinen Freund Green. Wenn der Professor ihn aufsuchte, fand er Green meist schlafend im Sessel. Er setzte sich zu ihm und wartete geduldig, bis der Freund aufwachte. Mitunter schlief er auch ein. Zu der Runde gehörte noch der Bankdirektor Ruffmann, der sich den Herren anschloss und ebenfalls in süßen Schlaf fiel. Als Vierter erschien Greens Schwager Motherby. Er weckte endlich die schlummernden Herren auf. Muntere Plaudereien begannen. Die Gespräche dauerten aber niemals länger als bis sieben Uhr abends. Kant nahm jeden Tag denselben Weg nach Hause. Die Königsberger, die ihn vorüberspazieren sahen, meinten zuweilen, dass die Uhr noch nicht sieben geschlagen haben könne, „weil der Professor Kant noch nicht vorbeigegangen wäre".

Oft zerstreut, benötigte er einen streng geordneten Tagesablauf, um all das schreiben zu können, was er glaubte schreiben zu müssen. Gegen fünf Uhr morgens stand Kant auf und ging abends frühzeitig zu Bett. Er speiste gern in Gesellschaft. Blieben Einladungen aus, besuchte er Hotels. Er fürchtete die

Einsamkeit bei Tisch. Erst seit Kant dreiundsechzig Jahre alt war, zählten ein Diener namens Lampe und eine Köchin zum Haushalt des Professors. Kant erwies sich als ein aufmerksamer, geistreicher Unterhalter und zuvorkommender Gastgeber: „Allein zu essen ist für einen philosophierenden Gelehrten ungesund. Der genießende Mensch, der im Denken während der einsamen Mahlzeit an sich selbst zehrt, verliert allmählich die Munterkeit, die er dagegen gewinnt, wenn ein Tischgenosse ihm durch seine abwechselnden Einfälle neuen Stoff zur Belebung darbietet; welchen er selbst nicht hat ausspüren dürfen."

Ehe der Diener Lampe verkündete, dass angerichtet sei, tauschten sich die im Studierzimmer des Professors versammelten Gäste gern über die Wetterlage aus. Kant interessierte sich lebhaft für meteorologische Phänomene und Theorien aller Art, schrieb er doch sämtliche gesundheitlichen Probleme der widrigen Witterung zu. Über Politik wurde nie gesprochen. Kant wusste, dass unterschiedliche Auffassungen über die Weltgeschichte auch Menschen entzweien können, die sich ansonsten bestens miteinander vertragen. Lokale Neuigkeiten aus dem Königsberger Alltagsleben interessierten ihn nicht. Unterschiedliche Themen aus der Naturgeschichte, Physik und Chemie wurden besprochen. Auch ließ sich Kant gern von weitgereisten Kaufleuten Eindrücke aus fernen Ländern schildern.

Kant und seine Gäste glaubten an die Notwendigkeit der Aufklärung. Es galt, jedem Menschen zu helfen, seiner „letzten Bestimmung" gerecht zu werden, auf dass er wahrhaftig sittlich gut lebe. Verwirklicht werden kann diese Lebensweise allein in der „weltbürgerlichen Gesellschaft", die auch als das säkulare „Reich Gottes auf Erden" bezeichnet und verstanden wird. Utopisches Denken war Kants Sache nicht. Er ahnte, dass sich bei jenen, die im Namen der Humanität, des Fortschritts oder der Gerechtigkeit ein irdisches Paradies verhießen, allzu oft ehrenwerte Absichten und menschenfreundliche Ansprüche in eine unmenschliche Praxis verkehrten. Pessimistisch betrachtete Kant die Geschichte in ihrem labyrinthisch irren Lauf: „Man kann sich eines gewissen Unwillens nicht erwehren, wenn man ihr Tun und Lassen auf der großen Weltbühne aufgestellt sieht; und bei hin und wieder anscheinender Weisheit im Einzelnen, doch endlich alles im Großen aus Torheit, kindischer Eitelkeit, oft auch aus kindischer Bosheit und Zerstörungssucht zusammengewebt findet." Von einem „ewigen Frieden", basierend auf der Grundlage eines zu gründenden Völkerrechts, träumte Kant. Er war indessen überzeugt, dass der Mensch, obgleich vernunftbegabt, ein selbstsüchtiges Tier ist, das einen Herrn nötig hat. Der Mensch missbraucht seine Freiheit und benimmt sich anmaßend gegenüber seinen Mitmenschen. Kant spricht in diesem Zusammenhang von der schier unüberwindlichen „Unvertragsamkeit der Menschen" untereinander: „Er bedarf also einen Herrn, der ihm den eigenen Willen breche und ihn nötige, einem allgemeingültigen Willen, dabei jeder frei sein kann, zu gehorchen. Wo nimmt er aber diesen Herrn her? Nirgend anders als aus der Menschengattung. Aber dieser ist ebensowohl ein Tier, das einen Herrn nötig hat." Die Welt ist, so wusste Kant, ein wenig friedvoller und selten gerechter Ort. Auch der Herrscher ist nur ein schwacher Mensch, ein fehlbares Wesen: „Das höchste Oberhaupt soll aber gerecht für sich selbst und doch ein Mensch sein." Nur eine Annäherung an das Ideal des „moralischen Politikers" ist möglich. Er soll die „Prinzipien der Staatsklugheit" auf eine Weise anwenden, dass sie mit den Forderungen der Moral zusammen bestehen können. Ein „politischer Moralist" aber, der sich selbstgerecht verhält, auf seinen Vorteil bedacht ist und rhetorisch versiert mit moralisierender Attitüde räsonniert, stellt ein großes Unglück dar: „Sowie Klugheit die Geschicklichkeit ist, Menschen (freie Wesen) als Mittel zu seinen Absichten zu brauchen, so ist diejenige Klugheit, wodurch jemand ein ganzes freies Volk zu seinen Absichten zu brauchen versteht, die Politik (Staatskunst). Diejenige Politik, welche dazu sich solcher Mittel bedient, die mit der Achtung fürs Recht der Menschen zusammenstimmen, ist moralisch." Kant pflegte zu bemerken: „Denn was sollen uns alle Bearbeitungen und Streitigkeiten der Spekulation, wenn die Herzensgüte darüber einbüßt?" Zudem riet er: „Wir dürfen uns nicht einander lästig werden; die Welt ist groß genug für uns alle."

Zwar verlief Kants Alltag penibel geordnet, doch ein rechthaberischer Kleinigkeitskrämer war der Philosoph nicht. Pedanterie hielt er für eine törichte „grüblerische Peinlichkeit" und „unnütze Genauigkeit", die nichts als die „Eigenschaft eines eingeschränkten Kopfes" sei. Auch gefallsüchtige, affektierte Galanterie betrachtete er abschätzig. Die Qualität der Wissenschaft ermisst sich an Gründlichkeit und Verständlichkeit. Eine aphoristische Ausdrucksweise hielt für er albernes „Spielwerk" und kindische „Tändelei". Systematische Strenge beruht auch auf der schulmäßigen Genauigkeit der Darlegungen: „Eine solche Herablassung zu der Fassungskraft des Publikums und den gewohnten Ausdrücken, wobei die scholastische Vollkommenheit nicht hintenan gesetzt, sondern nur die Einkleidung der Gedanken so eingerichtet wird, dass man das Gerüste – das Schulgerechte und Technische von jener Vollkommenheit – nicht sehen lässt (so wie man mit einem Bleistift Linien zieht, auf die man schreibt, und sie nachher wegwischt) – diese wahrhaft populare Vollkommenheit des Erkenntnisses ist in der Tat eine große und seltene Vollkommenheit, die von vieler Einsicht in die Wissenschaft erzeugt."

Kant wusste, dass zur Lektüre seiner Hauptwerke Ausdauer, Geduld und Aufmerksamkeit erforderlich sind. Sperrige Formulierungen hatte er schon in der ersten Auflage der „Kritik der reinen Vernunft" selbst bemerkt. Dort zitiert Kant den Abt Terrasson, welcher empfiehlt, die Größe eines Buches nicht nach dessen Seitenumfang zu bemessen, sondern nach der Zeit-dauer, die benötigt wird, um den Inhalt zu begreifen, so dass von manchem Buch gesagt werden könne, „dass es viel kür-zer sein würde, wenn es nicht so kurz wäre". In jungen Jahren formulierte er selbst ausgesprochen elegant. Nun war Kant das Bemühen um unbedingte Exaktheit wichtiger. Skrupulöses Ab-wägen vollzog sich bei ihm mit höchster Konzentration. Kant verfasste seine Werke zur Selbstvergewisserung, noch mehr aber hoffte er, dass seine philosophischen Gedanken auch über den Kreis der Gelehrten hinaus weite Verbreitung fänden: „Ich bin selbst aus Neigung ein Forscher, ich fühle den ganzen Durst nach Erkenntnis und die begierige Unruhe, darin weiterzukom-men, oder auch die Zufriedenheit bei jedem Fortschritte. Es war eine Zeit, da ich glaubte, dies alles könnte die Ehre der Menschheit machen, und ich verachtete den Pöbel, der von nichts weiß." Die Philosophie soll nach Kants Überzeugung die Sache aller Menschen sein, ob sie nun zu den Gelehrten zählen oder nicht, denn „aus so krummem Holze, als woraus der Mensch gemacht ist, kann nichts ganz Gerades gezimmert werden" – wohl aber ist es empfehlenswert, philosophieren zu lernen. Kant wurde aber nicht zum misanthropischen Skepti-ker. Niemals bezeichnete er sich selbst als „Philosoph". Eben-sowenig philosophierte Kant für sich allein, um den Schatz sei-ner Kenntnisse und die Weisheit seines Herzens zu vermeh-ren. Er war stets darauf bedacht, dass seine Gedanken reiche Frucht trugen: „Ich lernte die Menschen ehren und würde mich viel unnützer finden als die gemeinen Arbeiter, wenn ich nicht glaubte, dass diese Betrachtung allen Übrigen einen Wert ge-ben könne, die Rechte der Menschheit herzustellen."

Was dachte Kant über die Zukunft? Teilte er den Optimis-mus vieler Aufklärungsphilosophen? Ihm war gewiss, dass alle Prognosen vage und auch unwissenschaftlich sein mussten. Wer die Zukunft oder die Pläne der Vorsehung zu kennen glaubt, gleicht jemandem, der in der gedanklich antizipierten kommenden Zeit das entdeckt, was er selbst in sie hineingelegt hat.

Als junger Gelehrter hatte Kant spottend bemerkt, man könne vermuten, „dass der menschliche Kopf eigentlich eine Trommel sei, die nur darum klingt, weil sie leer ist". Kant rief dazu auf, die Möglichkeit zu nutzen, sich vernünftig in der Welt zu orientieren – und rechnete mit der schier übermächtigen Unvernunft. Mit verhaltener Zuversicht beobachtete er gesellschaftliche Veränderungen. Kant versuchte, mit bescheidenen Mitteln, einen „Weg zur Weisheit" zu bahnen und zum eigenständigen Philosophieren zu ermuntern. Ein letztgültiges System der Philosophie lässt sich nicht entwickeln. Das „Urbild" der Philosophie bleibt unentdeckt. Wer glaubt, es gefunden zu haben, irrt. Redlich zu philosophieren, sich vor dem absoluten Anspruch eines angemaßten und anmaßenden Wissens zu hüten, erweist sich als ebenso schwierig wie notwendig.

Auch im fortgeschrittenen Lebensalter verfasste Kant noch zahlreiche Bücher. In diesen philosophischen Abhandlungen kann der Leser, ganz unerwartet, wiederholt humorvolle Passagen entdecken. So erzählt Kant etwa, dass eine staubtrockene „Büchergelehrsamkeit" gemeinhin Kenntnisse vermehrt. Aber die Einsichtsfähigkeit wird nicht erweitert, wenn bloß unreflektierte Informationen angehäuft werden. Als Beispiel dient Kant ein Gelehrter, der, in Forschungen verstrickt, buchstäblich unter seinen Büchern begraben ist. Auf die aufgeregten Rufe des Dieners, in einem der Zimmer seines Hauses brenne es, weiß er nur zu entgegnen, dass er für praktische Angelegenheiten nicht zuständig sei: „Ihr wisst, dass dergleichen Dinge für meine Frau gehören."

Kant wurde alt und gebrechlich, lebte aber weiterhin diszipliniert. Selbst als er körperlich geschwächt war, empfing er seine Gäste tadellos gekleidet. Zeitlebens war er hypochondrisch veranlagt. Im Alter trat das Interesse für Neuigkeiten aus der medizinischen Forschung immer stärker hervor. Sein Gedächtnis ließ beträchtlich nach. Er verlor das Zeitgefühl, hatte große Mühe, konzentriert zu sein, und neigte dazu, sich beständig zu wiederholen. Dies bemerkte er noch selbst. Da Kant seine Gäste nicht langweilen wollte, verfasste er vorbeugend ein Verzeichnis all der Themen, die zur Unterhaltung beitragen konnten, und versuchte sich daran zu orientieren.

Zunehmend versank der Philosoph in der Welt seiner Erinnerungen. Die Kraft seiner Argumente verblasste. Belehren ließ er sich ungern. Wer ihm nahe stand, ging schonend mit ihm um. Zuweilen sagte Kant: „Meine Herren, ich bin alt und schwach, Sie müssen mich wie ein Kind betrachten." Nach wie vor notierte er in lichten Momenten philosophische Gedankensplitter.

Im letzten Lebensjahr büßte Kant sein Augenlicht weitgehend ein. Er litt unter schlimmen Alpträumen. Die körperlichen Kräfte verließen ihn. Im Winter 1803/04 war er unfähig, über Fragen des täglichen Lebens zu sprechen. Und doch konnte er seine Freunde mit detaillierten Ausführungen zu philosophischen Fragen und naturwissenschaftlichen Problemstellungen verblüffen. Außerdem teilte er mit: „Meine Herren, ich fürchte nicht den Tod. Ich werde zu sterben wissen. Ich versichere es Ihnen vor Gott, dass, wenn ich's in dieser Nacht fühlte, dass ich sterben würde, so wollte ich meine Hände aufheben, falten und sagen: Gott sei gelobt! Ja, wenn ein böser Dämon mir im Nacken säße und mir ins Ohr flüsterte: Du hast Menschen unglücklich gemacht!, dann wäre es etwas anderes."

Wer sich gerade in das Philosophieren eingeübt habe, so schrieb Immanuel Kant im Alter, müsse bald wieder seinen Platz räumen und das Feld der Wissenschaft den ABC-Schützen überlassen. Er empfahl, nicht zu viel zu erwarten, weder von der Philosophie noch von den mit ihr befassten Wissenschaftlern. In der akademischen Welt wie im Alltagsleben ist es wichtig, bescheiden zu bleiben: „Es ist niemals aus den Augen zu lassen: dass, in welcher Art es auch sei, man keine sehr hohen Ansprüche an die Glückseligkeiten des Lebens und die Vollkommenheit des Menschen machen müsse; denn derjenige, welcher jederzeit nur etwas Mittelmäßiges erwartet, hat den Vorteil, dass der Erfolg selten seine Hoffnung widerlegt, dagegen bisweilen ihn auch wohl unvermutete Vollkommenheiten überraschen."

Das umfängliche Werk des Königsberger Philosophen sollte Bestand haben. Immanuel Kant verstarb, altersverwirrt und völlig entkräftet, nach schwerem Leiden kurz vor seinem achtzigsten Geburtstag.

Die Frühschriften

In den ersten Jahren seines wissenschaftlichen Arbeitens versucht Kant, innerhalb der aufklärerischen Schulphilosophie seinen Platz zu finden. Er befleißigt sich stilistischer Eleganz, schreibt essayistisch und weltmännisch. Bald erkennt er, dass die schulphilosophische Methodik, die Wiederholung und Variation herkömmlicher Lehrmeinungen, dem hohen Anspruch von Philosophie, als Suche nach Wahrheit und Gewissheit verstanden, nicht genügt. Ein geistvoller Denker wie Mendelssohn mag sich am literarischen Konversationsstil der französischen Aufklärungsphilosophen orientieren, die Liebe zum Aperçu und Bonmot kultivieren. Aber er versäumt doch, der zu verhandelnden Sache vollauf gerecht zu werden. Kant lernt rasch, dass in der Philosophie einzig die Redlichkeit zählt. Auch wenn die Erträge der philosophischen Reflexion nicht die von ihm bewunderte Genauigkeit naturwissenschaftlicher Forschung erreichen, muss jeder Wissenschaftler, auch der Philosoph, nach Exaktheit streben und nicht Traktate schreiben, die in Salons Heiterkeit hervorrufen.

Kant entschließt sich zu einer gründlichen Auseinandersetzung mit den Gegenständen, denen das philosophische Er-
kenntnisinteresse gilt. Er sucht zweifelsfreie Gewissheit. Weder
die ihm an der Universität vermittelten theologischen Kategorien und Denkfiguren noch das System der aufklärerischen
Schulphilosophie werden dem Anspruch, der sich für Kant mit
dem Begriff der Philosophie verbindet, gerecht. Wer die Schriften aus seiner so genannten „vorkritischer Phase" aufmerksam liest, entdeckt bereits in ihnen wie en passant geäußerte,
bewusst kritische Betrachtungen zur Philosophie seiner Zeit
und Momente vorsichtiger Distanzierung vom neuzeitlichen
Rationalismus. 1755 zeigt sich, dass Kant zwar die Themen
der Schulphilosophie – an den Problemen der Metaphysik war
er leidenschaftlich interessiert – aufnimmt, nicht aber ihre Zu-
gangsweisen und Urteile. In jenem Jahr veröffentlichte er die
Schrift „Eine neue Beleuchtung der ersten Prinzipien der metaphysischen Erkenntnis", entsprechend dem akademischen Usus
seiner Zeit in lateinischer Sprache verfasst, worin er die Frage
nach der Existenz Gottes erörtert. Wir können sagen, so führt
er aus, dass Gott existiere. Den triftigen Grund für diese Annahme bestimmt der Philosoph rein negativ. Das heißt: Kant
schließt die Nichtexistenz Gottes aus. Es ist unmöglich anzunehmen, dass – anstatt Gott – dem Seienden das Nichts zu
Grunde liegt. Darum ist Gott denknotwendig. Kant formuliert:
„Er existiert; das genügt, um von ihm alles gesagt und begriffen zu haben." Doch lässt sich Gottes Existenz mittels der
menschlichen Vernunft beweisen? Mag dies eine Voraussetzung
für unser Denken darstellen, so ist doch noch nichts darüber
ausgesagt, wie es sich mit Gottes Dasein tatsächlich verhält.
Kant ist sich dessen bewusst. Er argumentiert vorsichtig. Eine
mögliche beweisbare Wirklichkeit Gottes liegt außerhalb der
Schlussweise menschlicher Logik. Was logisch folgerichtig und
zwingend gedacht werden kann, muss nicht real existieren.

Schon 1755 sieht sich Kant außer Stande, die Existenz Gottes zu beweisen.

In der 1762 erschienenen Abhandlung „Die falsche Spitzfindigkeit der vier syllogistischen Figuren" werden die Probleme der Logik dargelegt. Dort heißt es: „Allein es ist einmal das Los des menschlichen Verstandes so bewandt; entweder er ist zu grüblerisch und gerät auf Fratzen, oder er hascht verwegen nach zu großen Gegenständen und baut Luftschlösser." Kant sieht, dass das begriffliche Instrumentarium der Logik in vielerlei Hinsicht anwendbar ist. Zuweilen misslingt das Bestreben, Sachverhalte verständlich darzustellen. Die Beschäftigung mit der Logik macht die Grenzen ihrer Schlussweise deutlich bewusst. Der unsachgemäße Gebrauch kann ihren Sinn verkehren und statt zu einem Zuwachs an Wissen und Klarheit zu einer „Vermehrung der Undeutlichkeit" führen.

Die Grundlagen der philosophischen Logik hat bereits Aristoteles erarbeitet. Kant benennt den ersten Syllogismus als Fundament. Aus zwei Sätzen, den Prämissen, wird der dritte Satz, die Konklusion, gefolgert. Der in den beiden Prämissen enthaltene Begriff ist der Mittelbegriff. Nehmen wir an, dass der erste Satz „Alle Menschen sind sterblich" und der zweite Satz „Sokrates ist ein Mensch" lautet. Als notwendige Folgerung in der Konklusion erhalten wir die Aussage: „Sokrates ist sterblich." Sinnvolle Aussagen ergeben sich nur, wenn die Prämissen wahr sind. Die logische Schlussweise kann in ihrer formalen Gültigkeit auch missbraucht werden, sofern nämlich unwahre Aussagen miteinander verknüpft werden. Die übrigen Schlussweisen sind abgeleitet. Kant unterscheidet bejahende und verneinende Vernunftschlüsse. Diese obersten Regeln sind nicht beweisbar. Wer dennoch einen solchen Beweis zu führen versucht, argumentiert unweigerlich zirkulär. Für den bejahenden Vernunftschluss gilt: „Ein Merkmal vom Merkmal ist ein Merkmal der Sache selbst." Der verneinende Vernunftschluss besagt: „Was dem Merkmal eines Dinges widerspricht, widerspricht dem Dinge selbst." Wird etwas von einem Begriff allgemein bejaht, gilt das Entsprechende zugleich für jeden anderen Begriff, der mit diesem verbunden ist. Der Begriff ist zunächst als Merkmal von den Begriffen, die unter ihm enthalten sind, abgesondert. Wählen wir in dem oben aufgeführten Beispiel statt „Mensch" „Lebewesen" als Oberbegriff, so gilt auch hier das Prädikat der Sterblichkeit als Grundgesetz alles Lebens: Allen Lebewesen und den Unterarten derselben kommt das Prädikat der Sterblichkeit zu. Genauso verhält es sich, sozusagen spiegelverkehrt, beim verneinenden Vernunftschluss. Was dem Oberbegriff widerspricht, gerät auch mit den unter ihm gesammelten Begriffen in Widerstreit. Es stünde den Begriffen selbst entgegen, über die die Aussagen getroffen werden.

Kant erkennt, dass die philosophische Logik ein gefährliches Rüstzeug für denjenigen darstellt, der sich ihrer nur formal bedient. Versuchte jemand – „vernünftelnd", wie der Philosoph sagen würde – Theorien zu gestalten, mit deren Hilfe sich der wechselvolle Gang der Weltgeschichte scheinbar erklären ließe, so könnten etwa die „Zahl 666" oder die nicht ersichtlichen „Geheimnisse der Vorsehung" zum Ausgangspunkt gewählt werden. Eine Theorie, die sich hierauf gründete, erklärt Kant für „unnützen Plunder". Er fordert Gewissheit. Gleichwohl erkennt Kant eine unüberbrückbare Kluft zwischen der unumstößlichen Exaktheit der Mathematik einerseits und der Vorläufigkeit aller philosophischen Forschung andererseits. Bei aller Wertschätzung für die Mathematik ist ihm bewusst, dass mathematische und philosophische Erkenntnis streng voneinander zu trennen sind. In der Mathematik wird analytisch definiert, in der Metaphysik synthetisch. Die Zergliederung von Begriffen vollzieht sich philosophisch. Die Mathematik verbindet Begriffe von Größen, die klar und deutlich vorgegeben sind.

Sie bedient sich verständlicher Zeichen. Die Philosophie benötigt Worte, um das Problem zu beschreiben, das sie letztlich doch nicht vollständig zu lösen vermag. Auf philosophische Weise muss der Gegenstand der Erkenntnis vorstellbar sein und veranschaulicht werden. Die Wege und Möglichkeiten der Mathematik sind einsichtig und nachvollziehbar. Die philosophische Erkenntnis, insbesondere im Felde der Metaphysik, nennt Kant die „schwerste von allen Einsichten".

Die Gewissheit, die die Mathematik erstrebt, ist philosophisch nicht erreichbar. So müssen Philosophie und Mathematik voneinander unterschieden, ja getrennt werden. Gleichzeitig distanziert sich Kant von philosophischen Bemühungen, die ein vages „Gefühl der Überzeugung" als zureichenden Beweisgrund akzeptieren. Ein „Geständnis" oder ein Bekenntnis ist nicht verallgemeinerungsfähig, selbst wenn der von Kant im Jahr 1766 verhöhnte schwedische Mystiker Emanuel Swedenborg ungeniert auf diese Weise zu philosophieren bemüht war. In der Schrift „Träume eines Geistersehers" nennt Kant den populären Swedenborg einen „Luftbaumeister" von „mancherlei Gedankenwelten". Wer Übersinnliches, nämlich „die anschauende Kenntnis der anderen Welt" erlangen und sich in der unbegreiflichen Sphäre der Transzendenz orientieren möchte, verliert den Verstand, den er zur Orientierung auf Erden bitter nötig hätte. Im Hinblick auf ein mögliches Leben nach dem Tod beeindruckt Gott, so Kant, gewiss eine moralisch untadelige Lebensführung weitaus mehr als alles vergebliche Trachten nach fragwürdigen Einsichten und vermeintlichen Erkenntnissen, die einer kritischen Prüfung ohnehin nicht standhalten.

Im Jahr 1763 verfasst Kant die Abhandlung „Der einzig mögliche Beweisgrund zu einer Demonstration des Daseins Gottes". Bereits hier beurteilt er den von René Descartes erbrachten ontologischen Gottesbeweis, der vom Begriff Gottes auf dessen Existenz schließt, trotz logischer Stimmigkeit als unzureichend.

Dieser Beweisversuch ist ein intellektuelles Gedankenspiel. Über die Existenz oder Nichtexistenz Gottes wird dabei nichts ausgesagt. Wie der englische Empirist David Hume sympathisiert Kant mit der physikotheologischen Betrachtungsweise. Der Schluss von der augenscheinlichen Schönheit und Wohlgeordnetheit der Welt auf die Existenz eines Schöpfergottes enthält zwar mit dieser naheliegenden Annahme einen „tüchtigen Beweisgrund". Allerdings fehlt ihm die „Schärfe einer Demonstration". Auch dieser Beweisversuch erweist sich für Kant letztlich als ungenügend: „Es ist nur ein Gott und nur ein Beweisgrund, durch welchen es möglich ist, sein Dasein mit der Wahrnehmung derjenigen Notwendigkeit einzusehen, die schlechterdings alles Gegenteil vernichtet. Ein Urteil, darauf selbst die Beschaffenheit des Gegenstandes unmittelbar führen könnte. Alle anderen Dinge, welche irgend da sein, könnten auch nicht sein. Die Erfahrung von zufälligen Dingen kann demnach keinen tüchtigen Beweisgrund abgeben, das Dasein desjenigen daraus zu erkennen, von dem es unmöglich ist, dass er nicht sei. Nur lediglich darin, dass die Verneinung der göttlichen Existenz völlig nichts ist, liegt der Unterschied seines Daseins von anderer Dinge ihrem. Die innere Möglichkeit, die Wesen der Dinge sind nun dasjenige, dessen Aufhebung alles Denkliche vertilgt. Hierin wird also das eigene Merkmal von dem Dasein des Wesens aller Wesen bestehen."

Bereits in dieser Schrift äußert Kant dezent Einwände und leichte Bedenken gegen die tradierten Gottesbeweise. Erweisen sie sich als unzureichend, gilt das Gleiche auch für die mit ihnen verbundene rationalistisch-neuzeitliche Metaphysik. Kant empfiehlt, sich auf die „große Heerstraße der menschlichen Vernunft" zu begeben. Wer sich hierzu entschließt, weiß, dass es allein nötig ist, sich vom Dasein Gottes subjektiv zu überzeugen. Ein „forschender Verstand" gibt sich nicht eher zufrieden, bis sich das Problem in lichter Klarheit und das Resultat der

Untersuchungen mit der zweifelsfreien Gewissheit verlässlicher Erkenntnis zeigt. Im Hinblick auf die Beweisbarkeit der Existenz Gottes verbleibt dem philosophischen Forscher nur das klare Bewusstsein des eigenen Nichtwissenkönnens.

Immer deutlicher sieht Kant die Grenzen und die Mängel der aufklärerischen Schulphilosophie. Die Metaphysik interessiert ihn weiterhin. Zudem bemerkt er, wie unkritisch seine Zeitgenossen – nicht nur im Metier der Philosophie – gegen ihr eigenes Schrifttum sind. Statt auf kritische Überprüfung ihrer Hypothesen und Genauigkeit in der Darstellung legen sie Wert auf feinsinnige schriftstellerische Eleganz. Auch Kant vermag sich gewählt auszudrücken. Den Stil beurteilt er zunehmend als nebensächlich. Kant gelangt zu der Auffassung: „Wenn man mit wirklichem Ernst die Wahrheit zu finden nachdenkt, so verschont man zuletzt seine eigenen Produkte nicht mehr." Kant distanziert sich von der vielerorts gelehrten aufklärerischen Schulphilosophie: „Es dauerte lange, dass ich auf solche Weise die ganze dogmatische Theorie dialektisch fand. Aber ich suchte etwas Gewisses, wenn nicht in Ansehung des Gegenstandes, doch in Ansehung der Natur und der Grenzen der Erkenntnisart." Kants kritische Philosophie ist in Vorbereitung. Grundgedanken dazu sind bereits vorhanden. 1769 wird Kant auf die Antinomien aufmerksam. Er erkennt, dass man mit Mitteln der Vernunft sowohl überzeugend darlegen kann, dass die Welt einen Anfang hat, als auch, dass sie keinen Anfang hat und ewig besteht.

Anstatt als ein radikaler Skeptiker, sarkastischer Zyniker oder gar verzweifelter Nihilist zu enden, bemüht sich Kant um eine wohlbegründete methodische Haltung. Er möchte die Grenzen menschlicher Erkenntnis bestimmen und die Möglichkeit einer Metaphysik, die als Wissenschaft auftreten könnte, ergründen. Kant schreibt an Marcus Herz: „Ich versuchte es ganz ernstlich, Sätze zu beweisen und ihr Gegenteil, nicht um eine Zweifelslehre zu erweisen, sondern weil ich eine Illusion des Verstandes vermutete, zu entdecken, worin sie steckt. Das Jahr 69 gab mir großes Licht." In einem anderen Brief, im selben Jahr verfasst, heißt es: „Seit etwa einem Jahre bin ich zu demjenigen Begriff gekommen, welchen ich nicht besorge, jemals ändern, wohl aber erweitern zu dürfen, und wodurch alle Art metaphysischer Quästionen nach ganz sicheren und leichten Kriterien geprüft und, inwiefern sie auflöslich sind oder nicht, mit Gewissheit kann entschieden werden." Gewissheit ist Kant noch immer wichtig, vielleicht wichtiger denn je. Es gilt also, sich mit der Metaphysik auf eine andere, neue Weise zu beschäftigen. Nach wie vor bestehen Fragen, die existenziell bedrängend sind: Existiert Gott? Gibt es ein Leben nach dem Tod? etc. Die Grenzen menschlicher Erkenntnis in diesem Gebiet der Philosophie aufzuweisen, heißt auch, sich einzugestehen, dass das Einzige, was mit Gewissheit entschieden werden kann, die Unbeantwortbarkeit dieser Fragen ist.

1770 legt Kant erstmals dar, dass Raum und Zeit Formen der Anschauung sind. Er grenzt sich nun deutlich von der rationalistischen Schulphilosophie ab. Kant lehrt die objektive Wirklichkeit des Raums. Für ihn stellen Raum und Zeit nicht die Realität an sich dar. Sie sind die Bedingungen der objektiven Wirklichkeit aller sinnlichen Erfahrungen in der Anschauung. Kant vertritt zu dieser Zeit noch die Auffassung, dass die Begriffe als Formen des Denkens die Anschauung des Seienden treffen. Sinnlich nehmen wir die Dinge nur wahr, wie sie uns erscheinen. Die intellektuellen Begriffe vermögen die Dinge zu fassen, wie sie an sich selbst sind. Wer danach fragt, was das Sein selbst ausmacht, muss die sinnlich wahrnehmbare Anschauung außen vor lassen: „Wenn etwas gar nicht als ein Gegenstand der Sinne, sondern durch einen allgemeinen und reinen Vernunftbegriff als ein Ding oder eine Substanz überhaupt nur gedacht wird, so kommen sehr falsche Positionen heraus, wenn man sie den gedachten Grundbegriffen der Sinnlichkeit unterwerfen will."

Kant unterscheidet zwischen der empirisch erfahrbaren Welt, in der die Wirklichkeit mit den ihr entsprechenden Begriffen der Anschauung erkundet wird, und der Sphäre, in der Erkenntnis nur mit reinen Begriffen möglich ist. Er fragt: „Auf welchem Grunde beruht die Beziehung desjenigen, was man in uns Vorstellung nennt, auf den Gegenstand?" Die Möglichkeit von Vernunfterkenntnis überhaupt beschäftigt ihn: „Es scheint, man finde kein Gehör mit bloß negativen Sätzen, man muss an die Stelle dessen, was man niederreißt, etwas Neues aufbauen, oder wenigstens, wenn man das Hirngespinst weggeschafft hat, die reine Verstandeseinsicht dogmatisch begreiflich machen und deren Grenzen zeichnen. Damit bin ich nun beschäftigt …"

Die Programmatik der „Kritik der reinen Vernunft"

„Im Grunde ist wohl alle Philosophie prosaisch", bemerkt Kant, „und ein Vorschlag, jetzt wiederum poetisch zu philosophieren, möchte wohl so aufgenommen werden als der für den Kaufmann, seine Handelsbücher künftig nicht in Prosa, sondern in Versen zu schreiben." Mit diesen Worten ist der Stil bezeichnet, in welchem die 1781 publizierte erste Auflage der „Kritik der reinen Vernunft" abgefasst ist. Nur ein halbes Jahr dauert die Niederschrift des sprachlich uneinheitlich anmutenden Werkes. Etliche Passagen waren bereits formuliert. Andere Gedanken wurden aufgegriffen und neu geordnet. Kant sagt, dass nur derjenige im philosophischen Metier seine Gedanken populär vortragen könne, der sich auch darauf verstünde, dieselben gründlich darzulegen. Deutlichkeit ist wünschenswert. Dennoch verliert der Leser inmitten des Werkes bisweilen den Überblick.

Kant war sich der stilistischen Schwächen wie der Bedeutung seines Hauptwerkes in gleichem Maße bewusst, auch wenn es zunächst wenig beachtet wurde. Sechs Jahre später legt er eine neue, verbesserte und erweiterte Ausgabe vor.

In der „Kritik der reinen Vernunft" widmet sich Kant elementaren philosophischen Fragestellungen, die mit gebotenem Ernst erörtert werden sollen. Die Probleme der Metaphysik werden behandelt, zum Beispiel: Existiert Gott und lässt sich sein Dasein beweisen? Hat die Welt einen Anfang? Ist sich der Mensch der Grenzen seines Wissens bewusst? Kant leitet die Schrift mit folgenden Worten ein: „Die menschliche Vernunft hat das besondere Schicksal in einer Gattung ihrer Erkenntnisse: dass sie durch Fragen belästigt wird, die sie nicht abweisen kann, denn sie sind ihr durch die Natur der Vernunft selbst aufgegeben, die sie aber auch nicht beantworten kann, denn sie übersteigen alles Vermögen der menschlichen Vernunft." Wir müssen diese Fragen stellen, selbst wenn wir darauf vielleicht keine letztgültigen Antworten finden. In diesem Bereich menschlicher Erkenntnis erweist sich die logische Schlussweise als dialektischer Schein. Ohne es zu bemerken, verstricken wir uns in Antinomien. Die Metaphysik, die „Königin der Wissenschaften", hält Kant gleichwohl in Ehren. Er möchte das Bewusstsein für die Problematik, die sich mit diesen Fragen verbindet, schärfen. Im Streben nach Erkenntnis befindet sich jeder Mensch in einem Dilemma. Seine Neugierde beflügelt ihn. Er bleibt indessen beständig an die Grenzen seines Erkenntnisvermögens gebunden, auch wenn er die eigene Begrenztheit zuweilen leugnet oder schlicht ignoriert.

Jedem Menschen ist die Möglichkeit zu vernünftiger Einsicht gegeben. Er möchte sich selbst und die Welt, in der er lebt, begreifen. Doch er versäumt, sich über die Vernunft und ihre Grenzen aufzuklären. So schließt er vom Bedingten aufs Unbedingte. Fragen tun sich ihm auf. Der Erkennende glaubt, die Antworten darauf zu kennen. Schließlich nimmt er ihm selbst plausibel anmutende „Grundsätze" an, die den Bereich möglicher Erfahrung überschreiten. Doch scheinen sie „unverdächtig" zu sein und sogar mit der „gemeinen Menschenvernunft" übereinzustimmen. Tatsächlich befindet sich der Erkennende in der „Dunkelheit". Er ahnt vielleicht „Widersprüche", die auf „verborgene Irrtümer" hinweisen. Sie werden aber nicht aufgedeckt. Der „Probierstein der Erfahrung" zur kritischen Prüfung dieser metaphysischen Sätze und Setzungen fehlt. Verschiedene Denkwege in der Metaphysik führen zu diametral entgegengesetzten Ergebnissen. So ist die gesamte Geschichte der Philosophie angefüllt mit „endlosen Streitigkeiten". Wäre es dann nicht eher ratsam, eine Philosophie ohne Metaphysik zu entwickeln?

Wer philosophieren möchte, hat nach Kant gar keine Wahl – er muss sich mit der Metaphysik befassen. Kant schreibt: „Ich bin so weit entfernt, die Metaphysik für gering oder entbehrlich zu halten, dass ich vornehmlich seit einiger Zeit, nachdem ich glaube, ihre Natur und die ihr unter den menschlichen Erkenntnissen eigentümliche Stelle einzusehen, überzeugt bin, dass sogar das wahre und dauerhafte Wohl des menschlichen Geschlechts auf sie ankomme."

Kant führt nun den Begriff „Transzendentalphilosophie" ein. Er unterscheidet die Begriffe „transzendent" und „transzendental". Die Transzendenz zu erkennen ist unmöglich. Alles, was die Erfahrung übersteigt – das so genannte „Übersinnliche" –, gehört in diesen Bereich. Versucht der Mensch über transzendente Probleme verlässliches Wissen zu erwerben, gerät er in Antinomien. Er kann mit der Vernunft etwas anschaulich beweisen – und zugleich das Gegenteil davon. Was stimmt? Hat die Welt einen Anfang oder nicht? Logisch nachvollziehbar beweisen lässt sich beides. Können wir in Fragen wie diesen also verlässliche Erkenntnis erwerben? Kant führt aus, dass der

Verstand sozusagen an das Haus der Erfahrung ein Nebengebäude anbaut, „welches er mit lauter Gedankenwesen anfüllt, ohne es einmal zu merken, dass er sich mit seinen sonst richtigen Begriffen über die Grenzen ihres Gebrauchs verstiegen habe". Transzendent ist, was über die Erfahrung hinausreicht, transzendental hingegen das, was die Erfahrung begründet. Kant bemerkt: „Ich nenne alle Erkenntnis transzendental, die sich nicht sowohl mit Gegenständen, sondern mit unserer Erkenntnisart von Gegenständen, sofern diese a priori (unabhängig: von aller Erfahrung) möglich sein soll, überhaupt beschäftigt."

Die Transzendentalphilosophie analysiert die Möglichkeit von Erfahrung überhaupt. Erfahrung besteht weder aus sinnlicher Wahrnehmung noch aus ebenso unbewiesenen wie unbeweisbaren metaphysischen Sätzen. Wenn wir sagen: „Es regnet" und „Die Erde wird nass", so bleiben wir auf der Ebene der Wahrnehmung. Aus Beobachtungen wie diesen lässt sich noch kein Erfahrungsurteil ersehen. Das ändert sich, sobald ausgesagt wird: „Durch den Regen wird die Erde nass." Nun tritt zur Perzeption die Apperzeption. Die Wahrnehmungen werden durch eine Leistung des menschlichen Verstandes ursächlich durch apriorische Formen miteinander verbunden. Diese Verfahrensweise lässt Verallgemeinerungen zu. Abhängigkeiten werden aufgezeigt. Vermittels der Wahrnehmung lässt sich eine kausale Verbindung wie die im Beispiel bezeichnete nicht aufweisen. Transzendentalphilosophisch wird mit einer solchen Aussage ein so genanntes „synthetisches Urteil a priori" gefasst. Die transzendentale Einheit der Apperzeption soll hergestellt, die wahrgenommene Vielfalt mit Hilfe des Verstandes strukturiert und geordnet werden. Anders als die formale Logik, die sich auf die Form der Erkenntnis bezieht, ist die Transzendentalphilosophie auf die Möglichkeit der Erkenntnis unter Bezugnahme auf den Inhalt ausgerichtet. Kant benennt als „höchste Aufgabe" der Transzendentalphilosophie die Erörterung der Frage: „Wie ist Erfahrung möglich?" Die „syntheti-schen Urteile a priori" schreiben möglicher Erfahrung a priori eine Regel vor. Allerdings muss ihnen in der Wirklichkeit nicht zwingend etwas entsprechen. Die formal korrekte Schlussweise sagt über den bezeichneten Gegenstand noch nichts aus. Denn für das, was wir im Verstand notwendig miteinander verknüp-fen, kann die berühmte Wendung aus der „Kritik der reinen Vernunft" gelten: „Gedanken ohne Inhalt sind leer, Anschau-ungen ohne Begriffe sind blind."

Kant trennt die Transzendentalphilosophie vom Empirismus, der die „synthetische Einheit unserer Vorstellungen in der Er-kenntnis für bloße Gewohnheitssache" erklärt: „Es ist eine Transzendentalphilosophie in unserer Vernunft fest gegründet, wie denn auch, wenn man sie als sich selbst vernichtend vor-stellig machen wollte, eine andere und schlechterdings unauf-lösliche Aufgabe eintreten würde. Woher kommt den Gegen-ständen der Sinne der Zusammenhang und die Regelmäßigkeit ihres Beieinanderseins, dass es dem Verstand möglich ist, sie unter allgemeine Gesetze zu fassen und die Einheit derselben nach Prinzipien aufzufinden?" Die Transzendentalphilosophie befasst sich als Teil der theoretischen Metaphysik allein mit dem Verstand und der Vernunft in einem System aller Begriffe und Grundsätze, die sich auf mögliche Gegenstände beziehen, ohne dass gegebene Objekte angenommen werden müssten. Somit beschäftigt sich die Transzendentalphilosophie aus-schließlich mit der Erkenntnisart und nicht mit vorhandenen Gegenständen. In ihr ist „keine Frage, welche einen der reinen Vernunft gegebenen Gegenstand betrifft, für eben dieselbe menschliche Vernunft unauflöslich". Transzendental meint al-so die alleinige Beziehung der Erkenntnis auf das menschliche Erkenntnisvermögen. Sie bedeutet im Gegensatz zum Begriff transzendent „nicht etwas, das über alle Erfahrung hinausgeht, sondern was von ihr (a priori) zwar vorhergeht, aber doch zu nichts mehrerem bestimmt ist, als lediglich Erfahrungserkenntnis möglich zu machen".

Mit der Konzeption der Transzendentalphilosophie distanziert sich Kant endgültig von der aufklärerischen Schulphilosophie. Aber er verfällt nicht einem anarchischen, zuletzt sich selbst aufhebenden Skeptizismus, der jeglichen Wahrheitsanspruch bezweifelt und in einem orientierungslosen Relativismus endet. Eine solche Beliebigkeit bezeichnet Kant als die „Mutter des Chaos und der Nacht", die aus bloßem Überdruss gegenüber und im trotzigen Widerspruch zu dogmatischen Systemen entsteht. Töricht ist es, bemerkt er zudem, wenn einige Philosophen behaupten, dass man sich um Metaphysik gar nicht mehr bekümmern solle, da sie eine verwickelte und problematische Sache sei: „Es ist nämlich umsonst, Gleichgültigkeit in Ansehung solcher Nachforschungen erkünsteln zu wollen, deren Gegenstand der menschlichen Natur nicht gleichgültig sein kann." Gleichwohl äußert er großes Verständnis für die Skeptiker, die gegen jene Denker opponieren, welche ein bloß behauptetes „Scheinwissen" vorsetzen und ihre „grundlosen Annahmen" durch „Machtsprüche" befestigen wollen. So ergeht die „Aufforderung an die Vernunft", das „beschwerlichste aller ihrer Geschäfte" zu übernehmen. Dieses ist die Kritik ihres eigenen Vermögens, die Einsicht in ihre Möglichkeiten und zugleich in ihre Grenzen. Nur so kann sie die ihr zukommenden „gerechten Ansprüche" weiterhin aufrechterhalten.

Unabhängig von aller Erfahrung, aus Prinzipien soll durch eine systematische Untersuchung der Vernunft bestimmt werden, inwieweit Metaphysik als Wissenschaft möglich ist – und zwar ohne die „dogmatisch schwärmende Wissbegierde", die sich allein auf „Zauberkräfte" verlässt: „Die Pflicht der Philosophie war: das Blendwerk, das aus Missdeutung entsprang, aufzuheben, sollte auch noch so viel gepriesener und beliebter Wahn dabei zunichte gehen." Jede Art des „Herumtappens" unter „bloßen Begriffen" bei solchen ernsten Fragen und bedeutsamen Problemstellungen möchte Kant unterbinden. Der Ertrag der kritischen Philosophie bleibt rein negativ. Berechtigte und notwendige Kritik an den vielgestaltigen Fantastereien, ganz gleich, ob es sich um Swedenborgs Träume oder metaphysische Systeme der Neuzeit handelt, wird nunmehr geübt. Die Einsicht in die Grenzen der menschlichen Vernunft wird von Kant als ausgesprochen wichtig angesehen: „Man wird bei einer flüchtigen Übersicht des Werkes wahrzunehmen glauben, dass der Nutzen davon doch nur negativ sei, uns nämlich mit der spekulativen Vernunft niemals über die Erfahrungsgrenze hinauszuwagen, und das ist auch in der Tat ihr erster Nutzen. Dieser aber wird alsbald positiv, wenn man inne wird, dass die Grundsätze, mit denen sich spekulative Vernunft über ihre Grenze hinauswagt, in der Tat nicht Erweiterung, sondern, wenn man sie näher betrachtet, Verengung unseres Vernunftgebrauchs zum unausbleiblichen Erfolg haben, indem sie wirklich die Grenzen der Sinnlichkeit, zu der sie eigentlich gehören, über alles zu erweitern und so den reinen (praktischen) Vernunftgebrauch gar zu verdrängen drohen."

Weiterhin legt Kant dar, dass Raum und Zeit Formen der sinnlichen Anschauung sind, also „Bedingungen der Existenz der Dinge als Erscheinungen". Gegenstände begreift er als „Dinge an sich selbst". Als „an sich" entziehen sich die Objekte der Anschauung. Die subjektgebundene Erkenntnis orientiert sich stets an der Erscheinung eines Gegenstandes. Kant verweist zudem auf Probleme der Ethik. Die neuzeitlich-rationalistische Metaphysik hat Begriffe wie Gott, Freiheit und Unsterblichkeit ontologisiert. Damit wagte sich die spekulative Vernunft über die ihr gegebene Grenze in unzulässiger Weise hinaus. Kant nennt diese Begriffe Postulate. Nur als „moralisches Wesen" kann der Mensch „Endzweck der Schöpfung" sein: „Ich kann also Gott, Freiheit und Unsterblichkeit zum Behuf des notwendigen praktischen Gebrauchs meiner Vernunft nicht einmal annehmen, wenn ich nicht der spekulativen Vernunft zugleich ihre Anmaßung überschwänglicher Einsichten benehme, weil sie sich, um zu diesen zu gelangen, solcher Grundsätze bedienen muss, die, indem sie in der Tat bloß auf Gegenstände möglicher Erfahrung reichen, wenn sie gleichwohl auf das angewandt werden, was nicht ein Gegenstand der Erfahrung sein kann, wirklich dieses jederzeit in Erscheinung verwandeln, und so alle praktische Erweiterung der reinen Vernunft für unmöglich erklären." Den „Dogmatismus der Metaphysik" – und damit jede mit absolutem Anspruch verfochtene Lehre wie das „Vorurteil, in ihr ohne Kritik der reinen Vernunft fortzukommen" – bezeichnet Kant als die „wahre Quelle alles der Moralität widerstreitenden Unglaubens".

So viele Menschen wollen unkritisch und „bequem vernünfteln", statt aufrichtig und kritisch gegen andere, aber auch gegen sich selbst, zu philosophieren. Die „Kritik der reinen Vernunft" veranschaulicht, dass man das Philosophieren lernen, nicht aber die Philosophie lehren kann. Wer philosophiert, setzt sich kritisch mit den bereits gegebenen „Versuchen zu philosophieren" auseinander, welcher Epoche des abendländischen Denkens sie auch immer entstammen. Man versucht sich dem „Urbild" der Philosophie zu nähern, um das „verfehlte Nachbild", welches man entdeckt, soweit es möglich ist, diesem gleichzumachen, wohlwissend, dass dies niemals ganz gelingen kann: „Denn, wo ist die Philosophie, wer hat sie im Besitze, und woran lässt sie sich erkennen? Man kann nur philosophieren lernen, d. i. das Talent der Vernunft in der Befolgung ihrer allgemeinen Prinzipien an gewissen vorhandenen Versuchen üben, doch immer mit Vorbehalt des Rechts der Vernunft, jene selbst in ihren Quellen zu untersuchen und zu bestätigen oder zu verwerfen."

Philosophieren heißt zunächst, die Denkwege anderer nachzuvollziehen und zu reflektieren. Auch der kritische Philosoph, der bei anderen Denkern Unzulänglichkeiten entdeckt, muss sich vorsehen, nicht wiederum selbst in eine dogmatische oder skeptizistische Haltung zu verfallen. Kant begegnet den klassischen philosophischen Systemen respektvoll. Er unterscheidet diese von den zeitgenössischen „arroganten Ansprüchen der Schulen", deren Apologeten sich für die „alleinigen Kenner" und „Aufbewahrer" der Wahrheit halten. Könnte ihr jeweiliges System einer gründlichen Kritik der Erkenntnisvermögen standhalten? Kant glaubt, dass viele seiner philosophierenden Zeitgenossen statt nüchterner Wissenschaft eine esoterische oder mit allerlei leeren Begriffen verbrämte Lehre und Philosophie als dogmatisches System betreiben: „Was er mit mir nicht weiß, will er allein zu wissen scheinen." Er schreibt mit deutlicher Ironie auch, dass niemand von einer mit so viel Selbstgefälligkeit und Arroganz betriebenen Lehre Notiz nimmt: „Wenn Regierungen sich ja mit Angelegenheiten der Gelehrten zu befassen gut finden, so würde es ihrer weisen Fürsorge für Wissenschaften sowohl als Menschen weit gemäßer sein, die Freiheit einer solchen Kritik zu begünstigen, wodurch die Vernunftbearbeitungen allein auf einen festen Fuß gebracht werden können, als den lächerlichen Despotismus der Schulen zu unterstützen, welche über öffentliche Gefahr ein lautes Geschrei erheben, wenn man ihre Spinneweben zerreißt, von denen doch das Publikum niemals Notiz genommen hat und deren Verlust es also auch nie fühlen kann."

Kant möchte mit der „Kritik der reinen Vernunft" eine kritische Philosophie begründen, die mit der „Untersuchung der Vermögen der menschlichen Vernunft" anfängt und „nicht so ins Blaue hinein vernünftelt": „Nichts als die Nüchternheit einer strengen, aber gerechten Kritik kann von diesem dogmatischen Blendwerke, das so viele durch eingebildete Glückseligkeit, unter Theorien und Systemen, hinhält, befreien und alle unsere spekulativen Ansprüche bloß auf das Feld möglicher

Erfahrung einschränken, nicht etwa durch schalen Spott über so oft fehlgeschlagene Versuche oder fromme Seufzer über die Schranken unserer Vernunft, sondern vermittelst einer nach sicheren Grundsätzen vollzogenen Grenzbestimmung derselben, welche ihr nihil ulterius mit größter Zuverlässigkeit an die herkulischen Säulen heftet, die die Natur selbst aufgestellt hat, um die Fahrt unserer Vernunft nur so weit, als die stetig fortlaufenden Küsten der Erfahrung reichen, fortzusetzen, die wir nicht verlassen können, ohne uns auf einen uferlosen Ozean zu wagen, der uns, unter immer trüglichen Aussichten, am Ende nötigt, alle beschwerliche und langwierige Bemühung als hoffnungslos aufzugeben."

Kants kritische Philosophie kann – gut sokratisch – den „klarsten Beweis der Unwissenheit der Gegner" erbringen. Das ist auch im Hinblick auf die Problematik des christlichen Glaubens von entscheidender Bedeutung. In diesem Sinne können wir die berühmte Wendung aus der Vorrede verstehen: „Ich musste also das Wissen aufheben, um zum Glauben Platz zu bekommen." Die kritische Philosophie kann die bestehenden Fragen der Metaphysik nicht befriedigend auflösen. Gleichwohl vermag sie zu verhindern, dass in Anbetracht der eklatanten Mängel der tradierten rationalistisch-neuzeitlichen Metaphysik die Philosophie durch einen radikalen Skeptizismus oder die „geschwätzige Seichtigkeit" einer Popularphilosophie ersetzt wird. Kant versucht eine „Metaphysik als Wissenschaft" vorzubereiten, die nach der „strengsten Forderung" mit der Kritik der Erkenntnisvermögen beginnt und, statt wortmächtig den „Eigendünkel" des klügelnden Denkers zu befestigen, evident ist: „Wer nicht schulmäßig, sondern geniemäßig philosophiert, wirtschaftet aus dem Vollen, welches dann einen nahen Bankrott weissagen lässt. Die kritische Philosophie ist diejenige Vernunftwirtschaft, welche zuerst ihren Vermögenszustand untersucht, um zu wissen, wie weit sie in Ausgaben gehen kann, und sieht aus wie ein Pinsel gegen den geistreichen Kopf, der wie ein gewisser Minister von seiner Staatsverschuldung rühmt: je mehr Schulden er macht, desto reicher ist er." Dann erscheint es geradezu vermessen, wenn Denker wie Swedenborg den begrenzten „Vorrat an Materialien", der für ein bescheidenes, aber solides „Wohnhaus" ausreicht, verwenden wollen, um einen schon bei dem leichtesten Luftzug schwankenden „Turm" zu errichten, der bis in die Wolken reichen soll.

Das Problem der Erkenntnis

Alle Erkenntnis beginnt mit Erfahrung. Kant spricht von der Unaufhebbarkeit der Subjektgebundenheit. Das bedeutet aber nicht, dass Erkenntnis immer nur relational zum Erkennenden als persönliche Betrachtungsweise möglich ist. Erkannt werden kann das gegebene Objekt nur als Erscheinung, nicht als „Ding an sich". Kant widerspricht der tradierten Lehre, die besagt, dass sich unsere Erkenntnis nach den Gegenständen richtet. Inwieweit ist es möglich, von Gegenständen etwas mit Begriffen a priori auszusagen? Kant schreibt: „Bisher nahm man an, alle unsere Erkenntnis müsse sich nach den Gegenständen richten; aber alle Versuche, über sie a priori etwas durch Begriffe auszumachen, wodurch unsere Erkenntnis erweitert würde, gingen unter dieser Voraussetzung zu nichte. Man versuche es daher einmal, ob wir nicht in den Aufgaben der Metaphysik damit besser fortkommen, dass wir annehmen, die Gegenstände müssen sich nach unserer Erkenntnis richten, welches so schon besser mit der verlangten Möglichkeit einer Erkenntnis derselben a priori zusammenstimmt, die über Gegenstände, ehe sie uns gegeben werden, etwas festsetzen soll."

Die revolutionäre Neuausrichtung der Erkenntnistheorie vergleicht Kant mit der Umwälzung des Weltbildes durch den Astronomen Nikolaus Kopernikus. Dieser war überzeugt, dass sich die Sterne nicht um die Menschen drehen. Die Himmelskörper sind unbewegt. Die Beobachter des Himmelszeltes auf der Erde drehen sich beständig, freilich ohne es zu bemerken. Kant führt weiter aus: „Wenn die Anschauung sich nach der Beschaffenheit der Gegenstände richten müsste, so sehe ich nicht ein, wie man a priori von ihr etwas wissen könne; richtet sich aber der Gegenstand (als Objekt der Sinne) nach der Beschaffenheit unseres Anschauungsvermögens, so kann ich mir diese Möglichkeit sehr wohl vorstellen."

Die Erkenntnis der Gegenstände richtet sich nach unseren Begriffen; das heißt, dass die Regel, nach der sie erkannt werden, vor dem Erkenntnisakt besteht. Diese Regel wird in Begriffen a priori ausgedrückt: „Was Gegenstände betrifft, so fern sie bloß durch Vernunft und zwar notwendig gedacht, die aber (so wenigstens, wie die Vernunft sie denkt) gar nicht in der Erfahrung gegeben werden können, so werden die Versuche, sie zu denken (denn denken müssen sie sich doch lassen), hernach einen herrlichen Probierstein desjenigen abgeben, was wir als die veränderte Methode der Denkungsart annehmen, dass wir nämlich von den Dingen nur das a priori erkennen, was wir selbst in sie legen."

Zunächst werden die Gegenstände sinnlich wahrgenommen und bewirken Vorstellungen. Diese setzen die Verstandeskräfte in Bewegung. Ähnlichkeiten werden erkundet, Vergleiche angestellt und Verbindungen gesucht: „Der Verstand schöpft seine Gesetze nicht aus der Natur, sondern schreibt sie dieser vor." Der „rohe Stoff sinnlicher Eindrücke" wird zur „Erkenntnis der Gegenstände" verknüpft, die als Erfahrung bezeichnet wird: „Wenn aber gleich alle unsere Erkenntnis mit der Erfahrung anhebt, so entspringen darum doch nicht eben alle Erkenntnisse aus der Erfahrung. Denn es könnte wohl sein, dass selbst unsere Erfahrungserkenntnis ein Zusammengesetztes aus dem sei, was wir durch Eindrücke empfangen, und dem, was unser eigenes Erkenntnisvermögen (durch sinnliche Eindrücke bloß veranlasst) aus sich selbst hergibt, welchen Zusatz wir von jenem Grundstoffe nicht eher unterscheiden, als bis lange Übung uns darauf aufmerksam und zur Absonderung desselben geschickt gemacht hat."

Anschauungen und Begriffe sind für die menschliche Erkenntnis von elementarer Bedeutung. Die „Rezeptivität der Eindrücke", das Vermögen sinnlicher Wahrnehmung, verbindet sich mit der „Spontaneität der Begriffe". Durch das erstgenannte Vermögen ist der Gegenstand für den Prozess der Erkenntnis gegeben, durch das an zweiter Stelle aufgeführte Vermögen wird er gemäß der Fähigkeit der menschlichen Vernunft in Bezug auf die Vorstellung gedacht: „Ohne Sinnlichkeit würde uns kein Gegenstand gegeben und ohne Verstand keiner gedacht werden." Kant erläutert weiter: „Daher ist es ebenso notwendig, seine Begriffe sinnlich zu machen (d. i. ihnen den Gegenstand in der Anschauung beizufügen), als seine Anschauungen sich verständlich zu machen (d. i. sie unter Begriffe zu bringen). Beide Vermögen oder Fähigkeiten können auch ihre Funktionen nicht vertauschen. Der Verstand vermag nichts anzuschauen und die Sinne vermögen nichts zu denken. Nur daraus, dass sie sich vereinigen, kann Erkenntnis entspringen."

Wie weit reicht die menschliche Erkenntnis? Gegenstände, die in der Anschauung gegeben sind, werden auf diese Weise innerhalb begrenzter menschlicher Möglichkeiten erkannt. Ist der durch die Anschauung gegebene Gegenstand, in der Subjektgebundenheit der Erkenntnis, tatsächlich so beschaffen, wie er nun von dem Erkennenden aufgefasst wird? Uns ist nur innerhalb der Formen der Anschauung von Raum und Zeit und innerhalb der Formen des Denkens, der Kategorien, die Erkenntnis des Wirklichen möglich. Ist der Gegenstand damit vollständig, in allen seinen Bezügen zur Welt, in allen seinen Eigenschaften erkannt?

Kant spricht vom „Ding an sich". Dieses „Ding an sich" ist gleichsam die absolute Realität, wie sie unabhängig von aller menschlichen Erfahrung besteht. Das „Ding an sich" ist als Grund der Erscheinungen nur zu denken, als Annahme, um das Vorhandensein einer empirisch erfahrbaren Wirklichkeit zu begreifen. Der Mensch als erkennendes Bewusstsein bleibt stets an die Formen der Anschauung und des Denkens gebunden. Nur in seiner Beziehung auf das Subjekt lässt sich der Gegenstand erkennen. Als „Ding an sich" bleibt er unerkennbar. Kant setzt dies als „Grenzbestimmung", die sich auch nicht näher positiv erfassen lässt. So wie sich das Wirkliche über die Formen der Anschauung und die Kategorien des Denkens darstellt, ist das Wesen des gegebenen Gegenstandes noch nicht erschöpft. Das „Ding an sich" ist weder auf die Ordnung von Raum und Zeit noch auf die Kausalität begrenzt. Bei einer Erscheinung, von einem „Objekt der sinnlichen Anschauung", besteht die Möglichkeit zur Erkenntnis. Das „Ding an sich" lässt sich denken. Was erkennbar ist, ist allein die Erscheinung dieses Etwas, das der Grenzbegriff bezeichnet. Als Erscheinungen sind die Objekte erfahr- und erkennbar: „Es sind uns Dinge als außer uns befindliche Gegenstände unserer Sinne gegeben; allein von dem, was sie an sich selbst sein mögen, wissen wir nichts, sondern kennen nur ihre Erscheinungen, d.i. die Vorstellungen, die in uns wirken, indem sie unsere Sinne affizieren." Ein unzulässiges, Kant zufolge gleichwohl verständliches Bestreben wäre es, wenn der Erkennende nun doch wissen wollte, wie dieses rätselhafte „Ding an sich" eigentlich beschaffen ist. Kant entgegnet darauf: „Was die Dinge an sich sein mögen, weiß ich nicht, und brauche es auch nicht zu wissen, weil mir doch niemals ein Ding anders als in der Erscheinung vorkommen kann."

Wie soll man handeln?

Kant war anthropologischer Realist. Die ethischen Forderungen vornehmlich in den Schriften „Grundlegung zur Metaphysik der Sitten" und „Kritik der praktischen Vernunft" entfaltet erweisen sich als Korrektiv menschlich-allzumenschlichen Verhaltens. Kant diagnostiziert eine innere „Verkehrtheit" des Menschen und schreibt: „Der Satz: der Mensch ist böse, kann nichts anderes sagen wollen, als: er ist sich des moralischen Gesetzes bewusst und hat doch die (gelegentliche) Abweichung von demselben in seine Maxime aufgenommen."

Ein jeder Mensch weiß oder könnte wissen, dass es seiner Bestimmung als vernünftiges Lebewesen entspricht, das sittlich Gute zu befördern. Das „moralische Prinzip" in ihm verliert sich nie gänzlich. Die „Triebfeder", dieses Prinzip zu befolgen, bleibt bestehen. Nur handeln Menschen oft amoralisch. Als Grund hierfür gibt Kant die „Verderbtheit" des Herzens an. Menschen agieren zuweilen eigennützig und rücksichtslos. Sie instrumentalisieren ihre Mitmenschen für beliebige Zwecke. Wie ist jemand zu beurteilen, der die moralischen Maximen kennt und ignoriert? Ein solcher Mensch ist noch nicht „teuflisch". Indessen besitzt er, wie Kant sagt, ein „böses Herz". Er folgt dem Hang zum Bösen. Doch ist dieser Mensch nicht von Grund auf böse. Er verfügt über die Anlage zu sittlich-gutem Handeln. Der „Keim des Guten in seiner ganzen Reinigkeit" ist vorhanden und muss nur entdeckt, gehegt, gepflegt und gefördert werden. Kant fordert: „Wir sollen bessere Menschen werden, unvermindert in unserer Seele; folglich müssen wir es auch können, sollte auch das, was wir tun können, für sich allein unzureichend sein und wir uns dadurch nur eines für uns unerforschlichen höheren Beistandes empfänglich machen." Das moralische, sittlich gute Handeln ist ein pflichtgemäßes Tun. Die ethische Verpflichtung besteht unabhängig von flüchtigen, subjektiven und letztlich beliebigen Neigungen. Wer sittlich gut handelt, folgt nicht bloßen Stimmungen. Eine Neigung kann nach Auffassung von Kant auch dazu verleiten, sich pflichtwidrig zu verhalten. Wer auf diese Weise handelt, möchte nicht, dass eine solche Verletzung der Pflicht zu einem allgemeinen Gesetz wird. Das bestehende Gesetz soll gültig bleiben. Nur eine spontane menschliche Schwäche, vielleicht die Suche nach einem kurzfristigen Vorteil, führt dazu, eine Ausnahme zu machen und das Pflichtgebot zu verletzen. Kant lehnt solche Verhaltensweisen entschieden ab. Verdeutlichen lässt sich dies mit einem ganz einfachen Beispiel: Wer eine leere Blechdose achtlos in eine Grünanlage wirft, handelt pflichtwidrig. Würde ein solches Handeln zu einem allgemeinen Gesetz werden, lebten wir sozusagen auf einer Mülldeponie. Das mag dem Menschen, der diesem Gebot zuwiderhandelt, durchaus bewusst sein. Dennoch verhält er sich unbedenklich auf pflichtwidrige Weise. Kant würde empfehlen, sich vor Augen zu führen, was geschähe, wenn alle Menschen handelten wie dieser gedankenlose Einzelne.

Kant lehnt es ab, moralisches Handeln mit flüchtigen Neigungen zu legitimieren. Seichte Gefühligkeit, schwärmerisches Mitgefühl und moralische Feinsinnigkeit sind schwankend und subjektiv. Eine individuelle Regung des Herzens taugt nicht als Beweggrund für sittliches Handeln, da sie nicht verallgemeinerungsfähig ist. Die „größte moralische Vollkommenheit des Menschen" besteht darin, „seine Pflicht zu tun, und zwar aus Pflicht (dass das Gesetz nicht bloß die Regel, sondern auch die Triebfeder der Handlungen sei)". Kant weiß, dass diese ethische Forderung nicht leicht zu erfüllen ist. Ermunterungen zu pflichtgemäßem Handeln helfen dabei.

Wohlwollend soll jeder Mensch sich seinen Mitmenschen gegenüber verhalten, selbst wenn diese nicht unbedingt liebenswürdig erscheinen. Es ist geboten, dem „ethischen Gesetz der

Vollkommenheit", der christlichen Forderung der Nächstenliebe, zu genügen, so schwer das bisweilen auch fallen mag:
„So ist es Pflicht: nicht die Stellen, wo sich Arme befinden, denen das Notwendigste abgeht, zu umgehen, sondern sie auf-
zusuchen, nicht die Krankenstuben oder die Gefängnisse der
Schuldner und dergleichen zu fliehen, um dem schmerzhaften
Mitgefühl, dessen man sich nicht erwehren könne, auszuwei-
chen; weil dieses doch einer der in uns von der Natur geleg-
ten Antriebe ist, dasjenige zu tun, was die Pflichtvorstellung
für sich allein nicht ausrichten würde."

Der moralische Wert der pflichtgemäßen Handlung liegt in
ihr selbst beschlossen. Die Maxime, die dem konkreten Tun zu
Grunde liegt, basiert auf dem „Prinzip des Wollens". Sie lässt
sich weder von der „Wirklichkeit des Gegenstandes der Handlung" noch von den „Gegenständen des Begehrungsvermö-
gens" bestimmen.

Die ethische Pflicht wird durch Imperative ausgedrückt. Kant
unterscheidet den bedingt verbindlichen hypothetischen von
dem absolute Geltung beanspruchenden kategorischen Imperativ. Für beide Gattungen der Imperative sind Maximen grundlegend. Der hypothetische Imperativ ist technischer Art und
regelt alltägliche Gewohnheiten. Ein Beispiel: „Ich stehe morgens um sechs Uhr auf, damit ich früh am Schreibtisch sitzen
und mein Buch über die Philosophie der Aufklärung schreiben
kann." Ein anderer würde sagen, dass er zu diesem Zweck
gründlich ausschlafen muss, um ausgeruht an die Arbeit gehen zu können.

Ein Imperativ kann auch etwas über die innere, möglicherweise ethisch bedenkliche Einstellung eines Menschen aussagen. Auch dazu ein Beispiel: „Wenn es mir Vorteile bringt,
nehme ich es mit der Wahrheit nicht so genau." Der Mensch,
der zu handeln beabsichtigt, verfügt über gewisse theoretische
Kenntnisse, welche Wirkungen die Mittel, die eingesetzt werden

sollen, erzielen werden. Voraussetzung für das Handeln im Fall eines hypothetischen Imperativs ist die Vertrautheit mit den Bedingungen. Ein solcher Imperativ erhält seinen Bestimmungsgrund von außen. Ein Zweck nämlich soll verwirklicht werden. Es fragt sich, welche Mittel dafür geeignet sind. Diese können, wie im zweiten Beispiel gezeigt, durchaus der Forderung intellektueller Redlichkeit zuwiderlaufen.

Der hypothetische Imperativ drückt ein bedingtes und pragmatisches, der kategorische Imperativ ein moralisches und absolutes Sollen aus. Alle Imperative zeigen an, was notwendigerweise zu tun ist. Der hypothetische Imperativ tut dies in Hinsicht auf die Erreichung eines bestimmten Zwecks. Kant nennt diese Klugheits- und Geschicklichkeitsregeln auch „Anratungen". Der kategorische Imperativ besitzt seinen Zweck in sich selbst. Das handelnde Subjekt wird vernünftigerweise zur Übereinstimmung mit dieser Regel genötigt. Als „Gebote" der Vernunft richten sich die Imperative an jeden Menschen. Durch ihren Formelcharakter zeigen sie das „Verhältnis objektiver Gesetze des Wollens" zu der „subjektiven Unvollkommenheit des Willens" des Einzelnen auf. Die Imperative können auch als eine Art Regulativ und Korrektiv menschlichen Handelns aufgefasst werden: „Alle Imperative nun gebieten entweder hypothetisch oder kategorisch. Jene stellen die praktische Notwendigkeit einer möglichen Handlung als Mittel, zu etwas anderem, was man will, zu gelangen, vor. Der kategorische Imperativ würde der sein, welcher eine Handlung als für sich selbst, ohne Beziehung auf einen anderen Zweck, als objektiv-notwendig vorstellte."

Der kategorische Imperativ ist absichtslos und für sich selbst objektiv notwendig als apodiktisch-praktisches Prinzip. Ausgerichtet ist er weder auf die Materie der Handlungen noch auf ihre Folgen, sondern allein auf die Form und das Prinzip der Handlung. Das sittlich Gute besteht in der erfolgsunabhängigen

Gesinnung: „Der kategorische Imperativ, indem er eine Verbind-lichkeit in Ansehung gewisser Handlungen aussagt, ist ein mo-ralisch-praktisches Gesetz. Weil aber Verbindlichkeit nicht bloß praktische Notwendigkeit, sondern auch Nötigung enthält, so ist der gedachte Imperativ entweder ein Gebot- oder Verbot-gesetz, nachdem die Begehung oder Unterlassung als Pflicht vorgestellt wird."

Seine Bestimmung trägt der kategorische Imperativ, wie zu-vor bemerkt, in sich selbst. Anders als die hypothetischen Im-perative ist er nicht auf die Realisierbarkeit möglicher Zwecke gerichtet. Der kategorische Imperativ soll erfahrungsunabhän-gig untersucht werden, als „synthetisch-praktischer Satz a prio-ri": „Wenn ich mir einen hypothetischen Imperativ überhaupt denke, so weiß ich nicht im Voraus, was er enthalten werde: bis mir die Bedingung gegeben ist. Denke ich mir aber einen kategorischen Imperativ, so weiß ich sofort, was er enthält. Denn da der Imperativ außer dem Gesetze nur die Notwendig-keit der Maxime enthält, auf die es eingeschränkt war, so bleibt nichts als die Allgemeinheit eines Gesetzes überhaupt übrig, welchem die Maxime der Handlung gemäß sein soll, und wel-che Gemäßheit allein der Imperativ vorstellt."

Nun ließe sich einwenden, dass auch eine Fülle sittlich gu-ter Handlungen vielleicht den Endzweck, das „höchste Gut", hervorbrächten. Dann aber wäre ein jeglicher Imperativ nicht mehr als eine zielgebundene Handlungsanweisung. Die Un-bedingtheit des kategorischen Imperativs, stets unabhängig von materialen Bestimmungsgründen gedacht, liegt einzig im auto-nomen Willen des handelnden Individuums beschlossen. Die Form des Willens bildet die Grundlage der Gesetzlichkeit, die sich selbst voraussetzt. Der kategorische Imperativ ist niemals ein bloß technisches Mittel, denn es verbietet sich, dass der Mensch einen Mitmenschen ausschließlich als Mittel zu einem beliebigen Zweck verwendet und missbraucht. Kant formuliert dies auf folgende Weise: „Handle so, dass du die Menschheit, sowohl in deiner Person als in der Person eines jeden anderen, jederzeit zugleich als Zweck, niemals bloß als Mittel brauchst." Menschen dürfen über ihre Mitmenschen nicht beliebig verfügen. Hieraus ist auch ersichtlich, dass der kategorische Imperativ die hypothetischen Imperative begrenzt. Das oben gewählte Beispiel der Lüge aus Eigennutz würde neben der tadelnswerten schändlichen, betrügerischen Absicht Problemkreise verschiedener Art aufwerfen: Wie ist ein solches Verhalten mit der Würde der Person als eines moralischen Wesens vereinbar? Instrumentalisiert der Handelnde seine Mitmenschen? Steht ein solches Tun nicht im Widerspruch zur Vernunftnatur des Menschen?

In allem Handeln muss der Mensch seine Mitmenschen als Zwecke an sich selbst betrachten und behandeln. Den anderen als Mittel zu gebrauchen, ist nur dann gestattet, sofern der Zweckgedanke in vollem Umfang berücksichtigt wird: „Nun sage ich: der Mensch und überhaupt jedes vernünftige Wesen existiert als Zweck an sich selbst, nicht bloß als Mittel zum beliebigen Gebrauche für diesen oder jenen Willen, sondern muss in allen seinen sowohl auf sich selbst als auch auf andere vernünftige Wesen gerichteten Handlungen jederzeit zugleich als Zweck betrachtet werden."

Kant formuliert ein ethisches Sollen, dessen Einlösung in den bestehenden gesellschaftlichen und politischen Verhältnissen, aber auch im Verkehr der Menschen untereinander zu einem tiefgreifenden Wandel der menschlichen Beziehungen geführt hätte und auch heute führen würde. Absolut verwirklicht wäre dies vermutlich die Etablierung eines aus damaliger wie heutiger Sicht utopischen Zustandes der Harmonie der Menschen untereinander.

Die ethische Forderung, den Menschen handelnd niemals als bloßes „Mittel" zu betrachten, gilt allgemein im Blick auf sich selbst wie auf den Nächsten. Die Würde des Menschen sieht Kant durch die „vernünftige Natur" gegeben, die nicht nur nicht verletzt, sondern auch im Sinne der emanzipatorischen Aufklärung gefördert werden soll. Dies zeigt sich insbesondere darin, dass der kategorische Imperativ keine bloße Verhaltensregel entsprechend der seit alters bekannten, auf subjektiven Wertsetzungen beruhenden „Goldenen Regel" – „Was du nicht willst, dass man dir tu', das füg auch keinem andern zu!" – darstellt. Der kategorische Imperativ enthält zudem ein rechtsphilosophisches Element. Einer Handlung liegt jeweils eine Maxime, ein Beschluss eines subjektiven Willens, zu Grunde. Diese Maxime soll so beschaffen sein, dass jeder Mensch nicht nur vernünftigerweise entsprechend handeln, sondern dass sie zugleich als „Prinzip einer allgemeinen Gesetzgebung" gelten könnte. Dieser Anspruch reicht über eine letztlich außermoralische Regelung des Zusammenlebens nach dem Grundsatz der „Goldenen Regel" weit hinaus. Bei der Gesetzgebung ist deshalb zu beachten, dass sie dem leitenden Gedanken der Verallgemeinerungsfähigkeit zu genügen hat. Dies bedeutet, dass das Gesetz für jedes vernunftbegabte Lebewesen gelten soll. Es ist gewährleistet, wenn das „Subjekt aller Zwecke" Berücksichtigung findet, nämlich der Bezug auf den „Zweck an sich selbst". Wenn jeder Mensch entsprechend handelt, ist der subjektive Wille einstimmig mit dem „allgemein gesetzgebenden Willen" und mit der „allgemeinen praktischen Vernunft", die wiederum intersubjektiv eingesehen werden kann. Hieraus leitet sich letztlich auch die Würde des Menschen ab. Die Würde, von Kant als „Idee" bezeichnet, ist dem vernünftigen Wesen eigen, das nur den Gesetzen gehorcht, die es sich selbst gibt: „Die Würde der Menschheit besteht in dieser Fähigkeit, allgemein gesetzgebend zu sein, obgleich mit der Bedingung, eben dieser Gesetzgebung zugleich selbst unterworfen zu sein." Maximen, die diesem Gedanken, im Rahmen einer allgemeinen Gesetzgebung gültig zu sein, nicht entsprechen, verwirft Kant. Der autonome Wille ist dem Gesetz unterworfen, aber er ist seinerseits auch durch sich selbst gesetzgebend. Darum ist er nicht vom jeweiligen subjektivem Interesse abhängig. Vielmehr ist er unbedingt gültig. Als moralisches Gebot für den Menschen als Vernunftwesen eignet sich nur der kategorische Imperativ.

Durch alle Maximen seines Willens muss sich der Mensch als allgemein gesetzgebend betrachten. Dies führt zu dem Begriff des idealen „Reichs der Zwecke". Es bezeichnet den Begriff einer systematischen Verknüpfung vernünftiger Wesen durch gemeinschaftliche objektive Gesetze: „Moralität besteht also in der Beziehung aller Handlungen auf die Gesetzgebung, dadurch allein ein Reich der Zwecke möglich ist. Diese Gesetzgebung muss aber in jedem vernünftigen Wesen selbst angetroffen werden und aus seinem Willen entspringen können, dessen Prinzip also ist: keine Handlung nach einer anderen Maxime zu tun als so, dass es auch mit ihr bestehen könne, dass sie ein allgemeines Gesetz sei, und also nur so, dass der Wille durch seine Maxime sich selbst zugleich als allgemein gesetzgebend betrachten könne." Die Pflicht, auf diese Weise zu handeln, ergibt sich aus der Einsicht, dass vernünftige Lebewesen miteinander in Gemeinschaft leben. Der Wille muss beständig als gesetzgebend gedacht werden, denn die Vernunft verfährt so rein „aus der Idee der Würde eines vernünftigen Wesens, das keinem Gesetze gehorcht als dem, das es zugleich sich selbst gibt". Auf diese Weise, nämlich dass die Maxime allgemeingültig und einem Gesetz gleich sei, gebietet die Vernunft zu handeln. Ein solches Gesetz gilt nicht, weil es interessiert, sondern es interessiert uns, „weil es für uns als Menschen gilt, da es aus unserem Willen als Intelligenz, mithin aus unserem eigentlichen Selbst entsprungen ist; was aber zur bloßen Erscheinung gehört, wird von der Vernunft not-

wendig der Beschaffenheit der Sache an sich selbst untergeordnet".

Der kategorische Imperativ fordert den Menschen zu Handlungen auf, die mit dem „Endzweck aller Dinge" zusammenstimmen: „Der kategorische Imperativ ist Ausspruch eines Ver-
nunftprinzips über sich selbst als Person." Er ist am „Noume-
non" orientiert, an der „besseren Person" in uns, die Teil der
„intelligiblen Welt" ist: „Und so begreifen wir zwar nicht die
praktische unbedingte Notwendigkeit des moralischen Imperativs, wir begreifen aber doch seine Unbegreiflichkeit; welches alles ist, was billigermaßen von einer Philosophie, die bis
zur Grenze der menschlichen Vernunft in Prinzipien strebt, gefordert werden kann."

Der „Beschluss", mit dem Kants Hauptschrift zur Moral, die
„Kritik der praktischen Vernunft", endet, ist berühmt geworden. Kant bezieht den philosophischen Affekt des Staunens,
der zu „Bewunderung" und „Ehrfurcht" führt, auf zwei Gegebenheiten, mit denen sich das Nachdenken beschäftigt: „Der
bestirnte Himmel über mir, und das moralische Gesetz in mir.
Beide darf ich nicht als in Dunkelheiten verhüllt, oder im Überschwänglichen, außer meinem Gesichtskreise, suchen und bloß
vermuten; ich sehe sie vor mir und verknüpfe sie unmittelbar
mit dem Bewusstsein meiner Existenz." Gerade im Zeitalter
der Aufklärung ergeben sich Fragen, die sich nicht leichter-
dings abweisen lassen: Kann eine Morallehre ohne Religion
etabliert werden? Welche Funktion kommt dem Glauben noch
zu? Stabilisiert er die Sittlichkeit oder erweist er sich als hinderlich und abgetan? Auch die Beschäftigung mit der Moralphilosophie führt unweigerlich zur Frage nach Gott. Kant
schreibt etwa, dogmatische Festlegungen in Sachen des Glaubens bewusst scheuend: „Die Vernunft lässt uns in Ansehung
des Mangels eigener Gerechtigkeit, die vor Gott gilt, nicht ganz
ohne Trost. Sie sagt: Wer in einer wahrhaften, der Pflicht er-

gebenen Gesinnung so viel als in seinem Vermögen steht, tut, um wenigstens in einer beständigen Annäherung zur vollständigen Angemessenheit mit dem Gesetze seiner Verbindlichkeit Genüge zu leisten, dürfe hoffen, was nicht in seinem Vermögen steht, das werde von der höchsten Weisheit auf irgendeine Weise ergänzt werden."

Die Kritik der Gottesbeweise

Kant erörtert die Frage: „Existiert Gott und lässt sich sein Dasein philosophisch beweisen?" In der „Kritik der reinen Vernunft" veranschaulicht er die Schwächen des ontologischen Gottesbeweises. Der mittelalterliche Philosoph Anselm von Canterbury, der als „Vater der Scholastik" gilt, hat als erster Denker diesen Versuch eines Beweises der Existenz Gottes vermittels der menschlichen Vernunft geführt. Den ontologischen Gottesbeweis haben auch Denker wie Leibniz und Descartes aufgegriffen und in ihre philosophischen Systeme integriert.

Kant ist nicht der erste Denker, der die Plausibilität des ontologischen Gottesbeweises bezweifelt. Vor ihm äußerten schon zahlreiche Philosophen des englischen Empirismus und auch Theologen im Mittelalter Bedenken gegen diesen Denkweg. Doch erst Kant führt eine systematische Kritik durch und erklärt es für unmöglich, „gänzlich a priori aus bloßen Begriffen auf das Dasein einer höchsten Ursache" zu schließen: „Für das Dasein einer Gottheit oder der Seele ist schlechterdings kein theoretischer Beweis für die menschliche Vernunft möglich. Und dies aus dem ganz begreiflichen Grunde: weil zur Bestimmung des Übersinnlichen für uns gar kein Stoff da ist. Müssten wir ihn doch von Dingen der Sinnenwelt hernehmen, denen er aber gar nicht angemessen ist." Bedeutet dies, dass Gott nicht existiert und die Wahrheit des Atheismus behauptet werden muss?

Kant sieht den Menschen auch in dieser wichtigen Frage an die Grenzen seiner Vernunft gebunden und entgegnet: „Der da sagt, dass ein Gott sei, sagt mehr, als er weiß, und der das Gegenteil sagt, desgleichen." Kants Kritik führt nicht zu dem Schluss: Weil ich mich außer Stande sehe, mit der Vernunft das Dasein Gottes zu beweisen, muss ich eingestehen, dass Gott nicht existiert. Kant würde sagen: Nur weil ich mit den begrenzten Möglichkeiten vernünftiger Einsicht, die mir gegeben sind, Gott nicht erkennen kann, bedeutet dies nicht, dass er nicht existiert. Was in der „Kritik der reinen Vernunft" erörtert wird, ist ein genuines Problem der Erkenntnis. Kant sieht seine Aufgabe nicht darin, die Grundlagen des christlichen Glaubens zu zerstören – bei aller berechtigten Kritik an der Kirche im Zeitalter der Aufklärung, die er teilt. Er möchte die Irrtümer in der Schlussweise der menschlichen Vernunft aufdecken und bewusst machen: „Alle Aufgaben auflösen und alle Fragen beantworten zu wollen, würde eine unverschämte Großsprecherei und ein so ausschweifender Eigendünkel sein, dass man dadurch sich sofort um alles Zutrauen bringen müsste." Kant gesteht unumwunden die „Schwäche meiner Einsicht" ein und bemerkt ironisch, dass er sich schwer damit tue, „was alle Menschen leicht zu verstehen glauben". Also hebt er, wie programmatisch zu Beginn der „Kritik der reinen Vernunft" ausgesagt ist, das vermeintliche Wissen auf, um dem Glauben einen ihm gemäßen Platz zuzuweisen.

Der ontologische Gottesbeweis stellt Gott als „ens realissimum" vor, als das höchste denkbare Wesen, das alle Bestimmungen – allmächtig, allgütig etc. – in sich trägt. Gewiss ist ein solches Wesen vorstellbar. Doch dann existiert es in der Welt meiner Vorstellungen. Muss ein Wesen, das ich mir denken kann, zugleich in der Wirklichkeit vorhanden sein? Ein Vertreter des ontologischen Gottesbeweises würde zu bedenken geben, dass dieses „ens realissimum" nicht Gott wäre, wenn es nur in Gedanken bestünde. Weil der Mensch ein solches Wesen denken kann, muss es auch existieren.

Kant ist nicht davon überzeugt: „Es ist also an dem so berühmten Beweise vom Dasein eines höchsten Wesens aus Begriffen, alle Mühe und Arbeit verloren, und ein Mensch möchte wohl eben so wenig aus bloßen Ideen an Einsichten reicher werden, als ein Kaufmann an Vermögen, wenn er, um seinen Zustand zu verbessern, seinem Kassenbestand einige Nullen anhängen wollte." Warum ist das so? Die Prädikate, die dem vermeintlich bewiesenen Gott zugeschrieben werden, müssen unterschieden werden. Kant differenziert reale Prädikate, die analytisch wahr sind und untrennbar zum Wesen des Gegenstandes gehören, logische Prädikate, die einen Begriff des Subjekts mit einem Prädikat verknüpfen, und schließlich solche Prädikate, die sich auf die Existenz eines Gegenstandes beziehen. Wer behauptet, dass Gott, weil ich ihn denken kann, auch existieren muss, drückt ein synthetisches Urteil aus. Wie soll eine solche Aussage kritisch geprüft werden? Empirisch vermag niemand ihren Wahrheitsgehalt nachzuweisen. Genauso gut könnte das Gegenteil angenommen werden: „Gott existiert nicht." Auch diese Aussage bleibt unbeweisbar und – wie die Aussage „Gott existiert" – widerspruchsfrei. Kant legt dar, dass der Begriff der Existenz nur die „Position eines Dinges", aber keine auf den Gegenstand bezogene Sachbestimmung bezeichnet und folglich kein Prädikat ist: „Wenn ich also ein Ding, durch welche und wie viel Prädikate ich will (selbst in der durchgängigen Bestimmung), denke, so kommt dadurch, dass ich noch hinzusetze, dieses Ding ist, nicht das Mindeste zu dem Dinge hinzu."

Mit der Entkräftung des ontologischen Arguments ist der bedeutendste Gottesbeweis widerlegt. Die anderen beiden Wege der rationalen Gotteserkenntnis, der kosmologische und der physikotheologische Gottesbeweis, gehen auf diesen zurück.

Der kosmologische Gottesbeweis erscheint zwar plausibel. Seine bekanntesten Vertreter sind Aristoteles und Thomas von Aquin. Alles Geschehen in der Welt beruht auf einer Ursache. Der Beweis hebt mit der Würdigung der erfahrbaren Wirklichkeit an. Wenn alles, was geschieht, verursacht ist, wie die alltägliche Erfahrung zeigt, muss der Schluss auf eine erste Ursache zulässig sein, auf ein unbedingt notwendiges Wesen, das die Abfolge der Ursachen in Gang gesetzt hat. Ist es aber erlaubt, den Begriff der Kausalität, der für die empirisch erfahrbare Wirklichkeit gilt, auf Bereiche anzuwenden, die jenseits menschlicher Erfahrung liegen? Nach Kants Auffassung ist mit der berechtigten Einsicht, dass es eine endlose Reihe von Ursachen nicht geben kann, noch nicht der verlässliche Nachweis erbracht, dass am Anfang dieser Reihe von Ursachen eine erste Ursache, ein allmächtiges Wesen oder ein erstes Prinzip, stehen muss, das selbst wiederum nicht verursacht ist, sondern den Ursprung aller Bewegung bildet: „Man kann sich des Gedankens nicht erwehren, man kann ihn aber auch nicht ertragen: dass ein Wesen, welches wir uns auch als das höchste unter allen möglichen vorstellen, gleichsam zu sich selbst sagt: Ich bin von Ewigkeit zu Ewigkeit, außer mir ist nichts, ohne das, was bloß durch meinen Willen etwas ist; aber woher bin ich denn?" Zudem ist der Schluss von dem empirisch vorgefundenen Bedingten auf etwas Unbedingtes nicht statthaft. So wie der kosmologische Gottesbeweis gestaltet ist, besteht der Schritt vom existierenden Zufälligen ins Unendliche aber notwendig. Für Kant ist dies eine „dialektische Anmaßung", und „von der Unmöglichkeit einer unendlichen Reihe übereinander gegebener Ursachen in der Sinnenwelt auf eine erste Ursache zu schließen, wozu uns die Prinzipien des Vernunftgebrauchs selbst in der Erfahrung nicht berechtigen, viel weniger diesen Grundsatz über dieselbe (wohin diese Kette gar nicht verlängert werden kann) ausdehnen können", ist ein so genannter naturalistischer Fehlschluss. Die Kategorie der Kausalität gilt ausschließlich für den Bereich der Erfahrung. Auch der kosmologische Gottesbeweis mündet in den bereits widerlegten ontologischen Gottesbeweis. Das als notwendig beschriebene Wesen würde sogleich mit denselben Prädikaten, die aus dem bloßen Begriff erschlossen sind, versehen wie beim ontologischen Gottesbeweis – als „ens realissimum".

Zuletzt wendet sich Kant der Kritik des physikotheologischen Gottesbeweises zu. Jemand, der diesen Beweisgrund vertritt, betrachtet die Welt der Natur als vollkommen, wohlgeordnet und zweckmäßig eingerichtet. Entsprechend schließt er auf einen Schöpfergott oder vielmehr auf einen in hohem Maße qualifizierten göttlichen Baumeister, auf einen Demiurgen, wie er in Platons „Timaios" erstmals vorgestellt wurde.

Sind die „Zwecke der Natur" empirisch eingesehen, erfolgt der Schluss auf eine ordnende Macht, auf die „oberste Ursache der Natur", die hinter der „Einheit" der Natur – die auch nur mit „Wahrscheinlichkeit" unterstellt, nicht aber erwiesen ist – vermutet wird. Die Fähigkeit, die „Einheit der wechselseitigen Beziehung der Teile der Welt" einsehen zu können, bleibt stets an die Grenzen der „Beobachtung" gebunden. Nur so weit reicht die Gewissheit. Darüber hinaus beginnt der Bereich spekulierender Mutmaßung. Auch von einem Kunstwerk her lässt sich zwar die Fertigkeit und Begabung des Künstlers ermessen. Aber in Analogie dazu von der Welt auf einen Gott zu schließen, der sie erschaffen haben soll, führt zu weit. Im ersten Fall würde ein subjektiver Bestimmungsgrund hinreichen. Mit dem physikotheologischen Beweis indessen soll die „höchste Ursache" als ein „objektives Prinzip" entdeckt werden. Also verweist auch dieser Gottesbeweis wieder auf den kosmologischen und somit auf den ontologischen Gottesbeweis zurück. Sodann würde gefragt, wie es sich mit diesem Gott, der die Welt auf bestmögliche Weise eingerichtet hätte, nun verhält. Welche Eigenschaften müssten ihm zugeschrieben werden? Ist er auch der Urheber der moralischen Gesetze? Der physikotheologische Beweis verlöre seine Eigenständigkeit: „Nachdem man bis zur Bewunderung der Größe der Weisheit, der Macht etc. des Welturhebers gelangt ist, und nicht weiter kommen kann, so verlässt man auf einmal dieses durch empirische Beweisgründe geführte Argument, und geht zu der gleich anfangs aus der Ordnung und Zweckmäßigkeit der Welt geschlossenen Zufälligkeit derselben. Von dieser Zufälligkeit allein geht man nun, lediglich durch transzendentale Begriffe, zum Dasein eines Schlechthinnotwendigen, und von dem Begriff der absoluten Notwendigkeit der ersten Ursache auf den durchgängig bestimmten oder bestimmenden Begriff desselben, nämlich einer allbefassenden Realität."

Kant zeigt, dass keine einzige Möglichkeit besteht, die Existenz Gottes philosophisch darzulegen und mittels der Vernunft zu beweisen. Der Entkräftung des ontologischen Arguments und der Zurückführung des kosmologischen wie des physikotheologischen Beweises auf den ontologischen korrespondiert die Unmöglichkeit einer Beweisbarkeit von Gottes Nichtexistenz: „Denn, wo will jemand durch reine Spekulation der Vernunft die Einsicht hernehmen, dass es kein höchstes Wesen, als Urgrund von allem, gebe?" Die Vernunft muss redlicherweise ihre Unfähigkeit eingestehen, in Hinsicht auf diese Frage eine verlässliche Aussage treffen zu können – und jede Antwort, ob dezidiert theistisch oder atheistisch, ist für Kant nichts als „Gaukelwerk".

Zulässig nach Maßgabe intellektueller Redlichkeit bleibt einzig – ausdrücklich nicht bezogen auf einen weiterhin niemals ausgeschlossenen persönlichen Glauben – ein „Vernunftglaube". Praktische Realität besitzt der unbeweisbare und unwiderlegbare Gott als regulative „Idee", die sich in der Vernunft selbst bekundet, obzwar die Bezugsgröße Gott nach den Kategorien der Erfahrung nicht erwiesen werden kann. Dennoch ist es möglich oder nicht unmöglich, dass Gott über das „Ideal der reinen Vernunft" hinaus tatsächlich existieren kann: „Das Ideal des höchsten Wesens ist nichts anderes als ein regulatives Prinzip der Vernunft, alle Verbindung in der Welt so anzusehen, als ob sie aus einer allgenügsamen notwendigen Ursache entspränge." Bedeutet das hier signifikant eingefügte „als ob", dass die Menschen leben sollen, „als ob" es Gott gäbe – selbst wenn sie von dessen Nichtexistenz überzeugt sind? Dann wäre die Religion ausschließlich pragmatisch, der empfohlene „Vernunftglaube" zur Stabilisierung einer sittlichen Weltordnung eingeführt und ohne jeden transmundanen Bezugspunkt. Kant hätte ein solches Ansinnen als unlauter zurückgewiesen. Er bemerkt zudem: „Es wird sich zeigen, dass doch, im praktischen Gebrauch, die Vernunft ein Recht habe, etwas anderes anzunehmen, was sie auf keine Weise im Felde der bloßen Spekulation ohne hinreichende Beweisgründe vorauszusetzen befugt wäre."

Kants Vernunftglaube

Kant zufolge beruht die „Überzeugung vom Dasein eines höchsten Wesens" unstreitig auf dem bindenden Anspruch der „sittlichen Gesetze". Vom kategorischen Imperativ schließt er indessen nicht auf einen göttlichen Urheber desselben. Moralisches Handeln gewinnt durch die Orientierung am sittlich Guten einen eigenen Wert und verlöre diesen auch nicht, lässt sich hinzufügen, wenn Gott erweislich nicht existierte.

Für den „praktischen Gebrauch" in der Moralphilosophie sind Postulate erforderlich: „Religion ist das Gesetz in uns, in so ferne es durch einen Gesetzgeber und Richter über uns Nachdruck erhält; sie ist eine auf die Erkenntnis Gottes angewandte Moral." Ein Postulat im Sinne Kants ist ein nicht nachweisbarer

„theoretischer Satz", der „unzertrennlich" an ein „a priori unbedingt geltendes praktisches Gesetz" – den kategorischen Imperativ – geknüpft ist. Neben dem Postulat der Existenz Gottes bestehen noch die Postulate der Willensfreiheit und der Unsterblichkeit der Seele. Die Postulate dienen als Bedingungen der Möglichkeit zu moralischem Handeln im Sinne des kategorischen Imperativs. Sie beinhalten keinerlei theoretisches Wissen. Doch der sittlich handelnde Mensch verfügt über ein „notwendiges Bedürfnis" seiner Vernunft, ein Dasein Gottes in Hinsicht auf das Sittengesetz vorauszusetzen. Er muss es weder beweisen wollen noch demonstrieren können.

Kants „Vernunftglaube" ist undogmatisch: „Eine Religion, die den Menschen finster macht, ist falsch; denn er muss Gott mit frohem Herzen und nicht aus Zwang dienen." Der „Vernunftglaube" enthält als moralischer Glaube ein dreifaches Glaubensbekenntnis: Gott wird geglaubt als der Ursprung und das Ziel alles Guten. Hiermit verbindet sich der Glaube an die Möglichkeit einer sittlich guten Lebensführung und an ein ewiges Leben als „Bedingung einer immerwährenden Annäherung der Welt zum höchsten in ihr möglichen Gut". Diese Sätze, die uns über die Wirklichkeit der Gegenstände nicht objektiv belehren können, sind theoretisch unbeweisbar. Allein eine praktische, subjektiv gültige Belehrung ist möglich, nämlich dass wir so handeln, „als ob wir wüssten, dass diese Gegenstände wirklich wären". Moralisches Gewicht erhalten diese Sätze durch ein „freies Fürwahrhalten". Erneut sei betont, dass Kant eine jegliche pragmatische „Klugheitslehre", die lieber zu viel als zu wenig in religiöser Hinsicht annimmt, zurückweist – ein solcher Glaube wäre „nicht aufrichtig", so wenig wie eine Religion, die ausschließlich zur Stärkung und Stabilisierung der Sittlichkeit in einer allzu oft amoralischen Welt dienen sollte.

Religiosität nennt Kant eine Pflicht des Menschen gegen sich selbst. Entscheidend ist das moralische Handeln, lapidar gesagt:

ein „guter Lebenswandel". Diesen nimmt Kant als Resultat des Ringens der „moralischen Gesinnung mit den Neigungen" zur Festigung der „moralischen Stärke der Seele" an und sagt, eine solche Lebensweise entspreche dem Willen Gottes. Kant ist sich gewiss, „dass diesen Glauben nichts wanken machen könnte, weil dadurch meine sittlichen Grundsätze umgestürzt würden". Wäre es uns möglich, vermittels der Vernunft die Existenz Gottes und die Unsterblichkeit der Seele zu beweisen, so stünden sie uns mit ihrer „furchtbaren Majestät" beständig vor Augen. Ihr Dasein wäre absolut gewiss. Wir würden fortwährend schwanken zwischen dem verheißenen Himmel und ewiger Verdammnis. Zwar würde jeder Mensch, so mutmaßt Kant, nunmehr sittlich gut handeln, aber nicht aus guter „Gesinnung". Der „Stachel der Tätigkeit" wäre rein „äußerlich". Kant verweist darauf, dass sich die menschliche Vernunft dann nicht im Widerstreit mit den Neigungen zu moralischem Handeln emporarbeiten würde, um zu hoffen, eines künftigen Lebens würdig zu sein. Die gesetzmäßigen Handlungen geschähen allein aus berechtigter „Furcht" und nicht aus Pflicht. Insofern wäre der „moralische Wert" dieser Handlungen nicht zu ermessen. Auf diesem Wert allein aber beruht der „Wert der Person" in den „Augen der höchsten Weisheit": „Das Verhalten der Menschen, solange ihre Natur, wie sie jetzt ist, bliebe, würde also in einen bloßen Mechanismus verwandelt werden, wo, wie im Marionettenspiel, alle gut gestikulieren, aber in den Figuren doch kein Leben anzutreffen sein würde."

Der „Vernunftglaube" ist eine notwendige Ergänzung der Kritik der menschlichen Erkenntnisvermögen. Kant lehnt den Atheismus, der nur scheinbar mit der Unbeweisbarkeit der Existenz Gottes vernünftig begründet wäre, rigoros ab. Subjektive Gottlosigkeit führt zu einem „misslichen Zustand des menschlichen Gemüts". Die moralischen Gesetze wären jeglicher Kraft beraubt. Auch würde der Atheismus die Moral auflösen und einer Beliebigkeit Vorschub leisten, die den Gedanken der Pflicht negierte und zu einer amoralischen „Freigeisterei" führte.

Befindet sich Kant nicht schon wieder auf dem Boden einer rationalistischen Metaphysik, wenn er dem postulierten Gott Prädikate zuspricht? Er bezeichnet diesen Gott als „Schöpfer aller Naturgesetze" und als „moralischen Gesetzgeber". Kant verzichtet auf eine weitere Differenzierung. Wer sich veranlasst sähe, mehr über Gott auszusagen, der hätte eine „schwärmerische Vision". Ein Enthusiasmus solcher Art aber bedeutet den „Tod aller Philosophie". Die Prädikate Allmacht, Allwissenheit, Güte, Gerechtigkeit, Ewigkeit und Gegenwart, die auch in der rationalistischen Metaphysik verwendet werden, sind allein in „praktischer Rücksicht" vorstellbar. Ihre Gültigkeit kann weder bewiesen noch logisch erschlossen werden: „Die Moraltheologie hat den eigentümlichen Vorzug vor der spekulativen, dass sie unausbleiblich auf den Begriff eines einigen, allervollkommensten und vernünftigen Urwesens führt, worauf uns spekulative Theologie nicht einmal aus objektiven Gründen hinweist, geschweige uns davon überzeugen könnte." Diese Prädikate bestehen nur in Hinsicht auf das moralische Handeln: „Es liegt uns nicht sowohl daran, zu wissen, was Gott an sich selbst (seine Natur) sei, sondern was er für uns als moralisches Wesen sei." Die „idealische Person", ein „autorisierter Gewissensrichter", muss ein wahrhaftiger „Herzenskündiger" sein. Das Gewissen ist für Kant ein subjektives Prinzip einer „vor Gott seiner Taten wegen zu leistenden Verantwortung" und in jedem „moralischen Selbstbewusstsein" enthalten.

Die Auseinandersetzung mit Fragen der Religion und des Glaubens soll im Bewusstsein der intellektuellen Redlichkeit geschehen. Kant spricht von der „Aufrichtigkeit des Herzens", mit der ein jeder Mensch für sich diese gewichtigen Probleme bedenken soll. Weder ein mit absolutem Anspruch verfochtener

Dogmatismus, der die vernünftige Einsehbarkeit der Existenz Gottes als notwendig betrachtet, noch eine Religion, „die der Vernunft unbedenklich den Krieg ankündigt", wird es dauerhaft „gegen die intellektuelle Redlichkeit aushalten".

Die „Redlichkeit" erfordert es, „Zweifel" einzugestehen und niemals „Überzeugungen zu heucheln, wo man sie doch nicht fühlt". Entscheidend für Kant ist ein Handeln im Sinne Hiobs: „Der Glauben aber, der ihm durch eine so befremdliche Auflösung seiner Zweifel, nämlich bloß die Überführung von seiner Unwissenheit, entsprang, konnte auch nur in die Seele eines Mannes kommen, der mitten unter seinen lebhaftesten Zweifeln sagen konnte: ‚Bis dass mein Ende kömmt, will ich nicht weichen von meiner Frömmigkeit, u.s.w.' Denn mit dieser Gesinnung bewies er, dass er nicht seine Moralität auf den Glauben, sondern den Glauben auf die Moralität gründete: in welchem Falle dieser, so schwach er auch sein mag, doch allein lauter und echter Art, d. i. von derjenigen Art ist, welche eine Religion, nicht der Gunstbewerbung, sondern des guten Lebenswandels, gründet." Nicht das „Vernünfteln", sondern die „Aufrichtigkeit in Bemerkung des Unvermögens unserer Vernunft" – die „Redlichkeit", authentisch zu sein, sich nicht zu verstellen, auch nicht in „frommer Absicht" – wird gefordert. Somit bilden „volle Aufrichtigkeit" und Wahrhaftigkeit das „Haupterfordernis in Glaubenssachen": „Dass das, was jemand sich selbst oder einem andern sagt, *wahr* sei: dafür kann er nicht jederzeit stehen (denn er kann sich irren); dafür aber kann und muss er stehen, dass sein Bekenntnis oder Geständnis *wahrhaft* sei: denn dessen ist er sich unmittelbar bewusst." Wer wahrhaftig ist, mag sich zwar irren, aber in der Gesinnung, „ob ich in der Tat glaube Recht zu haben (oder es bloß vorgebe), kann ich schlechterdings nicht irren". In dieser „formalen Gewissenhaftigkeit" erkennt Kant den „Grund der Wahrhaftigkeit".

Der Philosoph ist sich wohl bewusst, dass der Mensch sich redlicherweise mit einer „zweideutigen Aussicht in die Zukunft" hinsichtlich der Existenz des „Weltregierers", der sich weder „erblicken" noch „klar beweisen" lässt, begnügen muss. Auch das „moralische Gesetz in uns" kann nicht gewährleisten, dass der Mensch eine bindende Zusage und fest gegründete, „befriedigende Antworten" auf die Fragen erhält, die ihn existenziell bedrängen. Es fordert „uneigennützige Achtung". Für die Moral, verbunden mit dem Begriff des Menschen als freien, aber vernünftigerweise sich an „unbedingte Gesetze" bindenden Lebewesens ist für das pflichtgemäße Handeln gemäß Kant weder Gott als lohnende oder strafende Instanz nötig noch eine andere „Triebfeder". Alles, was im moralischen Handeln des Menschen nicht aus ihm selbst kommt, vermag den möglichen „Mangel seiner Moralität" nicht auszugleichen. Der Mensch – dessen „unvorsätzlicher Nichtglaube" sich niemals in „vorsätzlichen Unglauben" gewendet hat – ist zum „Vernunftglauben" gelangt, während zugleich die „Achtung" vor dem „moralischen Gesetz" in ihm „tätig" und „herrschend" ist. Mit „schwachen Blicken" sind „Aussichten ins Reich des Übersinnlichen" nicht unmöglich. Der Mensch vermag in der „dem Gesetz unmittelbar geweihten Gesinnung" also „des Anteils am höchsten Gut würdig" zu werden. Diese Würde bezieht sich primär auf den „moralischen Wert" der Person, sekundär auf ihr Tun: „Also möchte es auch hier wohl damit seine Richtigkeit haben, was uns das Studium der Natur und des Menschen sonst hinreichend lehrt, dass die unerforschliche Weisheit, durch die wir existieren, nicht minder verehrungswürdig ist in dem, was sie uns versagte, als in dem, was sie uns zuteil werden ließ."

Die Frage nach Gott hat Kant zeitlebens beschäftigt, mit fortschreitendem Alter in zunehmendem Maße. Vielfach äußerte er im Gespräch, er denke „mit Rührung über die Seligkeit eines besseren Lebens" und sei „von dem Glauben an ein höchstes Wesen und an eine moralische Weltregierung durchdrungen". Er hält, trotz des an ihn ergangenen Verbots, sich in Sachen der Religion öffentlich zu äußern, an dem Ideal einer „unsichtbaren Kirche" fest, in der die Religion des „Geistes" und der „Wahrheit" herrscht, in der nicht „Priester" als machtvolle Amtsträger eine „Zivilisierung durch Disziplin" betreiben, sondern wahrhaft „Geistliche" wirken. In dieser Kirche sind die „Satzungen" samt ihren Ansprüchen beseitigt. Übrig bleiben die „Vorschriften der Vernunft", die dem „Einfältigsten ebenso klar sind als dem Gelehrten". Kants „Reich Gottes auf Erden" ist ein moralisches, „durch Vernunft erkennbares" Reich – und es wird „inwendig in uns" sein. Die Moral führt zum „Vernunftglauben", gar zur Religion. Nicht aber führt die Religion zur Moral. Demgemäß formuliert Kant: „Moral also führt unumgänglich zur Religion, wodurch sie sich zur Idee eines machthabenden moralischen Gesetzgebers erweitert, in dessen Willen dasjenige Endzweck (der Weltschöpfung) ist, was zugleich der Endzweck des Menschen sein kann und soll."

1794 erließ der preußische König Friedrich Wilhelm II. eine Kabinettsorder – verfasst vom Justizminister Wöllner, den Friedrich der Große einen „intriganten Pfaffen" genannt hatte –, die Kant „bei fortgesetzter Renitenz" in Fragen der Religion „unangenehme Verfügungen" androhte. Anlass für eine solche Maßnahme war vor allem die 1793 publizierte Religionsschrift und ein Ausspruch wie dieser: „Alles, was außer dem guten Lebenswandel der Mensch noch tun zu können vermeint, ist bloßer Religionswahn. Das Leitband der heiligen Überlieferungen mit seinen Anhängseln, den Statuten und Observanzen, welches zu seiner Zeit gute Dienste tat, wird nach und nach entbehrlich, ja endlich zur Fessel." Die protestantische Orthodoxie endete mit Friedrich Wilhelm III., der den Erlass seines Vorgängers aufhob, den Minister Wöllner entließ und erklärte, wenn es wahr sei, dass ein Philosoph „mit dem lieben Gott in Feindseligkeit begriffen ist, so mag das der liebe Gott mit ihm abmachen; mir tut das nichts".

Wie hielt es Kant selbst mit der Religion? Die Gelehrten streiten darüber bis heute. Wir sind an die Bemerkung des Philosophen verwiesen, niemand sei verpflichtet, alles kundzutun, wovon er überzeugt sei – und zugleich sei es aber unstatthaft, etwas schriftlich niederzulegen, woran man nicht glaube. Kant bemerkt: „Der Glaube an einen Gott und eine andere Welt ist mit meiner moralischen Gesinnung so verwebt, dass ich, so wenig ich Gefahr laufe, die letztere einzubüßen, eben so wenig besorge, dass mir der Erstere jemals entrissen werden könne."

Über das Schöne

Die „Kritik der Urteilskraft" wird 1790 veröffentlicht. Bereits in der vorkritischen Phase seines Schaffens hat sich Kant mit der Publikation „Beobachtungen über das Gefühl des Schönen und Erhabenen" zu der Frage, was das Schöne sei, geäußert. In der „Kritik der Urteilskraft", die das kritische Hauptwerk beschließt, bestimmt er unter anderem den Begriff des Schönen und analysiert die Struktur und den Aufbau des Geschmacksurteils.

Die Frage nach der Schönheit scheint weniger bedeutsam zu sein als das ethische Schrifttum, nachrangig gegenüber der Bestimmung der Grenzen der Erkenntnis oder der Frage nach Gott. Die Problematik, die dem Geschmacksurteil innewohnt, hat Kant prägnant verdeutlicht: „Über den Geschmack lässt sich nicht disputieren." Wer es dennoch versucht, wird kaum einhellige Urteile erzielen. Für Kant ist Schönheit keine Eigenschaft des Gegenstandes. Auch lässt sich seiner Auffassung nach der Begriff des Schönen nicht entsprechend den zu seiner Zeit gängigen ästhetischen Theorien definieren. Kant schreibt: „Das Schöne ist das, was ohne Begriffe als Objekt eines allgemeinen Wohlgefallens vorgestellt wird."

Voraussetzung für eine solche Beurteilung ist Distanz zu dem betrachteten Gegenstand. Kant nennt dies auch Interesselosigkeit. Ein einfaches Beispiel zur Verdeutlichung mag genügen. Ein junger Mann preist die Vorzüge eines Mädchens, das er schwärmerisch und himmelhoch jauchzend „wunderschön" nennt. Auf die Frage, was ihm an dem Mädchen besonders gefalle, beschreibt er ihre leuchtenden hellbraunen Augen, den leichten, schwebenden Schritt, das dunkelblonde Haar und ihre sanfte Wesensart. Auch ihre Nase, die vielleicht etwas zu groß geraten ist, findet er reizvoll. Er mag sie verzückt und hymnisch preisen oder sich mit nüchtern klingenden Worten betont zurückhaltend geben. Für sein Urteil erwartet der Verliebte die Zustimmung anderer. Jedermann muss dieses eine Mädchen so schön finden wie er. Vielleicht findet er sogar rasch Bestätigung. Für außen Stehende ist freilich unverkennbar, wie sehr der junge Mann bei seiner Schilderung innerlich beteiligt ist. Wir können uns auch vorstellen, dass der eben noch glücklich Verliebte nach einer Weile anders urteilt – und nunmehr bei der eben noch bewunderten jungen Dame nur noch unübersehbare Unzulänglichkeiten und Mängel zu erkennen glaubt. So wenig wie zuvor urteilt der junge Mann unvoreingenommen. Wir können daraus ersehen, dass jeder Mensch, der mit einem bestimmten Interesse urteilt, nicht frei ist und gar keine verallgemeinerungsfähige Aussage über die Schönheit eines anderen Menschen oder auch eines Gegenstandes treffen kann. Von einem inneren „Wohlgefallen", aber nicht von einem Besitz ergreifenden Interesse oder dessen Gegenteil soll die „bloße Vorstellung des Gegenstandes" nach Kant begleitet sein – in Hinsicht auf das Objekt soll der Betrachter ganz „gleichgültig" bleiben.

Kants Begriff des Schönen ist nicht zu verwechseln mit den stets interessegebundenen Urteilen über das, was reizend und annehmlich erscheinen mag. Alles, was hierüber gesagt wird, ist subjektiv. In diesem Bereich gelten reine Privaturteile. Anders verhält es sich mit der Schönheit. Dieser Begriff ist verknüpft mit dem Gedanken „subjektiver Allgemeingültigkeit". Wer das Prädikat „schön" einem Gegenstand zuschreibt, spricht „von der Schönheit, als wäre sie eine Eigenschaft der Dinge" – und erwartet zugleich jedermanns Zustimmung. Voraussetzung für dieses Urteil ist, dem Gegenstand der Betrachtung interesselos und somit frei gegenüberzutreten. In dem Schönen erkennt der Betrachter eine „Gesetzmäßigkeit ohne Gesetz" am Werk. Jedem Menschen wird zugemutet, das, was ein Urteilender schön nennt, in gleicher Weise zu beurteilen. Die geforderte Allgemeingültigkeit, die hier angetroffen wird, unterscheidet sich gänzlich vom logischen Urteil. Was zeichnet das Geschmacksurteil aus? Kant schreibt: „Geschmack ist das Beurteilungsvermögen durch ein Wohlgefallen oder Missfallen, ohne alles Interesse." Im Geschmacksurteil wird das Schöne als Zweckmäßigkeit ohne Zweck vorgestellt: „Wenn man Objekte bloß nach Begriffen beurteilt, so geht alle Vorstellung der Schönheit verloren. Also kann es auch keine Regel geben, nach der jemand genötigt werden sollte, etwas für schön anzuerkennen. Ob ein Kleid, ein Haus, eine Blume schön sei: Dazu lässt man sich sein Urteil durch keine Gründe oder Grundsätze aufschwatzen. Man will das Objekt seinen eigenen Augen unterwerfen, gleich als ob sein Wohlgefallen von der Empfindung abhinge; und dennoch, wenn man den Gegenstand dann schön nennt, glaubt man eine allgemeine Stimme für sich zu haben und macht Anspruch auf den Beitritt von jedermann."

Kant möchte keine Gründe aufzählen, warum etwas schön sei. Auch wird die Allgemeingültigkeit nur zugemutet, nicht gefordert. Das ästhetische Urteil ist subjektiv. Der Bestimmungsgrund liegt im Urteilenden selbst. Er macht „mit Recht Anspruch auf jedermanns Beistimmung", weil „der Grund zu dieser Lust in der allgemeinen, obzwar subjektiven Bedingung der reflektierenden Urteile, nämlich der zweckmäßigen Übereinstimmung eines Gegenstandes mit dem Verhältnis der Erkenntnisvermögen unter sich (der Einbildungskraft und des Verstandes), angetroffen wird". Dennoch ist das Geschmacksurteil subjektiv: „Um zu unterscheiden, ob etwas schön sei oder nicht, beziehen wir die Vorstellung nicht durch den Verstand auf das Objekt zum Erkenntnisse, sondern durch die Einbildungskraft (vielleicht mit dem Verstande verbunden) auf das Subjekt und das Gefühl der Lust oder Unlust desselben. Das Geschmacksurteil ist also kein Erkenntnisurteil, mithin nicht logisch, sondern ästhetisch, worunter man dasjenige versteht, dessen Bestimmungsgrund nicht anders als subjektiv sein kann."

Der Begriff „subjektive Allgemeingültigkeit" bezeichnet die subjektive Qualität des Urteils. Dass es allgemeingültig ist, heißt, dass es in der Beziehung einer Vorstellung auf das Gefühl der Lust und Unlust für jedes Subjekt gilt. Eine „Regel", der entsprechend jeder gezwungen werden könnte, einen Gegenstand als schön anzuerkennen, existiert nicht. Die „Lust" an der Vorstellung dieses Gegenstandes muss unmittelbar und darf nicht durch vermeintliche „Beweisgründe angeschwatzt" sein.

Kants Auffassungen über die Künste sind verschiedentlich betrachtet worden. Ein Freund der Literatur seiner Zeit war er gewiss nicht. Auch Romane und „weinerliche Schauspiele" betrachtete Kant als entbehrlich, da sie das Herz des Leser „welk" werden lassen und jeglichem Pflichtbewusstsein entgegenwirken. Kunstwerke sollen seines Erachtens mit „moralischen Ideen" verbunden sein. Einen begrifflichen Unterschied zwischen dem „Schönen" und „Guten" nennt er „nichtig" und bestimmt eindeutig: „Das Schöne ist das Symbol des sittlich Guten."

Die Aufgabe der kritischen Philosophie

Wie lernen wir zu philosophieren? Vielleicht indem wir die Geschichte des abendländischen Denkens studieren? Kant setzt sich mit der philosophischen Tradition ehrfürchtig, aber zugleich entschieden kritisch auseinander. Er hat große Achtung vor den klassischen Werken der Philosophie. Jeder Denker tritt als Person hinter die Thesen und Argumente, die er vorbringt, zurück. Die Geschichte der Philosophie soll und muss studiert werden. Ein solcher Wissensfundus allein genügt aber nicht. Kant bemerkt: „Ich werde ja meinen Kopf nicht zu einem Pergament machen, um alte halb verschollene Nachrichten aus Archiven darauf einzukritzeln. Einige haben das Geschäft der Registratur, aber endlich muss doch jemand einen vernünftigen Gebrauch davon machen." Wichtiger als das Studium der Geschichte der Philosophie ist für Kant der selbsttätige Gebrauch der Vernunft: „Jeder philosophische Denker baut, so zu sagen, auf den Trümmern eines andern sein eigenes Werk; nie aber ist eines zu Stande gekommen, das in allen seinen Teilen beständig gewesen wäre." Entscheidend ist die „zweckmäßige Verbindung aller Erkenntnisse" mit der „Geschicklichkeit", die das Reservoir historischer Erkenntnisse mit der „Einsicht in die Übereinstimmung derselben mit den höchsten Zwecken der menschlichen Vernunft" verknüpft. Kant fordert eine kritische Rezeption der bedeutenden Werke der Philosophiegeschichte. Immer wieder soll die Reflexion der Grundfragen – „Was kann ich wissen? Was soll ich tun? Was darf ich hoffen?" – stattfinden.

Jene Fragen werden erstmals in der „Kritik der reinen Vernunft" erwähnt. In der im Jahr 1800 publizierten Logik-Vorlesung werden sie mit der Frage „Was ist der Mensch?" in eins gesetzt. Dort wird die Philosophie als „System der philosophischen Erkenntnisse" oder der „Vernunfterkenntnisse aus Begriffen" als Philosophie im „Schulbegriff" unterschieden von der Philosophie im „Weltbegriff". Beim „Weltbegriff" ist die Philosophie auf die „letzten Zwecke der menschlichen Vernunft" ausgerichtet, auf die Entwicklung des sittlich guten Menschen.

Zur Zeit Immanuel Kants betreiben zahlreiche Gelehrte die Philosophie nur schulmäßig. Sie gehen geschickt vor. Was sie ausführen, ist in sich stimmig. Kant beobachtet, dass viele, die sich für Philosophen halten, als „Vernunftkünstler" auftreten. In ambitionierte Forschungsarbeit verstrickt, liefern sie historische Details, die zu dem immer wieder als entscheidend beschriebenen „letzten Zwecke der menschlichen Vernunft" so wenig beitragen wie das entschlossene Streben nach „spekulativem Wissen", das nur bedeutsam zu sein scheint. Zahlreiche „Luftschlösser" werden errichtet, und doch versäumen ihre Baumeister, „Regeln für den Gebrauch der Vernunft zu allerlei beliebigen Zwecken" darzulegen. Kant schreibt: „Der praktische Philosoph, der Lehrer der Weisheit durch Lehre und Beispiel, ist der eigentliche Philosoph. Denn Philosophie ist die Idee einer vollkommenen Weisheit, die uns die letzten Zwecke der menschlichen Vernunft zeigt."

Ein Philosoph hat drei Aufgaben. Er muss die „Quellen des menschlichen Wissens" und den „Umfang des möglichen und nützlichen Gebrauchs alles Wissens" bestimmen. Besonders nötig und nicht minder schwer zu erreichen ist, was als die wichtigste Aufgabe des Philosophen überhaupt benannt wird: die „Grenzen der Vernunft" zu sehen und sichtbar zu machen. Als das wesentliche Merkmal eigenständigen Philosophierens erweist sich der durch Übung geschulte „selbsteigene Gebrauch der Vernunft". Kant tadelt jene, die eine eindrucksvoll inszenierte „Weisheit ohne Wissenschaft" betreiben und in misologischer Manier vielfältige Sentenzen kundtun. Die Philosophie ist die „einzige Wissenschaft", die eine „innere Genugtuung" verspricht und verschafft, indem sie dem System der Wissenschaften eine innere „Ordnung" verleiht. Der Philosoph als „Selbstdenker" soll ausdrücklich einen „freien" und „keinen sklavisch nachahmenden Gebrauch von seiner Vernunft" machen. Wer sich einem beliebig gewählten System der Philosophiegeschichte oder einer bestimmten Schulrichtung anpasst, verhält sich denkend unselbstständig und somit unphilosophisch. Kant kritisiert deutlich die „dialektische" Verwendung von erworbenen Erkenntnissen, die nur einen „Schein von Weisheit und Wissen" erzeugt. Dieses Verhalten ist mit der „Würde des Philosophen" unvereinbar. Ersichtlich wird auch die unverkennbare Parallele zu Kants Schrift: „Beantwortung der Frage: Was ist Aufklärung?" In der berühmt gewordenen Abhandlung aus dem Jahr 1783 benennt er als wesentliches Anliegen der Aufklärung den „Ausgang des Menschen aus seiner selbst verschuldeten Unmündigkeit". Kant ermuntert dazu, das „verdrießliche Geschäft" des selbstständigen Denkens auf sich zu nehmen und sich zu emanzipieren, die eigene Vernunft zu üben und stets zu gebrauchen. Die vordringliche Aufgabe der von ihm konzipierten kritischen Philosophie ist es, Irrtümer aufzudecken und das „Zensoramt" auszuüben. Es gilt, vermeintliche Plausibilitäten aufzuweisen, den „dialektischen Schein" bei den Antinomien zu enttarnen und gefährliche intellektuelle Spielereien, wenn „die Vernunft vergeblich ihre Flügel ausspannt, um über die Sinnenwelt durch die bloße Macht der Spekulation hinauszukommen", kenntlich zu machen. Wer unredlich philosophiert, betreibt nach Kant die „Euthanasie der reinen Vernunft": „Hier zeigt sich nämlich ein neues Phänomen der menschlichen Vernunft, nämlich: eine ganz natürliche Antithetik, auf die keiner zu grübeln und künstlich Schlingen zu legen braucht, sondern in welche die Vernunft von selbst und zwar unvermeidlich gerät, und dadurch zwar vor dem Schlummer einer eingebildeten Überzeugung, den ein bloß einseitiger Schein hervorbringt, verwahrt, aber zugleich in Versuchung

gebracht wird, sich entweder einer skeptischen Hoffnungs-
losigkeit zu überlassen, oder einen dogmatischen Trotz anzunehmen und den Kopf steif auf gewisse Behauptungen zu setzen, ohne den Gründen des Gegenteils Gehör und Gerechtigkeit widerfahren zu lassen." Kant empfiehlt, den „kritischen
Weg" zu beschreiten und den „transzendentalen Schein", der
die Antinomien verschleiert und aus den Dingen erkennend
nur herausholt, was ihnen zuvor beigelegt wurde, aufzudecken,
um die „Verhütung künftiger Irrtümer" zu ermöglichen.

Kant greift Horaz' Wendung des „Sapere aude!" auf und bezieht sie auf die Philosophie. Wer philosophiert, ist verpflichtet,
die tradierten Theorien und Systeme der Philosophie kritisch zu
prüfen. Auch für die Haltung gegen sich selbst gilt diese Maßgabe. Sich der „Schranken der Erkenntnis" bewusst zu sein, ist
erstrebenswert und sehr wichtig. Dieser Grenzen eingedenk ist
jeder Mensch, der philosophiert, auf eine „gelehrte Art unwissend". Die reflektierte Unwissenheit, das Bewusstsein der Grenzen des Wissbaren, ist nicht mit Ahnungslosigkeit zu verwechseln. Wer sich ein Wissen anmaßt, vom „eingebildeten Wissen"
erfüllt ist, insbesondere im Feld der Metaphysik, kennt weder die
Möglichkeiten noch die Grenzen seines Erkenntnisvermögens.
Er ist nur unwissend: „Ein solcher Mensch weiß nicht einmal,
dass er nichts weiß. Denn man kann sich seine Unwissenheit
niemals anders vorstellen als durch die Wissenschaft, so wie ein
Blinder sich die Finsternis nicht vorstellen kann, als bis er sehend geworden ist." Zu der reflektierten, von Kant auch „rühm-
lich" genannten Unwissenheit fügt sich die wissenschaftliche
Tätigkeit eines Forschers, der trotz der Fülle von Kenntnissen,
über die er verfügt, das philosophische Staunen über Mensch
und Welt noch nicht verlernt hat. Er verfällt niemals in die Haltung desjenigen, der alles zu wissen meint oder in der Manier
des hochmütigen Ignoranten nur abschätzig das Bestreben derer betrachtet, welche redlich nach Wahrheit suchen.

Kant merkt skeptisch an, dass das Zeitalter der Aufklärung nicht mit einem „aufgeklärten Zeitalter" zu verwechseln sei. Gleichwohl ist er zuversichtlich gestimmt: „Die Menschen arbeiten sich von selbst nach und nach aus der Rohigkeit heraus, wenn man nur nicht absichtlich künstelt, um sie darin zu erhalten." Er warnt vor den „Adepten des Steins der Weisen" und spektakulär anmutenden „Genieschwüngen". Er verweist auf den Wert einer streng „methodischen Nachforschung", die zwar beschwerlich und mühsam ist, doch lohnend, da auf anderen Wegen allein „geträumte Schätze" versprochen, wahre aber „verschleudert" werden: „Wissenschaft (kritisch gesucht und methodisch eingeleitet) ist die enge Pforte, die zur Weisheitslehre führt, wenn unter dieser nicht bloß verstanden wird, was man tun, sondern was Lehrern zur Richtschnur dienen soll, um den Weg zur Weisheit, den jedermann gehen soll, gut und kenntlich zu bahnen, und andere vor Irrwegen zu sichern; eine Wissenschaft, deren Aufbewahrerin jederzeit die Philosophie bleiben muss, an deren subtiler Untersuchung das Publikum keinen Anteil, wohl aber an den Lehren zu nehmen hat, die ihm, nach einer solchen Bearbeitung, allererst recht hell einleuchten können."

Wünscht sich Kant eine Philosophie ohne Metaphysik? Er hält jeglichen Indifferentismus gegenüber der Metaphysik für grundverkehrt. Kant nennt das geringschätzige Reden von „metaphysischen Nachforschungen" fahrlässig und gefährlich. Was ist eigentlich Metaphysik? „Metaphysik ist ein uferloses Meer, in welchem der Fortschritt keine Spur hinterlässt, und dessen Horizont kein sichtbares Ziel enthält, an dem wahrgenommen werden könnte, um wie viel man sich ihm genähert habe." Über die „engen Schranken unserer Vernunft" mag ein jeder Klage führen und wird doch an sie gebunden bleiben. Die Metaphysik ist nicht die „Grundfeste", wohl aber die „Schutzwehr" der Religion. Die Metaphysik muss gezügelt werden,

durch eine „szientifische und völlig einleuchtende Selbsterkenntnis", die sie bewahrt vor den „Verwüstungen", die eine
„gesetzlose spekulative Vernunft" in der Moral wie in der Religion hervorbringen würde. So bleibt übrig, mit dem „Scheine
einer demutsvollen Selbsterkenntnis" auszusprechen, „es sei
über unsere Vernunft, auszumachen, ob die Welt von Ewigkeit
her sei, oder einen Anfang habe; endlich, ob es irgendein gänzlich unbedingtes und an sich notwendiges Wesen gebe ..."

Gefechte auf dem umkämpften „Streitplatz der Metaphysik", mit „dogmatischen Waffen" ausgetragen, bestehen fort,
so sehr Kant auch mahnt und warnt, niemals „Scheingründe"
anzuführen. In den Streitigkeiten der Dogmatiker sollen untereinander die „grundlosen Behauptungen" am jeweiligen Gegner aufgewiesen und „schädliche Blendwerke" aufgelöst werden. Kant mag gewusst oder doch geahnt haben, dass diese
Auseinandersetzungen weit über seine Zeit hinaus anhalten
würden. Sein bleibendes Verdienst ist es, dass er auf den „kritischen Weg" hingewiesen und sich nachdrücklich bemüht
hat, der Vernunft eine „Heerstraße" zu bahnen.

Philosophieren mit Kant heißt: kritisch gegen sich selbst und
gegen die Ansprüche jener Denker zu sein, welche die Grenzen der Vernunft ignorieren oder überschreiten und zu wissen
sich anmaßen, was außerhalb des Bereichs menschlicher Erkenntnis liegt – und nicht zu vergessen, dass wir nur das Philosophieren lernen, niemals aber die Philosophie lehren können.

III. Der Deutsche Idealismus

Kants kritische Philosophie veranschaulichte die Unzulänglichkeit der rationalistisch-neuzeitlichen Metaphysik. Heinrich von Kleist erlebte die Lektüre der Werke Kants als schmerzliche Desillusionierung. Das Ziel seines Lebens, das er von Kindheit an hegte, das Streben nach absoluter Wahrheit, erwies sich als Trugbild des Verstandes. Kleist schreibt in tiefer Verzweiflung: „Wir können nicht entscheiden, ob das, was wir Wahrheit nennen, wahrhaft Wahrheit ist, oder ob es uns nur so scheint. Ist das Letzte, so ist die Wahrheit, die wir hier sammeln, nach dem Tode nicht mehr – und alles Bestreben, ein Eigentum sich zu erwerben, das uns auch in das Grab folgt, ist vergeblich … Seit diese Überzeugung, nämlich, dass hienieden keine Wahrheit zu finden ist, vor meine Seele trat, habe ich nicht wieder ein Buch angerührt. Ich bin untätig in meinem Zimmer umhergegangen, ich habe mich an das offene Fenster gesetzt, ich bin hinausgelaufen ins Freie, eine innerliche Unruhe trieb mich zuletzt in Tabagien und Kaffeehäuser, ich habe Schauspiele und Konzerte besucht, um mich zu zerstreuen – – – und dennoch war der einzige Gedanke, den meine Seele in diesem äußeren Tumulte mit glühender Angst bearbeitete, immer nur dieser: Dein *einziges*, dein *höchstes* Ziel ist gesunken."

Wie versuchten Philosophen nach Kant hierauf zu antworten? Die neuen, rational strukturierten Systeme des Deutschen Idealismus sollten auch eine bergende Heimat für den Menschen darstellen. Die Erkenntnis absolut gültiger Wahrheit wird erneut zum primären Ziel philosophischer Forschung erklärt –

und die Frage, wie ein sinnvolles Dasein möglich ist, soll ernsthaft erörtert werden. Ehe wir uns nun den Repräsentanten des Deutschen Idealismus – Johann Gottlieb Fichte, Friedrich Wilhelm Joseph Schelling und Georg Wilhelm Friedrich Hegel – zuwenden, wollen wir einige Denker kurz betrachten, die mit und gegen Kant philosophierten und auf ihre Weise das geistige Leben in Deutschland am Ende des 18. und zu Beginn des 19. Jahrhunderts geprägt haben.

Von Herder zu Humboldt

Johann Gottfried Herder wurde 1744 im ostpreußischen Morungen geboren. Der Ortspfarrer erkannte die Begabung des Kindes und unterrichtete es nach Kräften und eigenem Gutdünken. Als Lektüre gestattete er nur zwei Bücher, die Bibel und das Gesangbuch. Der Lesestoff befriedigte jedoch nicht auf Dauer. Herder studierte bald philosophische Abhandlungen. Die Ansprüche spekulativer Metaphysik wies der junge Denker grimmig zurück. Die Werke von Spinoza, William Shaftesbury und David Hume inspirierten, der „vorkritische" Kant begeisterte ihn.

Herder nahm mit Kants Erlaubnis zwischen 1762 und 1764 unentgeltlich an dessen Vorlesungen teil. Später entzweiten sich die Denker. Herder brachte für die kritische Philosophie Kants kein Verständnis auf. Er kanzelte ab und polemisierte vehement gegen alle Gedanken, die ihm widerstrebten, war stets erregt, aufgewühlt und engagiert. So äußerte sich Herder despektierlich über Kants späte Schriften – vor allem über die „Kritik der reinen Vernunft" –, die er „öde Wüsten voll anmaßender Hirngeburten" nannte. Er widmete sich verstärkt der Theologie und errang als feuriger Prediger vielerorts große Beliebtheit. Im kirchlichen Dienst wurde aus dem ehemals dynamischen Intellektuellen und hymnischen Denker ein dickköpfiger, engherziger Gelehrter. Zeitlebens blieb er ästhetisch orientiert. Herder scheute das Denken in Begriffen. Intuitive Anschauung und spontane Einsichten verbanden sich mit ekstatischen Momenten. Herder verfasste Abhandlungen zur Sprachphilosophie. Die Sprache selbst sah er nicht als gottgegeben, sondern als existenziell notwendige „Erfindung" des physischen Mängelwesens Mensch an: „Sei nichts oder Monarch der Schöpfung durch Verstand! Zertrümmere oder schaffe dir Sprache!"

Wie Kant schätzte Herder die Rolle der menschlichen Vernunft über die Maßen. Für Herder aber war die Vernunft wesentlich mit den Kräften der Seele verknüpft und von ihnen nicht zu trennen. Bereits in der ursprünglichen Empfindung, so war Herder überzeugt, reift die Erkenntnis. In der Individualität wahrt die Vernunft ihre Originalität, in einzelnen Menschen ebenso wie in Völkern und Nationen.

Herder entwickelte eine Geschichtsphilosophie, die den Gang der Geschichte der Menschheit zu deuten versuchte. Im Horizont der Aufklärungsphilosophie entsteht sein bemerkenswerter Gedanke: „Unsere Erde ist ein Stern unter Sternen." Der Mensch ist ein Teil der Natur. In diese eingefügt ist der Schöpfungswille Gottes. Im „Gang der Natur" lässt sich der „Gang Gottes über die Nationen" nachvollziehen. Der Einzelne bewegt sich auf der ihm vorgezeichneten „Bahn des Weltalls". Jeder Mensch vermag, mit Herders philosophischer Hilfe, „Ideen, die in uns liegen, gleichsam hervorzulocken, Wahrheiten, die wir nur dunkel wussten, zur Deutlichkeit aufzuklären", bis er sich selbst als Teil des Ganzen der Welt begreift, als „eine Kraft im System aller Kräfte, ein Wesen in der unabsehbaren Harmonie einer Welt Gottes".

Als erster Denker der Aufklärungszeit forderte er, die Menschheit als Einheit aufzufassen, die aus zahlreichen gleichberechtigten Völkern besteht. Er wollte eine Geschichte der kulturellen Entwicklungen schreiben. Auch interessierte er sich für die Besonderheiten aller Nationen. Seine völkerkundlichen Studien blieben Stückwerk. Mit biblischer Sprachgewalt forderte der Philosoph die Förderung und Entfaltung der Humanität, um die „eigentliche Stadt Gottes auf der Erde" zu erbauen: „Glücklich ist, wer zur Ausbreitung dieses Reichs der wahren inneren Menschenschöpfung beitragen kann: Er neidet keinem Erfinder seine Wissenschaft und keinem König seine Krone." Von einer neu gestalteten politischen Wirklichkeit träumte er, in der die Menschen einander in Wohlwollen, Sympathie und Zuneigung begegnen, anders ausgedrückt: Er suchte eine Heimstatt für „Wanderer" und „ziehende Vögel", die sich nichts sehnlicher als einen Ort wünschen, an dem sie ausruhen können und Frieden finden.

Herder wendete sich gegen die „schädlichen Wahnbilder" des Nationalismus, geißelte die politischen Umtriebe von Aristokraten, Demokraten und Adligen, die durch ihren Fanatismus Freundschaften zerstören, Familien zerreißen, Menschen morden und Länder in Aufruhr versetzen. Die französische Revolution hielt Herder für ein großes Unglück: „Die größten Veränderungen der Welt sind von Halbwahnsinnigen bewirkt worden." Er hoffte auf eine „Allianz der gebildeten Nationen", tadelte Angriffskriege und empfahl ein „Gefühl der Billigkeit gegen andere Nationen".

Uneingeschränkte Verwirklichung der Humanität, so lautete Herders Forderung. Sie ist der einzige „Zweck der Menschennatur". Ein jeder Mensch ist im Stande, an sich selbst zu arbeiten und sich zu bilden. Und auch Wissenschaft und Philosophie dienen dem wichtigsten und höchsten Zweck: „Alle Einrichtungen der Menschen, alle Wissenschaften und Künste können, wenn sie rechter Art sind, keinen anderen Zweck haben, als uns zu humanisieren."

Auf seine Weise hatte Herder versucht, dieses Ziel zu befördern. Lange Zeit wirkte er als Hofprediger in Weimar. Den Glauben an eine lichte Zukunft der Menschheit hatte er bis zuletzt nicht aufgegeben. Doch nur wenige Zeitgenossen schenkten dem Philosophen noch Beachtung und Gehör. Johann Gottfried Herder starb 1803.

Eine freundschaftliche Beziehung pflegte Herder auch mit Johann Georg Hamann, dem einflussreichen Irrationalisten und unerbittlichen Gegner der Aufklärung. Hamann, 1730 in Königsberg geboren, glaubte an Spiritismus und Okkultismus. Er war ein mystischer Denker, verwurzelt in Geist und Lebensanschauung des Pietismus. Von einem abtrünnigen Geistlichen unterrichtet, lernte Hamann Latein, ohne Kenntnisse der Grammatik. An der Universität studierte er Geschichte, Geographie, Philosophie und Theologie. Hamann empfand sich als „Mietling der Musen". Der impulsive, aufbrausende und zugleich feinfühlige junge Denker verfügte über zahlreiche Bewunderer und eine ausgeprägte Fantasie. Zuweilen geriet er in beträchtliche Konflikte mit den Familien, die ihn als Hauslehrer beschäftigten. Er unternahm eine Reise nach England, studierte ungewollt das ausschweifende Leben der besseren Gesellschaft in London und war entsetzt, als er zufällig bemerkte, dass sein Vermieter eine homosexuelle Beziehung unterhielt. Erschüttert von der Sündhaftigkeit ringsum suchte der junge Reisende Rat und Hilfe. Aber niemand verstand ihn wirklich. 1758 las Hamann die Bibel und bekehrte sich zur Religion seiner Kindheit, zum lutherischen Protestantismus.

Hamann entwickelte sich zu einem der wortmächtigsten Verächter der Aufklärungsphilosophie. Er schrieb nach seiner Heimkehr aus England aphoristisch, wirr, dunkel, anspielungsreich, mit witzigen Momenten, oft auch kryptisch und undurchsichtig. Kant bat ihn, er möge in der Sprache der Menschen reden.

Hamann hielt den Königsberger Philosophen für starrköpfig und versponnen. Er mochte ihn trotzdem, denn Kant war ein alter Freund – und Freunde muss man ehren. Der dänische Philosoph Sören Kierkegaard nannte Hamann ein „gewaltiges Genie". Der romantische Dichter William Blake fühlte sich von ihm inspiriert. Schelling und Hegel wertschätzten ihn. Auch Kant war dem wunderlichen Mitbürger behilflich, ungeachtet der rüden Kritik Hamanns an seinen Werken. Seine poetische Sprache faszinierte viele Zeitgenossen. Selbst Goethe nannte den Mystiker einen der „hellsten Köpfe".

Hamann stand im Briefwechsel mit Herder und empfahl: „Denken Sie weniger und leben Sie mehr!" Hamann versuchte, das Leben aus der Anschauung zu deuten – „Leben ist *actio*!" –, aber die „actio", die Handlung, lässt sich nicht begrifflich erfassen und darlegen, sondern nur psychophysisch erleben. Die Leidenschaften sollen nicht domestiziert werden. Kalte Rationalität im Denken war für Hamann „Verstümmelung" und „Kastration". Wer die Vernunft zu stark betont, verkennt und tötet das Naturhafte im Menschen: „Leidenschaft allein gibt Abstraktion sowohl als Hypothesen Hände, Füße, Flügel; – Bildern und Zeichen Geist, Leben und Zunge – Wo sind schnellere Schlüsse? Wo wird der rollende Donner der Beredsamkeit erzeugt …?" Verallgemeinerungsfähige ethische Maßstäbe lehnte Hamann ab: „Der eines andern Vernunft mehr glaubt als seiner eigenen, hört auf, ein Mensch zu sein." Die Aufklärer waren für ihn Narren und Einfaltspinsel.

Manche Zeitgenossen bewunderten Hamann als eine Art Seher und Propheten, der die ungebrochene Einheit von Denken und Fühlen praktizierte. Auch in seinen sprachphilosophischen Betrachtungen spiegelt sich diese Lebensanschauung wider: „Jede Erscheinung der Natur war ein Wort, – das Zeichen, Sinnbild und Unterpfand einer neuen, geheimen, unaussprechlichen, aber desto innigeren Vereinigung, Mitteilung und

Gemeinschaft göttlicher Energien und Ideen. Alles, was der Mensch am Angange hörte, mit Augen sah, beschaute und seine Hände betasteten, war ein lebendiges Wort; denn Gott war das Wort. Mit diesem Worte im Mund und im Herzen war der Ursprung der Sprache so nahe und leicht, wie ein Kinderspiel." Die Sprache der Dichtung betrachtete Hamann als „Muttersprache". Die „hochgelobte Vernunft" wurde nach seiner Überzeugung überschätzt. Er charakterisiert sie als einen „Ölgötzen", dem ein „schreiender Aberglaube der Unvernunft göttliche Attribute" beifügt: „Selbsterkenntnis und Selbstliebe ist das wahre Maß unserer Menschenkenntnis und Menschenliebe." Hamann verfasste zudem Streitschriften gegen Theologen und Philosophen. Im Alter wurde der verarmte Hamann von einer begüterten Witwe aufgenommen, die ihn bis zu seinem Tod 1788 wie einen Heiligen verehrte.

Auch Friedrich Heinrich Jacobi stand der Transzendentalphilosophie in kritisch-skeptischer Distanz gegenüber. Er wurde 1743 in Düsseldorf geboren. Jacobi erhielt eine streng pietistische Erziehung. Damit verbundene aufwühlende emotionale Erfahrungen veranlassten Jacobi, sich der Philosophie zuzuwenden: „Ich ging noch im Polnischen Rocke, da ich schon anfing, mich über Dinge einer andern Welt zu ängstigen. Mein kindischer Traum brachte mich im achten oder neunten Jahre zu gewissen sonderbaren Ansichten (ich weiß es nicht anders zu nennen), die mir bis auf diese Stunde ankleben. Die Sehnsucht, in Absicht der besseren Erwartungen des Menschen zur Gewissheit zu gelangen, nahm mit den Jahren zu, und sie ist der Hauptfaden geworden, an den sich meine übrigen Schicksale knüpfen mussten." Jacobi heiratete die wohlhabende Tochter eines Kaufmanns. Bei den Jacobis gingen Wieland, Alexander und Wilhelm von Humboldt, Goethe und Georg Forster ein und aus.

In den siebziger Jahren widmete sich Jacobi vornehmlich der Ökonomie und arbeitete kurzzeitig als Referent für Zoll- und Wirtschaftsfragen im bayerischen Innenministerium. Jacobi plädierte dafür, Adam Smiths liberale Ideen zum freien Handel verstärkt zu berücksichtigen. Gleich darauf musste er zurücktreten. Die freie Zeit nutzte er zu einem vertieften Studium philosophischer Abhandlungen. Jacobi las Kants frühe Schriften und die Werke Spinozas. Als Medium, um seine eigenen philosophischen Ansichten zu veröffentlichen, schienen ihm empfindsame Romane gut geeignet zu sein. Das Echo auf seine erzählerischen Werke war indessen bescheiden. Jacobi stritt wider die Aufklärungsphilosophie, er forderte eine Religion des Herzens und eine Philosophie, die Glauben und Vernunft verbindet. Kants Philosophie bezeichnete er als gottlos und sah in ihr eine Entwertung der bestehenden gesellschaftlich-politischen Ordnung und ihrer Werte. Jacobi befürchtete, der Weg zum Nihilismus sei gebahnt: „Alles überhaupt, Erkennendes und Erkanntes, löste sich vor dem Erkenntnisvermögen in ein gehaltloses Einbilden von Einbildungen, objektiv rein in nichts auf." Akademisch betrachtet blieb Jacobi ein Außenseiter. Die Philosophen des Deutschen Idealismus hielt er für versponnene Intellektuelle. Stets aufs Neue forderte er einen Praxisbezug der Morallehre und warnte vor abstrakten Modellen zur Ethik, die immer wirkungslos bleiben würden. 1804 wurde Jacobi gebeten, an der Neugestaltung der bayerischen Akademie der Wissenschaften mitzuwirken. Rasch ergaben sich Streitigkeiten, unter anderem mit Schelling. Alsbald schied Jacobi aus dem Amt. Er war ein eher unsystematisch argumentierender Kritiker der Philosophie seiner Zeit. So geriet sein Werk bald in Vergessenheit. Wiederentdeckt wurde er als Wegbereiter des Existenzialismus, da er den unschätzbaren Wert und die prägende Kraft individueller Einsichten und Erfahrungen sichtbar machte. Als Jacobi 1819 in München starb, wurde er von den arrivierten Denkern seiner Zeit nicht betrauert. Dem Bedürfnis zu philosophieren war er zeitlebens nachgekommen. Dichter der Romantik hielten sein Andenken in Ehren.

Wilhelm von Humboldt wurde 1767 in Potsdam geboren. Schon in Kinderjahren erhielt er durch seinen Hauslehrer Einblicke in die faszinierende Welt der Antike. Die Grundprobleme der Philosophie von Leibniz wurden Humboldt frühzeitig vermittelt. Zunächst studierte er aber Rechtswissenschaften. Wenig später hörte er die Vorlesungen Lichtenbergs, der ihm mit galligem Witz jede Begeisterung für die rationalistische Metaphysik austrieb. Wilhelm von Humboldt las nun die Schriften Kants. Auch die Freundschaft mit Friedrich Schiller, der in gleicher Weise von den Werken des Königsberger Philosophen angetan war, festigte seine geistige Orientierung. Humboldt wandte sich Fragestellungen der philosophischen Anthropologie zu. Sodann widmete er sich der Sprachphilosophie. Das Moment der kommunikativen Mitteilbarkeit durch das Medium der Sprache wurde von ihm als das entscheidende Ausdrucksmerkmal des menschlichen Geistes kenntlich gemacht. Der Mensch kommt nicht als „reiner Geist" in die Welt, der den „fertigen Gedanken nur mit Tönen umkleidet". Humboldt sieht es als wesentliches Merkmal des Menschen an, dass dieser ein „tönendes Erdengeschöpf" sei, dessen vielfältige Töne zusammenklingen. Aus ihnen entwickelt sich „ein in ihrem scheinbar zufälligen Gewirr ruhendes System", das „alles Große, Reine und Geistige" enthält: „Die Sprache aber gehört dem Menschen selbst an, sie hat und kennt keine andere Quelle als sein Wesen, wenn man sagt, dass sie auf ihn wirkt, sagt man nur, dass er sich in ihr nach und nach in immer steigendem Umfang und immer wechselnder Mannigfaltigkeit bewusst wird …"

Der Sprache ist nicht eine im „Dunkel der Seele" befindliche „tote Masse", sondern ein Gesetz, das die „Funktionen der Denkkraft" steuert und als selbstentwickeltes Werk des Verstandes in der Deutlichkeit des Bewusstseins nicht erklärt, sondern nur als „unmittelbar in den Menschen gelegt", als apriorisch vorhandene Sprachbegabung aufgefasst werden kann: „Die Sprache ließe sich nicht erfinden, wenn nicht ihr Typus schon in dem menschlichen Verstande vorhanden wäre. Damit der Mensch nur ein einziges Wort wahrhaft, nicht als bloßen sinnlichen Anstoß, sondern als artikulierten, einen Begriff bezeichnenden Laut verstehe, muss schon die Sprache ganz und im Zusammenhang in ihm liegen … Der Mensch ist nur Mensch durch Sprache; um aber die Sprache zu erfinden, müsste er schon Mensch sein." Zur Bildung des Menschen trägt die Sprache, die „kein Werk (Ergon), sondern eine Tätigkeit (Energeia)" ist, maßgeblich bei, denn mit ihr gelingt die „Besiegung aller Dunkelheit und Verwirrung durch die Herrschaft klar und rein ordnender Formalität". Die „Summe des Erkennbaren" liegt „zwischen allen Sprachen" und besteht unabhängig von ihnen als das „vom menschlichen Geist zu bearbeitende Feld". Diesem „rein objektiven Gebiet" kann sich der Mensch ausschließlich, so bemerkt der an Kants Philosophie geschulte Wilhelm von Humboldt, entsprechend seiner Erkenntnis- und, wie er ergänzt, Empfindungsweise „auf subjektivem Wege" nähern: „Gerade da, wo die Forschung die höchsten und tiefsten Punkte berührt, findet sich der von jeder besonderen Eigentümlichkeit am leichtesten zu trennende mechanische und logische Verstandesgebrauch am Ende seiner Wirksamkeit, und es tritt ein Verfahren der inneren Wahrnehmung und Schöpfung ein, von dem bloß so viel deutlich wird, dass die objektive Wahrheit aus der ganzen Kraft der subjektiven Individualität hervorgeht." Seiner Auffassung nach sollen der „praktische Beobachtungssinn" und der „philosophierende Geist" stets im Verbund tätig sein.

Der Philosoph stellt einen „dreifachen Zweck" der Sprache fest. Die Sprache vermittelt dem Menschen ein angemessenes Verständnis über sich selbst und über die Welt, in der er lebt. Um dies leisten zu können, muss die Sprache den Anforderungen der „Bestimmtheit" und „Klarheit" genügen. Sie verleiht Gefühlen und Empfindungen Ausdruck und ruft diese hervor. Dazu bedarf sie der „Stärke" und der „Zartheit". Die „Geschmeidigkeit" gibt der Sprache das ihr eigentümliche Gepräge: „Sie regt, selbst schaffend, durch die Gestalt, die sie dem Gedanken erteilt, zu neuen Gedanken und Gedankenverbindungen an und bedarf insofern des Geistes, der sein Gepräge, als Spur seines Wirkens, in dem Worte zurücklässt." Die Sprache prägt jede menschliche Situation. Humboldt zufolge stellt sie nicht den „Ausfluss des menschlichen Wesens", sondern das „menschliche Wesen selber" dar. Die Sprache wird der konstitutiven Offenheit des Menschen gerecht, weil sie ein entwicklungsfähiges Gebilde ist: „Der Mensch denkt, fühlt und lebt allein in der Sprache und muss erst durch sie gebildet werden, um auch die gar nicht durch die Sprache wirkende Kunst zu verstehen. Aber er empfindet und weiß, dass sie ihm nur Mittel ist, dass es ein unsichtbares Gebiet außer ihr gibt, in dem er nur durch sie einheimisch zu werden trachtet. Die alltäglichste Empfindung und das tiefsinnigste Denken klagen über die Unzulänglichkeit der Sprache und sehen jenes Gebiet als ein fernes Land an, zu dem nur sie und sie nie ganz führt. Alles höhere Sprechen ist ein Ringen mit dem Gedanken, in dem bald mehr die Kraft, bald mehr die Sehnsucht fühlbar wird."

Humboldt übernahm in Preußen verschiedene politische Ämter. Federführend wirkte er bei der Reform des Unterrichtswesens. 1810 wurde die Friedrich-Wilhelms-Universität im Herzen von Berlin neu gegründet. Das Bildungsideal der Aufklärungszeit sollte in dieser Universität verwirklicht werden. Wissenschaftliche Forschung und Lehre wurden verknüpft. Humboldt machte deutlich, dass die beständige Wahrheitssuche des Wissenschaftlers das einzig Lehrbare darstellt. Die Universität ist keine schulische Ausbildungsstätte mit einem vorgefertigten Lehrprogramm. Sie verbindet die um Objektivität bemühte Wissenschaft und die individuelle Bildung. Der Student reift intellektuell und menschlich im Geist der Humanität.

Wilhelm von Humboldts Wirken litt in den folgenden Jahren unter der politischen Konstellation in Europa und den restaurativen Tendenzen in Preußen. 1819 wurde Humboldt nach gravierenden Auseinandersetzungen mit dem reaktionär eingestellten Staatskanzler Friedrich von Hardenberg entlassen. Er verstärkte seine geisteswissenschaftlichen Forschungen und lebte nunmehr zurückgezogen im Tegeler Schloss. Vereinzelt hielt er noch gut besuchte Vorträge. Humboldt verstarb 1835 in Berlin.

Neben Humboldt trug Friedrich Schleiermacher wesentlich zur Gründung der Universität in Berlin bei. Er wurde 1768 in Breslau geboren. Schleiermacher war kein Philosoph, viel eher ein, paradox gesagt, romantischer Aufklärer, ein protestantischer Idealist und enthusiastischer Träumer – und zugleich einer der erfolgreichsten Prediger in Berlin zu Beginn des 19. Jahrhunderts. Schleiermacher wusste nicht recht, ob er sich der Wissenschaft verschreiben oder doch lieber als Theologe ethische Unterweisungen geben und die „Universalisierung der Humanität" verkünden sollte. Er studierte beide Fächer, zudem die klassische Philologie. 1796 wurde er Prediger an der Charité in Berlin. Schleiermacher begegnete aufklärerisch gesinnten Philosophen und schwerblütigen Romantikern wie Friedrich Schlegel, lernte Alexander und Wilhelm von Humboldt kennen, verkehrte im Haus von Marcus Herz und begegnete Rahel Varnhagen. Sodann widmete er sich philosophischen Studien und arbeitete über Kant und Fichte. Doch Schleiermachers Interesse galt weder der romantisch inspirierten Rezeption dieser Schriften noch einer substanziellen wissenschaftlichen Auseinandersetzung mit philosophischen Themen. In seiner 1799 verfassten Abhandlung „Theorie des geselligen Betragens" verbindet er die Perspektive der Individualität mit der Ausrichtung auf die Ebene gemeinschaftlicher Kommunikation. Wenig später publizierte Schleiermacher die „Reden über die Religion an die Gebildeten unter ihren Verächtern", sicherheitshalber inkognito. Sprach er über Religion, so orientierte er sich an den Fragen und Bedürfnissen dieser skrupulösen Gebildeten und nicht an der Frömmigkeit einfacher Christenmenschen. Probleme der Religion sollten Schleiermacher zufolge unabhängig von der Wissenschaft, aber auch von der Moral diskutiert werden. Das religiöse Gefühl, das Verhältnis des Menschen zu Gott, und die Anschauung Gottes oder des Unendlichen betrachtete er als eine anthropologische Konstante. Nur durch das subjektive Bewusstsein war das „Gefühl der schlechthinnigen Abhängigkeit", als Beziehung zu Gott, erfahrbar. Frömmigkeit zeigte sich im subjektiven Erleben der vom Walten Gottes erfüllten Welt. Weder die Sehnsucht nach ewigem Leben noch den persönlichen Glauben hielt Schleiermacher für existenziell wesentlich. In der gefühlsabhängigen Begegnung mit dem Unendlichen spürt der Mensch das Ewige im unaufhaltsamen Fluss der Vergänglichkeit. Das „Universum" muss in der Individualität auf der Gefühlsebene sichtbar werden. Die Religion drängt stets zur Gemeinschaft, aber auch zur Schaffung einer Kirche und zu individuellen Ausprägungen positiver Religiosität. Sie versammelt die individuellen religiösen Eigenheiten und Betrachtungsweisen und wird notwendig für die Etablierung einer humanistischen Gesellschaft: „Je mehr sich Jeder dem Universum nähert, je mehr sich Jeder dem Anderen mitteilt, desto vollkommener werden sie Eins, keiner hat ein Bewusstsein für sich, Jeder hat zugleich das des Andern, sie sind nicht nur Menschen, sondern auch Menschheit …"

In der Betonung des Individuums und des herausragenden Wertes der Person war Schleiermacher ein Wegbereiter und Inspirator der Romantik. Die Menschheit konstituiert sich in der kommunikativen Verbundenheit religiös inspirierter Individuen, die einander tief verstehen. Diese Ideale möchte Schleiermacher in der Berliner Universität verwirklicht sehen. Schleiermacher forderte die „Temperatur einer völligen Freiheit des Geistes". 1810 wurde er zum Professor berufen. Als Hofprediger wirkte er weiterhin mit großem Erfolg. Schleiermachers Gottesdienste waren stets sehr gut besucht. Als man ihm zu seinem regen Zuspruch gratulierte, sagte er: „Das liegt aber nicht an meinen Predigten. Mein Publikum setzt sich hauptsächlich aus Studenten, Damen und Offizieren zusammen: Die Studenten kommen, weil ich Mitglied der Prüfungskommission bin, die Damen kommen wegen der Studenten, und die Offiziere wegen der Damen." Schleiermacher versuchte, im Widerspruch zu Hegel, die platonische Dialektik wiederzubeleben, und wollte eine „allgemeine Kunstlehre des Verstehens" entwickeln, in der Gegensätze versöhnt, nicht aufgehoben werden. Er negierte den absoluten Anspruch und glaubte, dass man sich der Wahrheit, auch bei der Exegese der Bibel, nur in dialogischer Verständigung annähern kann. Das wechselseitige Verstehen setzt Toleranz, Offenheit und das Eingeständnis voraus, dass die Erkenntnis des Absoluten nicht möglich ist, dass jede Sprache ihre eigenen Konnotationen und jeder Sprecher seine Grenzen hat. Das vernünftige Gespräch ist die erstrebenswerte Form der Kommunikation bei Diskursen über Ethik und Moral.

Schleiermacher orientierte sich erkenntnistheoretisch an einem „Real-Idealismus", der ihn mit Fichte und Schelling verband. Die Einheit des objektiv-gegenständlich gegebenen Inhalts und der aus dem betrachtenden und erlebenden Subjekt stammenden Form soll als Ganzes anschaulich erfasst und begrifflich gedacht werden. Schleiermacher veröffentlichte weiterhin Abhandlungen zur Theologie. 1822 erschien „Der christliche Glaube". In seinen Bemerkungen zur Kunst des Verstehens erwies sich Friedrich Schleiermacher als ein Wegbereiter der Hermeneutik.

Schleiermacher war ein launiger Humorist, beliebt und auch gefürchtet wegen seiner Aphorismen und Scherze. Über die Begrifflichkeit Hegels bemerkte Schleiermacher bei einer Gelegenheit: „Was ist das relative Nichtsein in dem unmittelbaren Umsich-, Ansich- und Fürsichsein der passiven Kausalität des Absoluten? Ein Loch im Hemd der Muttergottes." Das gesellschaftliche und geistige Leben im Berlin der Biedermeierzeit war ohne ihn ärmer geworden. Philosophen bedauerten seinen Tod im Jahr 1834 weitaus weniger.

Johann Gottlieb Fichte

Johann Gottlieb Fichte wurde 1762 in Rammenau, einer kleinen Stadt in der Lausitz, geboren. Er entstammte einfachen Verhältnissen. Sein außergewöhnliches Talent machte sich schon in frühen Jahren bemerkbar. Dank seines guten Gedächtnisses konnte er zahlreiche Predigten rezitieren. 1780 immatrikulierte sich Fichte mit Hilfe eines Förderers in Jena für evangelische Theologie. Als der Mäzen vier Jahre später verstarb, musste Fichte das Studium abbrechen und seinen Lebensunterhalt selbst verdienen. Als Hauslehrer unterrichtete er fortan mit glühender Begeisterung. An der Unterweisung seiner Schützlinge fand er selten Genügen. Fichte wollte zugleich deren Eltern erziehen. Deswegen wurde er mitunter frühzeitig entlassen. Entmutigen ließ er sich nicht. Fichte zeigte sich kämpferisch: „Ich mag nicht bloß denken, ich will handeln … Mein Stolz ist der, meinen Platz in der Menschheit durch Taten zu bezahlen, an meine Existenz hinaus für die Menschheit und die ganze Geisterwelt Folgen zu knüpfen."

1788 begab sich Fichte nach Zürich. Dort lernte er die Nichte des Dichters Klopstock kennen. Bald darauf heiratete er die sanftmütige junge Frau. Fichte versuchte sich nun als Literat. Die von ihm verfassten Dramolette fanden jedoch wenig Zustimmung, und seine Novellen blieben Ladenhüter. Fichte quälte sich und ein kleines Publikum mit Schriftproben zweifelhafter Qualität. Enttäuscht gab er das Dichten auf und zog mit seiner Frau nach Leipzig. Nun beschäftigte er sich intensiv mit dem Werk Immanuel Kants und entdeckte seine wirkliche Bestimmung: Er wollte, er musste ein Philosoph werden. Zunächst siedelte er nach Warschau über. Dort arbeitete er erneut als Hauslehrer, bis er sich auf den Weg nach Königsberg machte. Kant verhielt sich zurückhaltend und eher abweisend gegenüber dem ungestümen jungen Mann, der sich ihm beharrlich aufdrängte. Fichte blieb hartnäckig und buhlte weiter um Kants Gunst. Innerhalb kurzer Zeit verfasste er eine Schrift aus dem Geist der kantischen Philosophie mit dem Titel „Versuch einer Kritik aller Offenbarung". Auf Kants Anraten wurde der Traktat von Fichte anonym veröffentlicht. Die Schrift erregte großes Aufsehen. Der Verfasser konnte, so glaubte man seinerzeit, niemand anders als Kant selbst sein. Der alte Philosoph verwies auf den begabten jungen Denker. Fichtes Ansehen in der akademischen Welt stieg rasch.

1794 wurde Fichte zum Professor für Philosophie in Jena berufen. Im selben Jahr veröffentlichte er mit der „Wissenschaftslehre" seine bedeutendste Schrift. Vehement stritt Fichte für die Verwirklichung der Menschenrechte. Im Vortrag war sein Tonfall von schneidender Schärfe. Ein Hörer jener Zeit berichtet: „Sein öffentlicher Vortrag rauscht daher wie ein Gewitter, das sich seines Feuers in einzelnen Schlägen entlädt. Wird er herausgefordert, so ist er schrecklich." Fichte trug mitreißend vor und versuchte auch, seine Zuhörer zur Mitarbeit zu ermuntern. Wer ihm in der Vorlesung begegnete, mochte nicht glauben, dass dieser Philosoph in stillen Stunden auch verträumt-sehnsuchtsvoll sein konnte. 1799 musste Fichte Jena wegen des Vorwurfs des Atheismus verlassen und ging nach Berlin.

Fichte kämpfte für die bürgerlichen Freiheitsrechte des Menschen. Die absolutistische Auffassung des Gottesgnadentums lehnte er ab. Die Gedankenfreiheit bezeichnete er hymnisch als das „vom Himmel stammende Palladium der Menschheit". Später erkannte er, dass manche Herrscher ihren Untertanen zwar Gedankenfreiheit zubilligten, die Teilhabe an der politischen Willensbildung aber verweigerten. Zudem übten sie die Zensur aus und ließen bestimmte „Wahrheiten" gelten, jene nämlich, die das politische System stabilisierten. Der Wille der Herrschenden als „Kriterium der Wahrheit" entscheidet über Wahrheit und Unwahrheit: „Wahr ist demnach das, wovon ihr wollt, dass es wahr sei; falsch ist das, wovon ihr wollt, dass es falsch sei." Die Herrscher der Völker gebärden sich, als wüssten sie, wie ihre Untertanen der „giftigen Quelle alles unseres Elends" entrinnen könnten, und verlangen Gefolgschaft „mit verschlossenen Augen". Fichte sah den täglichen Existenzkampf, den „unversöhnlichsten Krieg", die Sehnsucht nach Glück und das allgegenwärtige Leiden. Der Herrscher verfügt über seine Untertanen nach Belieben, „er tut mit uns, was er will, und wenn wir fragen, so versichert er uns auf sein Wort, dass das zu unserer Glückseligkeit nötig sei; er legt der Menschheit den Strick um den Hals und ruft: stille, stille! es geschieht alles zu deinem Besten". Fichte forderte, der Mensch solle weder einem transzendenten Gott noch weltlicher Herrschaft untertan sein. Gott hat seiner Überzeugung nach jedem Menschen die Freiheit geschenkt. Der Philosoph machte sich auch zum Fürsprecher der Bauern, die von ihren Gutsbesitzern in Knechtschaft gehalten wurden: „Jeder Mensch kann ein Recht auf Sachen

haben, aber keiner hat ein unabänderliches Recht auf die Person eines anderen Menschen; davon hat jeder selbst das unveräußerliche Eigentum. Kein Staat rühme sich der Kultur, wo dieses unmenschliche Gesetz noch gilt, und wo noch irgendjemand das Recht hat, einem anderen zu sagen: Du bist mein."
Nur anfangs sympathisierte Fichte mit der Französischen Revolution. Den jakobinischen Terror und den Imperialismus Napoleons lehnte er ab.

Politische Herrschaft, deren Stabilität sich allein mit drakonischen Strafen und militärischer Gewalt gewährleisten lässt, erweist sich als ein Regime der Angst. Fichte machte auf die Bedeutung eines Gesellschaftsvertrages aufmerksam. Nach seiner Überzeugung ist der Mensch zuerst dem eigenen Gewissen verpflichtet: „Um den Grund der Verbindlichkeit aller Verträge zu entdecken, muss man sich den Menschen noch von keinen äußeren Verträgen gebunden, bloß unter dem Gesetze seiner Natur, d. i. unter dem Sittengesetz stehend denken; und das ist der Naturzustand." Dass ein vernunftgemäß eingerichteter Staat möglich sein könnte, wird ersichtlich, wenn der Mensch primär als Vernunftwesen aufgefasst wird, das in Frieden und Freiheit – ausgerichtet auf den Endzweck des sittlich Guten – mit seinen Mitmenschen leben kann und möchte. Der Philosoph forderte die „allmähliche Stiftung eines Vernunftstaats", in dem ein jeder Mensch gern lebt und arbeitet, freilich nicht wie ein entwürdigtes „Lasttier": „Er soll angstlos, mit Lust und mit Freudigkeit arbeiten und Zeit übrig behalten, seinen Geist und sein Auge zum Himmel zu erheben, zu dessen Anblick er gebildet ist."

Die Forderung, der Vernunft entsprechend zu leben, kehrt in Fichtes Werken einige Male wieder. In der 1800 veröffentlichten Schrift „Die Bestimmung des Menschen" erinnert der Philosoph einen jeden Gelehrten an seine Aufgabe, wider den weit verbreiteten Egoismus zu wirken und eine nachhaltige Hinwendung zur Vernunftpflicht zu postulieren. Die Gebildeten sollen als „Lehrer der Menschheit" und „Priester der Wahrheit" fungieren und alle Menschen zu moralischem Handeln anleiten.

Zur selben Zeit erschien „Der geschlossene Handelsstaat". Fichtes Entwurf einer erstrebenswerten Gesellschaftsordnung basiert auf dem Gleichheitsgrundsatz. Weil alle Menschen gleich sind, müssen sie auch gleich behandelt werden. Konkurrenz beurteilt er als schädlich. Sie ist zu vermeiden. Jeder Mensch soll schöpferisch tätig sein: „Ich schreibe mir selbst nicht alle Freiheit zu, die ich gesetzt habe, weil ich auch noch andere freie Wesen setzen und denselben einen Teil derselben zuschreiben muss. Ich beschränke mich selbst in meiner Zueignung der Freiheit dadurch, dass ich auch für andere Freiheit übrig lasse." In Fichtes „Handelsstaat" begegnen die Bürger einander in gegenseitiger Achtung. Zwischen ihnen herrscht ein unaufhebbarer Rechtszustand: „Der Zweck der menschlichen Tätigkeit ist es, leben zu können; und auf diese Möglichkeit zu leben haben alle, die von der Natur in das Leben gestellt wurden, den gleichen Rechtsanspruch." Privateigentum ist nur gestattet, soweit es für den persönlichen Bedarf innerhalb der gestalterischen Tätigkeit geboten ist. Grundbesitzer gibt es nicht. Fichtes Überzeugung nach ermöglicht die Freiheit ein souveränes Gebieten über die Natur und eine „echt menschliche" Lebensweise: „Die Würde jedes Menschen, seine Selbstachtung und mit ihr seine Moralität hängt vorzüglich davon ab, dass er sein Geschäft auf den Vernunftzweck, oder, was dasselbe heißt, auf den Zweck Gottes mit dem Menschen beziehe und sich sagen könne: Es ist Gottes Wille, was ich tue." Der „Naturzustand des Menschen" ist der vernünftig eingerichtete, wohlgeordnete Staat, in dem „jedem das Seinige zu geben" möglich ist und die vorhandenen Güter gleich verteilt werden: „Es sollen erst alle satt werden und fest wohnen, ehe einer seine Wohnung verziert, erst alle bequem und warm gekleidet sein, ehe einer sich prächtig kleidet."

Fichtes „geschlossener Handelsstaat" ist eine politische Vision und entspricht eher dem Ideal eines geeinten christlichen Europa als dem eines wohlgeordneten deutschen Kleinstaates. Auch in den 1808 publizierten „Reden an die deutsche Nation" bekennt sich der Philosoph zur „Epoche der Vernunftkunst" und zur Verwirklichung des Vernunftstaates. Die Bildung wird als „wahre Religion" bezeichnet. Mit ihrer Hilfe kann es gelingen, eine sittliche Weltordnung zu etablieren. Wesentlich stärker als in „Der geschlossene Handelsstaat" ist Fichte in den „Reden an die deutsche Nation" auf den Nationalstaat ausgerichtet. Er erlebte den Untergang des „Heiligen Römischen Reiches deutscher Nation". Fichte forderte, dass das Schicksal der deutschen Nation beispielhaft sein solle, ein Vorbild für alle Völker in der Verwirklichung der Sittlichkeit. Dies gelingt nur, wenn der Mensch als „Werkzeug des Sittengesetzes" handelt und sich ganz und gar der Vernunft unterstellt.

Zeitlebens verhielt sich Fichte gegenüber allen Schichten des Volkes respektvoll. Intellektuelle Dünkelhaftigkeit war ihm fremd, moralisches Handeln eine unbedingte Verpflichtung. Griesgrämiges Beklagen des Sittenverfalls lehnte er ab. Statt gemeinschaftlichen Jammerns forderte der Philosoph Fichte das kontinuierliche Arbeiten an einer dauerhaften Verbesserung der Zustände in Staat und Gesellschaft: „Handeln! Handeln! das ist es, wozu wir da sind." Fichte glaubte an einen mit Vernunft einsichtigen „Zweck des Erdenlebens", an ein „absolut Erstes und Ursprüngliches im Menschen selber, an Freiheit, an unendliche Verbesserlichkeit, an ewiges Fortschreiten unseres Geschlechtes". Der Endzweck ist realisiert, entsprechend dem Geist der Aufklärungszeit, wenn die Menschheit „alle ihre Verhältnisse mit Freiheit nach der Vernunft" eingerichtet hat.

1810 amtierte Johann Gottlieb Fichte als Rektor der neu gegründeten Berliner Universität. Seinem Gesuch, als Freiwilliger in den Krieg Preußens gegen Napoleon zu ziehen, wurde nicht entsprochen. Während einer Typhus-Epidemie im Winter 1813/14 arbeitete Fichtes Gattin als Helferin im Lazarett. Sie infizierte sich und übertrug die Krankheit auch auf ihren Mann. Johann Gottlieb Fichte starb 1814 im Alter von einundfünfzig Jahren.

Fichtes „Wissenschaftslehre"

Die „Wissenschaftslehre" liegt in verschiedenen Fassungen vor. Wie Kant versucht Fichte in diesem Werk die Möglichkeit von Erfahrung überhaupt zu erörtern. Da er den Begriff der Philosophie nicht klären will, nennt er sein Werk „Wissenschaftslehre". Obwohl Fichte sich als Schüler Kants begreift, bestehen deutliche Unterschiede zwischen den Denkern. Er missbilligt Kants Trennung von Verstand und Vernunft. In Fichtes Sichtweise werden die Kategorien des Verstandes durch die Vernunft und die mit ihr verbundenen Ideen geordnet. Bei Kant werden diese Ideen nur regulativ gebraucht. Die Vernunft ist für die Ethik grundlegend. Fichte dehnt diesen Bereich auf die theoretische Philosophie aus. Die Unabhängigkeit willentlicher Entscheidungen gilt ihm unumschränkt, nicht allein für moralisches Handeln. Fichte bezeichnet sein philosophisches System als „kritischen Idealismus". Die Fähigkeit zur Abstraktion benennt er in der „Wissenschaftslehre" als besondere Eigenschaft des Philosophen. Theoretisierend gelingt es ihm, das, was in der Welt der Erfahrung verbunden ist, gedanklich zu differenzieren. Einfach gesagt: Wer philosophiert, weiß zu unterscheiden. Die Ordnung der Dinge wird für ihn transparent. Der Philosoph vermag auch ein „Ding an sich" zu erkennen, weil es vom erkennenden Ich bestimmt ist. Fichte schreibt: „In der Erfahrung ist das Ding dasjenige, welches unabhängig von unserer Freiheit bestimmt sein und wonach unsere Erkenntnis sich richten soll, und die Intelligenz, welche erkennen soll, unzertrennlich verbunden. Der Philosoph kann von einem Ding abstrahieren, und er hat dann von der Erfahrung abstrahiert und sich über dieselbe erhoben. Abstrahiert er von dem Ersteren, so behält er eine Intelligenz an sich, d. h. abstrahiert von ihrem Verhältnis zur Erfahrung; abstrahiert er von dem Letzteren, so behält er ein Ding an sich, d. h. abstrahiert davon, dass es in der Erfahrung vorkommt, – als Erklärungsgrund der Erfahrung übrig. Das erste Verfahren heißt Idealismus, das zweite Dogmatismus."

Diese Unterscheidung zwischen Idealismus und Dogmatismus kennzeichnet Fichtes „Wissenschaftslehre". Der Idealist bestimmt sein Selbst. Er setzt sich in Freiheit. Der Dogmatiker verwirklicht die ihm mögliche „absolute Selbstständigkeit" in der Vorstellung der Dinge, deren Produkt er ist: „Das Prinzip der Dogmatiker ist der Glaube an die Dinge um ihrer selbst willen: also mittelbarer Glaube an ihr eigenes zerstreutes und nur durch die Objekte getragenes Selbst." Der Dogmatiker ist fremd-, der Idealist selbstbestimmt. Das Interesse des Dogmatikers richtet sich auf die Dinge. Er verhält sich fatalistisch und ist ein „Produkt der Dinge", das die Selbstständigkeit des „Ich" leugnet. Der Idealist orientiert sich am eigenen Selbst. Im autonomen Handeln verwirklicht er sich. Willentlich handelt der Idealist moralisch. Fichte lehnt den Dogmatismus ab, da ein heteronom, also durch ein vermeintlich unabänderliches Geschehen bestimmtes Lebewesen nicht frei sein und somit auch nicht wahrhaft moralisch handeln kann. Gleichwohl erklärt er den Dogmatismus für ein in sich schlüssiges philosophisches System: „Was für eine Philosophie man wähle, hängt davon ab, was man für ein Mensch ist; denn ein philosophisches System ist nicht ein toter Hausrat, den man ablegen oder annehmen könnte, wie es uns beliebte, sondern es ist beseelt durch die Seele des Menschen, der es hat."

Für Fichte besteht als Erstes das von sich wissende Bewusstsein. Es stellt sich ein Objekt und über dieses Objekt hinaus die

Welt vor. Anders gesagt: Das Bewusstsein führt zum Sein. Seines Erachtens kann die „Wissenschaftslehre" nicht mit einem Gegenstand beginnen, zu dem sich ein erkennendes Subjekt gesellt, das dann ein Bewusstsein von dem gegebenen Objekt entwickelt. Demgemäß lautet der erste Grundsatz der „Wissenschaftslehre" und damit auch der Philosophie: „Das Ich setzt sich selbst." Mit dem „Ich", das sich durch seine Teilhabe an der Vernunft – im Denken wie im moralischen Handeln – auszeichnet, beginnt die Wissenschaft. Ein Denkakt ist ohne die vorherige Setzung des „Ich" unvorstellbar. Konstituiert sich die Außenwelt also allein im Auge des Betrachters? Bildet nicht die verlässliche Annahme einer Sphäre des Gegenständlichen, in die das erkennende „Ich" eingebunden ist, die Voraussetzung für jegliche Erkenntnis? Nicht durch die Welt um ihn, sondern durch sich selbst ist der Mensch nach Fichtes Auffassung bestimmt. Er schreibt: „Merke auf dich selbst: Kehre deinen Blick von allem, was dich umgibt, ab, und in dein Inneres." Bewusstseinsinhalte, nicht Gegenstände sind uns gegenwärtig. Wie können wir diesen Gedanken verstehen? Nehmen wir an, ein Tierfreund besucht den Zoo und verweilt vor dem Elefantengehege. Versonnen betrachtet er die gleichmütig anmutenden Dickhäuter. Stehen die Tiere nicht sichtbar in seiner Nähe? Fichte zufolge ist er sich nicht der Tiere, die sich im Gehege vor ihm befinden, bewusst. Allein seines eigenen Denkens dieser Elefanten ist er sich gewiss. Der Tierfreund bringt sie in seinem „Ich" hervor. Sie sind Inhalte seines Bewusstseins. Die Erfahrung dieses Augenblicks soll nicht in den Gegenständen bzw. in den Tieren gesucht werden. Wir wissen nicht, ob sie existieren. Ihren Ausgang nimmt diese Erfahrung im „Ich". Dass die besagten grauen Riesen tatsächlich unabhängig vom Betrachter existieren, hätte Fichte nicht bestritten. Gleichwohl verweist er in der „Wissenschaftslehre" auf die Struktur des Erkenntnisaktes, die an das erkennende Bewusstsein und nicht an die Objekte der Erkenntnis gebunden ist. In gleicher Weise gilt dies für eine Aussage wie: „Die Summe der Winkel in einem Quadrat beträgt dreihundertundsechzig Grad." Ein solches Urteil wird über ein mögliches Quadrat gebildet, unter der Voraussetzung, dass es Quadrate gibt. Was im Urteil vorgestellt wird, muss indessen nicht zwingend in der Wirklichkeit existieren.

Dass das „Ich" im Stande ist, etwas zu setzen, bedeutet, dass das „Ich" selbst gesetzt sein muss. Die Bedingung geht dem Bedingten vorher, aber nicht zeitlich. Urteile sind nur möglich, wenn das „Ich" gesetzt ist. Fichte nennt die Setzung des „Ich" eine „Tathandlung". Zwar bringt sich das „Ich" nicht selbst hervor, aber es wird sich als „Ich" bewusst und sagt, dass es ist, weil es sich gesetzt hat: „Es ist Erklärungsgrund aller Tatsachen des empirischen Bewusstseins, dass vor allem Setzen im Ich vorher das Ich selbst gesetzt sei." Fichte bezeichnet den ersten Grundsatz, auf dem alle Bestimmungen des Selbstbewusstseins beruhen, auch durch die Formel „Ich = Ich". Selbst der Identitätssatz der Logik, „A = A", besteht nur in Bezug auf den genannten Grundsatz. Als „Ich" setzt sich der Mensch selbst, und darum handelt er als autonomes Lebewesen. Was ihn umgibt, existiert in Bezug auf ihn. Bestehen neben dem „absoluten Ich" aber nicht von diesem unabhängige Tatsachen und Gegenstände? Fichte interessiert zunächst nicht der Gegenstand, sondern sein Bestimmungsgrund. Nicht die Erkenntnis der Objekte, sondern die Bedingungen möglicher Erkenntnis versucht der Philosoph mit äußerster Konsequenz zu klären. Den Erkenntnisprozess begreift er als Tätigkeit des Bewusstseins. Die Erkenntnis von Erscheinungen in der Welt sind erst erklärbar, wenn das „Ich" sich gesetzt hat. Die Erscheinungen können es nicht hervorbringen. Das Bewusstsein des „Ich" von sich selbst ist die Bedingung der Phänomene. Es lässt sich daher nicht aus dem, was es erkennt, ableiten. Darum ist es durch sich selbst und nicht von außen bestimmt.

Die erste „Tathandlung" ist das Sich-selbst-Setzen des „Ich" als Grund aller weiteren Bestimmungen. Dem „Ich" ist ein „Nicht-Ich" entgegengesetzt: „So wie das Ich nur für sich selbst sei, entstehe ihm zugleich notwendig ein Sein außer ihm." Erklärt Fichte somit den Bereich, der alle Gegenstände außerhalb des „Ich" umschließt? Der Philosoph verweist entschieden darauf, dass das „Nicht-Ich" nur in Abhängigkeit vom „Ich" gedacht werden und bestehen kann. Dieses setzt sich, nachdem es sich selbst gesetzt hat, notwendig ein „Nicht-Ich" gegenüber. Somit denkt sich das „Ich" in Unterscheidung zu etwas Anderem. Den zweiten Grundsatz der „Wissenschaftslehre" formuliert Fichte folgendermaßen: „Das Ich setzt sich selbst ein Nicht-Ich entgegen." Aktives Moment ist allein das „Ich". Hätte sich das „Ich" nicht gesetzt, wäre das „Nicht-Ich" gar nicht möglich.

Der dritte Grundsatz besagt, gewissermaßen einschränkend: „Das Ich setzt dem teilbaren Ich ein teilbares Nicht-Ich entgegen." Das „Ich" setzt sich das „Nicht-Ich" im „Ich" entgegen. Beide können nicht gleichzeitig unbedingt sein: „Das Ich setzt sich im Ich ein Nicht-Ich entgegen." Das „Ich" ist frei und unabhängig und dem „Nicht-Ich" vorgeordnet und überlegen. Wären „Ich" und „Nicht-Ich" gleichzeitig unbedingt, wäre dies unvereinbar mit der Idee des „absoluten Ich".

Fichte entwickelt dialektisch auf die Setzung des „Ich" durch sich selbst die Setzung des „Nicht-Ich" als Antithese. Die Vermittlung, die Synthese also, integriert die Entgegensetzung des „Nicht-Ich" in das „Ich" und zeigt die Superiorität des sich setzenden „Ich". Was dem „Ich" erscheint, ist nur für es selbst vorhanden, als „Nicht-Ich". Darum ist es im „Ich" gesetzt. Das „Ich" als „absolutes Ich" begreift im Bewusstsein seiner selbst das „Nicht-Ich" mit ein. Die Teilbarkeit von „Ich" und „Nicht-Ich" erklärt die wechselseitige Begrenzung. So bestimmt auch das „Nicht-Ich" das „Ich". Wäre das „Ich" durch ein autonomes „Nicht-Ich" gesetzt, so wäre es hinnehmend und determiniert. Die Handlung geht allein vom „Ich" aus, denn auch das „Nicht-Ich" ist Teil des „Ich" und damit seiner selbst.

Die Philosophie deckt scheinbar bestehende Abhängigkeitsverhältnisse auf. Dazu zählt der Irrtum, dass das „Ich" glaubt, es sei durch das „Nicht-Ich" bestimmt. Dem „Ich" mangelt es nur an der Einsicht, dass es sich selbst das „Nicht-Ich" im „Ich" entgegengesetzt hat. Philosophisch gelingt es, die Struktur des Bewusstseins einsichtig zu machen. Zu klären bleibt, wo der Reflexionsprozess seinen Anfang nimmt. Fichte schreibt: „Der letzte Grund aller Wirklichkeit für das Ich ist eine ursprüngliche Wechselwirkung zwischen dem Ich und irgend einem Etwas außer demselben, von welchem sich weiter nichts sagen lässt, als dass es dem Ich völlig entgegengesetzt sein muss." In diesem Absolutum erkennt Fichte das Göttliche, den „Logos". Selbst in einem „Zeitalter der vollendeten Sündhaftigkeit" kann der Mensch, sofern er nach der Einheit mit dem Göttlichen in sich selbst strebt und diese realisiert, wahrhaft selig leben.

Von den theoretischen Grundlagen der „Wissenschaftslehre" zum praktischen Idealismus

Fichte strebte zur Praxis. Die theoretische Philosophie musste ergänzt und weiterentwickelt werden. Unbegreiflich bleibt zunächst, warum sich das „Ich" durch das „Nicht-Ich" Grenzen setzt. Es kann diese Grenzen moralisch handelnd überwinden. Gäbe es keinerlei Begrenzungen, wie sollte sich das „Ich" in Freiheit erkennend ausweiten? Fichte unternimmt eine „Subordination der Theorie unter das Praktische". Ausgangspunkt hierfür ist das bereits erwähnte Leiden. Den Grund lokalisiert er in der Wirklichkeit, in der ihn scheinbar einengenden und bedrängenden Sphäre des Gegenständlichen: „Lediglich durch die Beziehung des Gefühls auf das Ich wird Realität für das Ich möglich, sowohl die des Ich, als die des Nicht-Ich. Etwas, das lediglich durch die Beziehung eines Gefühls möglich wird, wird geglaubt. An Realität überhaupt, sowohl die des Ich, als des Nicht-Ich, findet lediglich ein Glaube statt." Die Wirklichkeit selbst jenseits dieser Bewusstseinsinhalte ist unbeweisbar, auch wenn Fichte die Gewissheit ihrer Existenz niemals bestritten hat. Der Glaube an die Realität von „Ich" und „Nicht-Ich" ist praktisch. Moralisches Handeln kann nicht innerhalb der Sphäre des „Ich" verharren. Es muss nach außen dringen. Also existiert, praktisch erschlossen, die Welt. Träger der Handlung innerhalb des „Ich" ist das Absolute, das als „ewiger Wille" besteht: „Jener ewige Wille ist also allerdings Weltschöpfer, so wie er es allein sein kann, und wie es allein einer Schöpfung bedarf: in der endlichen Vernunft. Diejenigen, welche ihn aus einer ewigen trägen Materie eine Welt bauen lassen, die dann auch nur träge und leblos sein könnte, wie durch menschliche Hände verfertigte Geräte – und kein ewiger Fortgang einer Entwicklung aus sich selbst, oder die es sich anmuten, das Hervorgehen eines materiellen Etwas aus dem Nichts zu denken, kennen weder die Welt, noch Ihn … Nur die Vernunft ist; die unendliche an sich, die endliche in ihr und durch sie."

Fichte muss aus moralischen Gründen die Existenz der Wirklichkeit, die er theoretisch nicht beweisen kann, anerkennen. Der „ewige Wille" ist ein metaphysischer Begriff. Die „Quelle alles Wissens" ist das Absolute, das Subjekt und Objekt zu einer Einheit verknüpft. Nunmehr setzt sich das „Ich" nicht länger selbst. Auch setzt es sich nicht in sich selbst ein „Nicht-Ich" entgegen. Das Denken und die ontologische Realität sind ein Abbild und eine Bekundung des Absoluten. Fichte schreibt in seinem Werk „Die Bestimmung des Menschen": „Es verschwindet vor meinem Blicke und versinkt die Welt, die ich noch soeben bewunderte. In aller Fülle des Lebens, der Ordnung und des Gedeihens, welches ich in ihr schaue, ist sie doch nur der Vorhang, durch die eine unendlich vollkommenere mir verdeckt wird, und der Keim, aus dem diese sich entwickeln soll. Mein Glaube tritt hinter diesen Vorhang, und erwärmt und belebt diesen Keim. Er sieht nichts Bestimmtes, aber er erwartet mehr, als er hienieden fassen kann, und je in der Zeit wird fassen können."

. Fichte versucht, das Unbegreifliche zu ergreifen und, nahezu mystisch, die Wirklichkeit dessen, was nicht ausgedacht, entworfen und entwickelt wird kann, bildend zu formen, wohl wissend, dass es nicht gestaltet werden kann. Das Absolute entzieht sich begrifflicher Festlegung, aber nicht der Anschauung – was das „Ich" von sich weiß und philosophierend erarbeitet, ist eine Reflexion des Absoluten und nicht die verfertigte Welt der Vorstellung eines „absoluten Ich". Es wäre frei, aber leer und einsam. Sollte die in der „Wissenschaftslehre" noch vertretene Auffassung, dass das „Ich" zugleich sich setzt und sich in sich selbst das „Nicht-Ich" entgegensetzt, stimmig sein, so wäre die Welt nur fiktional und der Verstand ein „spielender und leerer Bildner von Nichts zu Nichts". Wäre Fichtes Theorie des „absoluten Ich" gültig, so beschrieben seine Ausführungen eine traurige Wirklichkeit: „Ich weiß überall von keinem Sein und auch nicht von meinem eigenen. Es ist kein Sein. – Ich selbst weiß überhaupt nicht und bin nicht. Bilder sind: Sie sind das Einzige, was da ist, und sie wissen von sich nach Weise der Bilder; – Bilder, die vorüberschweben, ohne dass etwas sei, dem sie vorüberschweben; die durch Bilder von den Bildern zusammenhängen, Bilder, ohne etwas in ihnen Abgebildetes, ohne Bedeutung und Zweck. Ich selbst bin eins dieser Bilder; ja, ich bin selbst dies nicht, sondern nur ein verworrenes Bild von den Bildern. – Alle Realität verwandelt sich in einen wunderbaren Traum, ohne ein Leben, von wel chem geträumt wird, und ohne einen Geist, der da träumt; in einen Traum, der in einem Traume von sich selbst zusammenhängt."

In der absoluten Freiheit hebt sich das „absolute Ich" selbst auf. Also lebt der Mensch in der Differenz des Absoluten und der erfahrenen Endlichkeit. Das „Ich" bedarf des Gegenübers, des Anderen. Zudem steht der Mensch im Widerstreit von Freiheit und Notwendigkeit. Im Gewissen wird ihm dies bewusst. Es mahnt ihn, moralisch zu handeln und von sich selbst abzusehen. Jeder Mensch soll das Streben nach anmaßender Selbstverwirklichung wider andere aufgeben, sozusagen sich selbst überwinden und vernunftgemäß handeln. Nur durch die Wirklichkeit des Absoluten ist ein solches Handeln in Freiheit möglich. Der handelnde Mensch erfährt die Nichtigkeit des eigennützigen Strebens und realisiert in sich die Wirklichkeit des „göttlichen Seins" im moralischen Handeln: „So endet denn die Wissenschaftslehre, welche in ihrem Inhalte die Vollziehung des soeben ausgemessenen absoluten Vermögens zu intelligieren ist, mit der Erkenntnis ihrer selbst als eines notwendigen und unentbehrlichen Mittels, in eine Weisheitslehre, das ist in den Rat, nach der in ihr erlangten Erkenntnis, durch welche ein sich selbst klarer und auf sich selbst ohne Verwirrung und Wanken ruhender Wille allein möglich ist, sich wieder hinzugeben dem wirklichen Leben; nicht dem in seiner Nichtigkeit dargestellten, sondern dem an uns sichtbar werden sollenden göttlichen Leben."

Dass Fichtes Theorie des „absoluten Ich" problematisch ist, erkannte kein Geringerer als Johann Wolfgang von Goethe. Dem Jenaer Professor Fichte wurden, als er das Verhalten schlagender studentischer Verbindungen tadelte, mit gewichtigen Steinen die Fensterscheiben eingeworfen. Goethe bemerkte in einem Brief an Fichte: „Sie haben also das absolute Ich in großer Verlegenheit gesehen, und freilich ist es von den Nicht-Ichs, die man doch gesetzt hat, sehr unhöflich, durch die Scheiben zu fliegen. Es geht ihm aber wie dem Schöpfer und Erhalter aller Dinge, der, wie uns die Theologen sagen, auch mit seinen Kreaturen nicht fertig werden kann."

Friedrich Wilhelm Joseph Schelling

Schelling wurde 1775 im württembergischen Leonberg geboren. Der Vater, ein Pastor, wurde 1777 zum Professor für Theologie ans Höhere Seminar im Kloster Bebenhausen berufen. 1790 trat Schelling in das Tübinger Stift ein. Bereits in jungen Jahren wurde seine Genialität bemerkt. Mit Friedrich Hölderlin und Georg Wilhelm Friedrich Hegel teilte er ein Zimmer und die philosophischen Interessen. Das Studium der Philosophie und Theologie hatte Schelling schon 1795 mit Auszeichnung absolviert. Von Tübingen siedelte er nach Leipzig über. Dort wirkte er als Hauslehrer und immatrikulierte sich an der Universität für die Fächer Mathematik, Physik und Medizin. 1798 wurde der dreiundzwanzigjährige Schelling als Professor nach Jena berufen. Publiziert hatte er zu dieser Zeit, von Fichtes Philosophie beeinflusst, die Schrift „Vom Ich als Prinzip der Philosophie" und einige kleinere Arbeiten. Wenig später veröffentlichte er Abhandlungen zur Naturphilosophie sowie das „System des transzendentalen Idealismus" und die „Philosophie der Kunst".

Schelling lernte die zwölf Jahre ältere Caroline Schlegel kennen. Es war Liebe auf den ersten Blick. Sie inspirierte ihn philosophisch. Und Caroline schreibt über ihn: „Schelling ist ein Mensch um Mauern zu durchbrechen." Die Hochzeit fand 1803 statt. Schelling war auf dem Höhepunkt seines Schaffens. Nicht immer konnte Caroline ihm auf seinen Gedankenflügen folgen: „Wenn du mir einen Übergang machen könntest von meinen Höhlen und Bergeshöhen zu deiner Philosophie!" Mitunter sprach Schelling in Rätseln. Auch hegte er theosophische Ansichten. Selbst Wünschelrutenexperimente betrieb er mit Enthusiasmus. Caroline tröstete ihn, wenn er hypochondrisch und nervös war.

Zunächst publizierte Schelling die Schrift „Philosophie und Religion", 1809 erschien die Abhandlung „Philosophische Untersuchungen über das Wesen der menschlichen Freiheit". Als er in München Mitglied der Akademie der Wissenschaften wurde, hatte er seine Lehrtätigkeit bereits aufgegeben. 1809 starb seine geliebte Frau Caroline. Schelling versank in tiefer Schwermut: „Sie ist nun frei, und ich bin es mit ihr: Das letzte Band ist entzweigeschnitten, das mich an diese Welt hielt. Ich gelobe von nun an ganz und allein für das Höchste zu leben und zu wirken, so lang ich vermag." Er pries die Verstorbenen glücklich und wartete auf die „Erlösung" durch den Tod, den er als Steigerung und Erhöhung im täglichen Lebenskampf betrachtete. Schelling vertraute darauf, dass eine „künftige Wiedervereinigung bei gleichgestimmten Seelen, die das Leben hindurch nur Eine Liebe, Einen Glauben und Eine Hoffnung gehabt, zu den gewissesten Sachen gehört". Weiter schreibt er: „Eben wenn wir wissen, dass uns das Leben nicht mehr zur Lust gereicht, wenn die Welt uns verödet ist, dann fangen wir erst recht an um Gottes willen zu leben." Allmählich überwand der Philosoph den Kummer über den schmerzlichen Verlust seiner Gattin. Schelling hielt Privatvorlesungen in Stuttgart. Nebenher begann er ein neues Forschungsprojekt über die „Weltalter".

1812 heiratete der Denker ein zweites Mal. Pauline Gotter gebar ihm zahlreiche Kinder, so dass ihn von nun an ein lebhaftes Familienleben umgab. Von 1820 bis 1823 war er in Erlangen als Honorarprofessor tätig. 1827 folgte die Berufung an die Universität München. Dort hielt er Vorlesungen zur „Einführung in die Philosophie", „Philosophie der Mythologie" und „Philosophie der Offenbarung". Karl Rosenkranz beschreibt den

Philosophen: „Eine gedrungene Gestalt; eine hohe Stirn; wei-
ßes Haar; um Mund und Kinn sehr verschlungene, ursprünglich weiche Züge, der Blick mehr scharf als warm, mehr san-
guinisch unruhig als melancholisch tief. Elegante Toilette, aber
würdig, ohne alle Gesuchtheit." 1841 wechselte Schelling nach
Berlin. Fünf Jahre lang hielt er Lehrveranstaltungen über die
gleichen Themen wie zuvor in München. Bei seiner Antritts-
vorlesung saßen Studenten und Professoren gemeinsam im
Auditorium. Schelling gab Auskunft über seine Philosophie und
erntete bloß Unverständnis. Manche nannten ihn abschätzig
und respektlos „Magister Dunkelhut". Ein Student, der die Vorlesung versäumt hatte, fragte einmal seine Kommilitonen: „Wo-
rüber hat er denn heute gesprochen?" – und bekam zur Antwort: „Das hat er nicht gesagt."

Schelling wirkte wie ein Mensch, der „mutig und drohend
dem ganzen Heer einer ohnmächtig werdenden Zeit" gegen-
überstand, einer Epoche, die ihn so wenig begriff, wie er sie
verstehen konnte oder gar sich ihr anzupassen vermocht hätte.
Den Staat nannte er einen „Fluch", der auf der Menschheit
liege, die nach ihrer Abkehr von Gott zwar nicht die Freiheit
verloren, aber jedes Vermögen zu aufrichtiger Gemeinschaft
eingebüßt habe. Schelling resignierte, gab seine Lehrtätigkeit
schließlich auf und hielt nur noch vereinzelt Vorträge. Die politischen Utopien der Aufklärungszeit bezeichnete er als naive
„Schwärmereien". Vor Revolutionen warnte Schelling nachdrücklich. Jede „Staatsumwälzung" sei der hilflose wie törichte
Versuch, den „Himmel auf Erden einzurichten", und erweise
sich doch nur als ein grausiges „Verbrechen". Die Demokratie
nannte der Philosoph eine „Tyrannei". Er präferierte die auf-
geklärte „gemäßigte Monarchie" als die erträglichste aller denkbaren Staatsformen. Ein „Ziel der Geschichte" im Diesseits suchen zu wollen, betrachtete er als vermessen und anmaßend.
Ein solches Ziel besteht nach seiner Überzeugung allein im

Jenseits. 1854 starb Schelling im Alter von neunundsiebzig Jahren während eines Kuraufenthaltes in der Schweiz.

Grundzüge der Philosophie Schellings

Schellings Verständnis zufolge ist die Natur ein ganzheitlicher Organismus. Sie befindet sich in progressiver Entwicklung und Entfaltung zum Geist hin. Kennzeichen der Natur ist ihre Lebensfülle, in die auch das scheinbar Tote integriert ist. Schelling nennt die Natur die „bewusstlose Poesie des Geistes". Der Geist überwindet und vollendet die Natur wie die „Glieder eines großen Organismus, der aus dem Abgrund der Natur, in dem er seine Wurzel hat, bis in die Geisteswelt sich erhebt".

In der Natur wie im Geist ist eine verborgene Macht präsent, eine schöpferische Gottheit. Diese Gegenwart Gottes lässt sich in der Natur erspüren. Nicht aber die Natur, sondern die menschliche Vernunft ist das „vollkommene Gegenbild Gottes": „Die Geschichte als Ganzes ist eine fortgehende, allmählich sich enthüllende Offenbarung des Absoluten."

Gott ist für Schelling der Zielpunkt aller Gegensätze. Er steht über den antagonistisch wirkenden Kräften von Natur und Geist. Gott kann als totale Indifferenz und zugleich als absolute Identität charakterisiert werden. Der menschlichen Vernunft kommt die Aufgabe zu, das Sein jedes einzelnen Besonderen im Absoluten zu erfassen und die Präsenz des Absoluten im Besonderen zu begreifen. Der Mensch ist aber nicht der Betrachter des Absoluten, vielmehr wirkt das Absolute in ihm. Es ist die prägende Kraft, die in und durch ihn schaut. Schelling schreibt, dass das Denken eigentlich nicht „mein Denken" sei, ebenso wenig das Sein „mein Sein": „Ist nichts außer Gott, so ist auch die Erkenntnis nur die unendliche Erkenntnis, welche Gott von sich selbst hat in der ewigen Selbstbejahung, überhaupt gibt es nicht eine Vernunft, die wir hätten, sondern nur eine Vernunft, die uns hat." Schelling spricht von der unaufhebbaren Identität des Absoluten und der „intellektuellen Anschauung": „Die Vernunft ist im All das All selbst, oder die Vernunft ist dasjenige im All, worin Gott sich selbst in All- und Einheit aller Folgen seiner Idee erkennt." Schelling ist von der „Göttlichkeit des Alls" überzeugt.

Gleichwohl fragt er sich, ob sich auch das Leid, das der Mensch erfährt, aus dem Walten des Absoluten, der Gottheit, erklären lässt. Schelling gesteht der Natur das „Irrationale" zu. Auch spricht er von „innerer Selbstzerfleischung". Er sagt, dass die Gottheit „über einer Welt von Schrecken throne". Das Leben des Menschen ist von „Widerwärtigkeit" und „Angst" bestimmt und, wie die Geschichte, nur ein „trostloses Schauspiel". Jeder Mensch verfügt über einen „dunklen Grund" in sich selbst. Schelling setzt auch dieses Fragwürdige und Leidvolle, den „dunklen Grund", ursprünglich in das Göttliche. Er bemüht sich, die allmähliche Entfaltung Gottes aus der wechselvollen Tragik des Werdens spekulativ darzulegen. Er möchte den „Schmerzensweg" Gottes erkunden, der „alle Schrecknisse seines eigenen Wesens empfindet". Schellings Gott strebt zur Einheit. Er sucht dazu den Weg über die Kreatur Mensch, dem der „tiefste Abgrund" und der „höchste Himmel" möglich sind. Der Mensch kann im Widerspruch zu Gott leben. Aber er vermag auch, sich ihm zuzuwenden: „Die große Absicht des Universums und seiner Geschichte ist keine andere als die vollendete Versöhnung und Wiederauflösung in die Absolutheit."

Letzthin verbinden und verschlingen sich in der Philosophie Schellings mythologische und religiöse Motive, die mitunter nur noch intuitiv erfasst, nicht aber rational nachvollzogen werden können: „Nur derjenige ist auf den Grund seiner selbst gekommen und hat die ganze Tiefe des Lebens erkannt, der einmal alles verlassen hatte und selbst von allem verlassen war, dem alles versank und der mit dem Unendlichen sich allein gesehen … Wer wahrhaft philosophieren will, muss aller Hoffnung, alles Verlangens, aller Sehnsucht los sein, er muss nichts wollen, nichts wissen, sich ganz bloß und arm fühlen, alles dahingeben, um alles zu gewinnen. Schwer ist dieser Schritt, schwer, gleichsam noch vom letzten Ufer zu scheiden." Weiterhin verbindet sich die Philosophie der Natur und des Absoluten mit der Philosophie der Kunst. In ihr findet sich der höchste Ausdruck des menschlichen Geistes, eine „ewige Offenbarung". Die Kunst ist ein Teil der Natur, weil sie geformter Stoff ist. Zugleich ist sie das differenzierteste und erhabenste Produkt, welches der menschliche Geist herstellen kann. In der Kunst gelingt die Wiederversöhnung der Gottheit, die Einheit von Natur und Geist. Sie ist das „wahre Organon der Philosophie" auf dem Weg zur Erkenntnis des Absoluten: „Die Kunst ist eben deswegen dem Philosophen das Höchste, weil sie ihm das Allerheiligste gleichsam öffnet, wo in ewiger und ursprünglicher Vereinigung gleichsam in Einer Flamme brennt, was in der Natur und Geschichte gesondert ist, und was im Leben und Handeln ebensowie im Denken ewig sich fliehen muss."

Auch die Wissenschaft soll in den „Ozean" der Poesie zurückfließen. Auf diesem Weg gelangt der Mensch zur Vernunft. Er wird auf spirituelle Weise sehend, nämlich dort, „wo das Geschöpf sich selbst verschwindet und durchsichtig wird dem Schöpfer, da ist Vernunft". Erkennender und Erkanntes bilden eine Einheit. Die Subjekt-Objekt-Spaltung wird philosophierend aufgehoben: „Das Erkennende und das Erkannte ist dasselbe in der Vernunft, und das, was diese Einheit erkennt, ist wiederum nur dasselbe." Dieses spirituelle Sehen führt zu einer besonderen Art Wissen, das Schelling in metaphorische Worte kleidet: „Im stillsten Dasein und ohne Reflexion offenbart die Pflanze die ewige Schönheit. So wäre dir am besten, schweigend und gleichsam nicht wissend Gott zu wissen." Der Mensch erreicht in der „intellektuellen Anschauung" das Bewusstsein der „totalen Indifferenz des Subjektiven und Objektiven" und ist nicht länger von der „Macht der Objekte" in der „Dunkelheit des Nichtwissens" und in der „Unfreiheit des Getriebenseins" überwältigt, sondern wahrhaft frei: „Der Standpunkt der Philosophie ist der Standpunkt der Vernunft. Da hört das Nacheinander und Außereinander, aller Unterschied der Zeit auf … Es gibt keine Philosophie als vom Standpunkt des Absoluten." Die Rückkehr in den Ursprung vollzieht sich auf dem Weg der Ekstase, die Schelling als „Besinnung" begreift und zuweilen auch als „intellektuelle Anschauung" bezeichnet. Verbunden ist dies mit dem Gedanken der „innersten eigensten Erfahrung". Im „Innewerden des Überschwänglichen" erreicht der Mensch das Wissen der „ewigen Freiheit", das aber nicht gegenständlich wird, sondern nur als das „Absolute in uns" in der „gegenständlichen Anschauung" gleichsam erspürt werden kann. Wer den Objekten verfallen ist, dem wird dieses „Absolute in uns" als etwas „Nichtexistentes" erscheinen. Derjenige, der sich des Absoluten bewusst ist, fühlt sich eins mit der Natur und ist in das Mysterium der Schöpfung eingeweiht. Die Reflexion des Absoluten korrespondiert bei Schelling selbst mit einer leidend-verzweifelten Liebe zu diesem „Ewigen in uns", das ein unwandelbares, verborgenes Vermögen im Menschen ist, zu dem der Philosophierende gelangt, wenn er die Äußerlichkeiten abstreift und sich in das „innerste Selbst" zurückzieht.

Philosophie, Mythologie und Religion

Schelling bezeichnet die Philosophie als „das allen Menschen Angelegenste, Erwünschteste" – und doch erweist sich nicht jeder als geeignet, Philosoph zu sein. Das vom lebendigen Geist errungene „heilige Feuer der Philosophie" soll von „reinen Händen" bewahrt werden. Die Suche nach Weisheit selbst ist ein Wagnis: „Wer aber gar nicht einmal sich auf den Weg macht, sondern völlig zu Hause sitzen bleibt, kann nicht irren. Wer sich in die See wagt, kann durch Stürme oder eigene Ungeschicklichkeit freilich vom Wege abkommen und verschlagen werden, wer aber gar nicht aus dem Hafen ausläuft, dessen ganzes Bestreben vielmehr darin besteht, nicht auszulaufen, sondern durch ein ewiges Philosophieren über Philosophie zu verhindern, dass es gar nicht zur Philosophie komme, der hat freilich keine Gefahren zu befürchten." Schellings Forderung nach der öffentlichen Wirksamkeit von Philosophie wird man beipflichtend vernehmen. Eine „gesunde Philosophie" soll „in jeder menschlichen Sprache verständlich" und nicht durch den „Jargon von Schulwörtern" verschleiert sein. Schellings Philosophie liegt aber nicht wie ein „offenbares Geheimnis" vor uns. Auch wird zu bezweifeln sein, dass Philosophie zwangsläufig den Weg „durch den Abgrund ... zum Himmel" nimmt, um in eine philosophische Religion zu münden. Schelling ist sich gewiss, dass er mit dem „Unendlichen" auf dem „Grund seiner selbst" in der „völligen Wüste des Seins", frei von aller „Offenbarung" und allem „Wirklichen", allein gewesen ist und die „unendliche Potenz alles Seins" gespürt hat, „den einzigen unmittelbaren Inhalt des Denkens, mit dem dieses sich nur in sich selbst, in seinem eigenen Äther bewegt". Empfänglich für das Absolute erfährt der Mensch in der mystischen Ekstase der „intellektuellen Anschauung" den Einschlag der „Idee Gottes" oder des „absoluten Lichtes", das die begrenzte Vernunft erhellt und erfüllt als „ewige Bejahung". Eine „neue Mythologie" soll dazu führen, dass Philosophie wieder sinnlich erfahrbar wird, statt in kalter Abstraktion zu erstarren: „Ein höherer Geist, vom Himmel gesandt, muss die Religion unter uns stiften, sie wird das letzte, größte Werk der Menschheit sein." Gelangt der

Mensch auf dem Weg der Vernunft zu Gott? Der alte Schelling hält dies für ausgeschlossen. Vernünftig lässt sich nur die Idee Gottes erschließen. Der Wille überwindet die Begrenztheit des kontemplativen Denkens in Begriffen: „Ich will das, was über dem Sein ist." Der Mensch strebt zu Gott, nicht zur Idee, sondern zur höchsten Realität, die den absoluten Ruhepunkt bildet: „Aller Zweifel hört nur bei einem Letzten auf, von dem ich nur noch sagen kann, dass es Ist." Der zureichende Grund, der keines anderen Grundes mehr bedarf, muss außerhalb der Reihe des Zufälligen gesucht werden. Er ist die Ursache des Seienden. Gäbe es keine Antwort hierauf, so würde die Welt, wie sie erscheint, im „Abgrund eines bodenlosen Nichts" versinken. Dieser letzte Grund trägt die Bedingung seiner Existenz in sich selbst: „Auf die Frage, die der am Abgrund der Unendlichkeit schwindelnde Verstand aufwirft: ‚Warum ist nicht nichts, warum ist überhaupt etwas?' ist nicht das Etwas, sondern nur das All oder Gott die vollgültige Antwort. Das All ist dasjenige, dem es schlechthin unmöglich ist nicht zu sein, wie das Nichts, dem es schlechthin unmöglich ist zu sein." Das Universum hält Schelling für ewig seiend. Es kann nicht untergehen, denn es ist das Sein. Es vermag weder zu wachsen noch zu schrumpfen. Die Unendlichkeit des Weltalls bleibt sich selbst gleich, da sie alles umfasst, was ist.

Gottes Sein setzt Schelling als ein Denken, das der Reflexion vorhergeht und zugleich von dieser unabhängig ist. Warum hat Gott die Welt erschaffen? Warum hat er sich, wie Schelling glaubt, von seiner früheren Existenz in das Sein der Welt verwandelt? Er trat ein „in ein selbst gesetztes und gewolltes Sein", und er hat dies, wissend um den Beginn und das Ende der Schöpfung, nicht für sich selbst getan, sondern für den Menschen, der Gott erkennen und die Welt lieben soll. Die Welt besteht, weil Gott seine Liebe zeigen wollte und den Kosmos in „ewiger Freiheit" schuf. Die menschliche Vernunft muss das akzeptieren, auch wenn sie es nicht begreift – sie „steht stille vor dem, von dem sie verschlungen wird, dem gegenüber sie zunächst nichts mehr ist, nichts vermag". Diesen „Zustand der Ruhe alles Denkens" nennt Schelling „Glauben": „Denn die alle Zweifel aufhebende Gewissheit (und nur diese ist Glaube zu nennen) ist nur das Ende der Wissenschaft … Der Glaube hebt das Suchen nicht auf, sondern fordert es, eben weil er das Ende des Suchens ist." So kann Schelling sagen: „Der Gläubigste ist der Wissendste und umgekehrt der am meisten dem Wissen Vertrauende der Gläubigste."

Schellings positive Philosophie – „positiv" meint, dass die Verbindung von mythologischer Weltanschauung und Offenbarung ein reales Verhältnis zu Gott erzeugt – soll die bisherige Philosophie und das Christentum zu einer neuen Religion zusammenfügen. Konfessionelle Grenzen werden überwunden, mit diesen zugleich jegliche „trostlose Öde" und „moralische Wüste" einer atheistischen Welt, „in der kein Mensch und am Ende selbst die nicht leben möchten, die sie herbeigewünscht haben". Abgegrenzt ist die positive Philosophie von der negativen Philosophie. Letztere ist der Weg der Vernunft, die die Möglichkeiten des Denkens erkundet, aber nur zur Idee, nicht zur Wirklichkeit selbst gelangt. Die positive Philosophie ist in diese eingebunden. Die Wirklichkeit, in der sie steht, erklärt sie mit den Mitteln der negativen Philosophie. Somit bilden auch positive und negative Philosophie eine Einheit; sie bedürfen einander. Zur negativen Philosophie zählt Schelling Kants Kritizismus ebenso wie die unterschiedlichen Systeme idealistischer Denker oder empirischer Forscher. Als positive Philosophie begreift er Platons Dialog „Timaios", die Philosophie des Neuplatonismus und in gleicher Weise auch Theosophie, Mystik und das Werk Spinozas.

Die positive Philosophie verbindet eine Reihe von neuen Möglichkeiten und Beweggründen, den Willen zur Freiheit und zur Individualität wider die Macht des Gegenständlichen, die Akzeptanz der Gehalte der Offenbarung und die bewusste Ausrichtung auf die allein gültige philosophische Religiosität. Schelling verlässt die Sphäre des rational Einsehbaren und übersteigt die kritische Selbstbegrenzung der Philosophie Kants, indem er für die positive Philosophie, wiederum gebunden an die genannten Beispiele der Geschichte, den Weg zum „absolut Erstaunenswerten" aufweist. Dieses Absolute vermag bloße Reflexion nicht zu erschließen. Hiervor muss sich selbst die Vernunft beugen. Als Motiv der Philosophie gilt die Wirklichkeit in der „außerlogischen Natur der Existenz", das aus sich selbst heraus unbegreifliche Seiende, das sich abstrakt nicht fassen lässt.

Die negative Philosophie versucht sich an der Sphäre des Idealen zu orientieren, zur Idee Gottes theoretisch aufzusteigen und das Denknotwendige zu erfassen und a priori dialektisch zu erschließen. Schelling bezeichnet sie als „apriorischen Empirismus". Die positive Philosophie ist auf die Wirklichkeit ausgerichtet und verharrt als „empirischer Apriorismus" in ihr. In der positiven Philosophie besteht die absolute Wirkungsmacht des handelnden Gottes. Indessen benötigt die Philosophie wegen der unvermeidlichen Irrtümer, in die sie sich verstrickt, die negative Philosophie als Korrektiv. Schellings Versuch einer neuen Philosophie, die Mythologie und Offenbarung integriert, ohne das kritische Denken und die Spielarten des Idealismus preiszugeben, lässt sich auch als Systempluralismus oder, treffender noch, als ein philosophischer Organismus begreifen, der aus vielen Systemen besteht. Man würde das Denken instrumentalisieren und verkürzen, wenn es in ein vermeintlich absolut gültiges System gezwängt werden sollte: „Philosophie wird für jeden Sklaven des Systems ewig unverständlich sein." Närrisch nennt Schelling die Streitigkeiten um das vermeintlich wahre System der Philosophie. Nur ein Forschen in Freiheit wird der Sache der Philosophie gerecht und entspricht dem

„für die Wahrheit entflammten Gemüt" derer, die das Philosophieren lernen möchten. Wer kann schließlich behaupten, die „wahre Philosophie" gefunden zu haben – oder wer maßt sich an, kundzutun, „die wahre Philosophie ist da, oder sie ist dort?" Wäre ein solches System erkannt, dann wäre das Bewusstsein der „absoluten Harmonie" und der „Göttlichkeit aller Wesen" den Menschen im Denken und Handeln für immer gegeben und in diesem realisiert.

Schellings Philosophie bleibt ein kühner, disparater und letztlich unvollendeter Entwurf. Seine Zeit beurteilt der Denker kritisch und negativ. Er verweist auf die ausstehende Welterlösung durch Christus. Zudem gestattet er sich den Ausblick auf eine lichte Zukunft, zu der eine notwendige Entwicklung führt, die sich philosophisch-spirituell begreifen lässt. Schelling warnt davor, „jedes Evangelium einer neuen Zeit" zu ergreifen, und vertraut darauf, dass das Ziel der Geschichte, die „wahre Zukunft", eintritt, wenn die Zeit gekommen ist: „Warum zögert alle Entwicklung? Warum, so oft das Ziel nahe scheint, werden auch im allgemeinen Lauf der Dinge immer wieder neue, die Entscheidung auf unbestimmte Zeit hinaussetzende Mittelglieder eingeschaltet oder dazwischengeschoben? Hierauf gibt es nur eine Antwort: Von Anfang an ist alles auf höchste Freiwilligkeit berechnet. Es soll eben nichts mit bloßer Gewalt durchgesetzt werden. Es soll zuletzt alles aus dem Widerstehenden selbst kommen, welches ebendarum seinen Willen haben muss bis zur Erschöpfung …"

Schellings Altersphilosophie gab vielen seiner Zeitgenossen Rätsel auf. Der Dichter Heinrich Heine urteilte knapp, dass sich Schelling mit seiner Synthese aus Philosophie, Mythologie und Religion einfach in den „Glaubensstall der Vergangenheit" zurückbegeben habe. Jacob Burckhardt bemerkte mit dem ihm eigenen Lakonismus: „Ich dachte jeden Augenblick, es müsse irgendein Ungetüm von asiatischem Gott dahergewatschelt kommen … Wer Schellings Christentum noch lieben kann, der muss ein weites Herz haben.“

Georg Wilhelm Friedrich Hegel

Was ist Philosophie? So wie jeder Mensch ein Kind seiner Zeit ist, ist die Philosophie darum auch „ihre Zeit in Gedanken erfasst“. Die Begrenzung der Zeit vermag die philosophische Reflexion nicht zu überwinden. Für den Utopisten, der sich auf den Schwingen kühner Gedanken ein irdisches Paradies erdenkt, gilt: „Baut das Individuum sich eine Welt, wie sie sein soll, so existiert sie wohl, aber nur in seinem Meinen – einem weichen Elemente, dem sich alles Beliebige einbilden lässt.“ Nur dem Denker, der das Absolute wissend erfasst hat und in der Gewissheit der Erkenntnis des Absoluten lebt, erhellen sich alle Stadien der Geschichte und der Weg der Philosophie. Zum Belehren, wie die Welt sein soll, kommt die Philosophie immer zu spät. „Als der Gedanke der Welt erscheint sie erst in der Zeit, nachdem die Wirklichkeit ihren Bildungsprozess vollendet und sich fertig gemacht hat… Wenn die Philosophie ihr Grau in Grau malt, dann ist eine Gestalt des Lebens alt geworden, und mit Grau in Grau lässt sie sich nicht verjüngen, sondern nur erkennen; die Eule der Minerva beginnt erst mit der einbrechenden Dämmerung ihren Flug.“

Von den Philosophen des Deutschen Idealismus war Hegel der Wirkungsmächtigste, trotz der oft schwer nachvollziehbaren Gedankengänge, trotz der stockenden, mühsamen und schleppenden Artikulation in Rede und Gespräch. Fichtes rhetorische Versiertheit imponierte Hegel so wenig wie der genialische Überschwang des jungen Schelling. Entschieden tadelte er die Aufklärungsphilosophie und mit ihr auch Kants Analyse der Antinomien und der Grenzen des menschlichen

Erkenntnisvermögens wegen ihrer „Plattheit" und „Seichtheit":
„Zuletzt hat die so genannte kritische Philosophie diesem Nicht-
wissen des Ewigen und Göttlichen ein gutes Gewissen gemacht, indem sie nämlich versichert hat, bewiesen zu haben,
dass vom Ewigen und Göttlichen, vom Wahren nichts gewusst
werden könne; diese vermeinte Erkenntnis hat sich sogar den
Namen Philosophie angemaßt, und nichts ist der Seichtigkeit
des Wissens sowohl als Charakter willkommener gewesen,
nichts so willkommen von ihr ergriffen worden, als diese Lehre,
wodurch eben diese Unwissenheit, diese Seichtigkeit und Schal-
heit für das Vortreffliche, für das Ziel und Resultat alles intellektuellen Strebens ausgegeben worden ist." Nicht die Zurückweisung angemaßten Wissens, sondern das Eingeständnis, das
Absolute nicht denken zu können, nennt er eine törichte „Anmaßung", weil sich die Philosophie dadurch gleichsam unter
Wert verkauft.

Hegel suchte nach objektiver Wahrheit, als deren Element
er den Begriff bestimmte. Die Gestalt des Wahren ist für ihn
das System der Wissenschaft. Philosophie ist, Hegel zufolge,
nicht bloße Weisheit, die er abschätzig als „Erhebung der Seele" bezeichnete. Nur ein einziges Interesse verfolgt die Philosophie – die Versöhnung des Begriffs mit der Wirklichkeit. Doch
gab es irgendeinen Menschen, der denkend nachvollziehen
konnte, was dieser Philosoph systematisch entfaltete? Hegel
glaubte, die Philosophie als Wissenschaft zum Abschluss gebracht zu haben. Er war sich zugleich der ehrfurchtsvollen Ahnungslosigkeit derer, zu denen er sprach, tief bewusst. Ein Student jener Jahre berichtet: „Allein je mehr Werke Hegels ich
las, und je aufmerksamer ich beim Lesen zu werden mich bemühte, je weniger verstand ich das Gelesene, so dass ich, nachdem ich mich ein paar Stunden mit einem Satze abgequält hatte, ohne etwas davon verstehen zu können, das Buch verstimmt
weglegte, jedoch aus Neugierde die Vorlesungen besuchte …

Hegel klagte auch wohl, nicht verstanden zu sein, wiederholte, dass das logische Wissen nun abgeschlossen sei und ein jeder jetzt in seiner Disziplin aufzuräumen habe, da des Materials nur schon zu viel sei, aber die logische Beziehung und Verarbeitung noch fehle; dass nur der Dünkel der Unreife, die Hartnäckigkeit des einseitigen Verstandes, die Hohlheit und Weinerlichkeit kopfhängerischer Scheinseligkeit wie der engherzige Egoismus privilegierter Dunkelmacherei gegen den anbrechenden Tag sich wehren könnten."

Jede subjektive Färbung philosophischer Reflexion war Hegel zuwider: „Was in meinen Büchern von mir ist, ist falsch!" Persönlich äußert sich der Philosoph in der Vorrede zur „Wissenschaft der Logik". Gerne hätte er, wie Platon seinerzeit, das „selbständige Gebäude philosophischer Wissenschaft" so oft umgearbeitet, bis es dem Gegenstand gerecht geworden wäre. Dazu fehlte ihm, im Jahr 1831, hinreichend „freie Muße". Hegel beklagt sich über einen unabweisbaren Mangel an überschüssiger Lebenszeit, bedrängt von den „Umständen einer äußerlichen Notwendigkeit" und der „unabwendbaren Zerstreuung durch die Größe und Vielseitigkeit der Zeitinteressen". Er zweifelt auch, ob der „laute Lärm des Tages" und die „betäubende Geschwätzigkeit der Einbildung" überhaupt noch eine Gelegenheit ließen, teilzuhaben an der „leidenschaftslosen Stille der nur denkenden Erkenntnis".

Hegels Leben

Hegel wurde 1770 in Stuttgart geboren. Dort besuchte er ab 1775 die Lateinschule. Anschließend ging der hochbegabte Knabe aufs Gymnasium. Klassiker der Antike las er mit der gleichen Begeisterung wie triviale Romane. Er war brav, bieder und gelegentlich vorwitzig. Als Klassenprimus nahm er an

Lehrerversammlungen teil. Hegel war erstaunt, was er mitanhören musste: „Man stellte uns weiter nichts vor, als dass man uns ernstlich ermahnte, unsere Kameraden zu warnen, sich nicht in die elenden, liederlichen Spiel- usf. Gesellschaften einzulassen. Es hat sich nämlich eine Gesellschaft von jungen Leuten männlichen Geschlechts von 16, 17 Jahren, weiblichen von 11, 12 usw. gezeigt; sie ist unter dem Namen Doggen-Gesellschaft, Lappländer usw. bekannt. Die Herrens führen da die Jungfrauen spazieren, und verderben sich die Zeit in heilloser Weise." Schon in der Schulzeit fertigte Hegel Exzerpte aus Traktaten verschiedener Wissensbereiche an. Nach dem Abitur 1788 nahm er das Studium der Philosophie und Theologie in Tübingen auf. Im dortigen Stift teilte er mit Schelling und Friedrich Hölderlin ein Zimmer. Der Student Hegel verhielt sich unauffällig. Er war behäbig und bedächtig. Man nannte ihn „den Alten". Gern besuchte er die örtlichen Lokalitäten. Der badische Wein sagte ihm zu. In der Stammkneipe „Gogenwirtschäftle" machte Hegel von sich reden, da er unausgesetzt volkstümliche Witze erzählte. Hölderlin begrüßte den angeheiterten Kommilitonen nach der Rückkehr ins Tübinger Stift angeblich ein ums andere Mal mit den Worten: „O Hegel, du saufscht dir gewiss no dei bissle Verstand vollends ab!"

Dennoch studierte Hegel emsig. Im stillen Kämmerlein las er Platons Dialoge und Kants Schriften. Viel Zeit verwendete er darauf, Rousseaus Werke zu studieren. Er bewunderte die humanistischen Ideale der Französischen Revolution. 1793 legte Hegel sein Examen ab. Wenig später trat er eine Stelle als Hauslehrer in Bern an, bald darauf siedelte er nach Frankfurt über. Der junge Philosoph äußert sich – die Religion reflektierend – zum Problem der Liebe, die er von der „allgemeinen Menschenliebe" abgrenzt, jener Form der Liebe, die eine fade, indessen „die charakteristische Erfindung der Zeiten ist, welche nicht umhin können: idealistische Forderungen, Tugenden gegen ein Gedankending aufzustellen, um in solchen gedachten Objekten recht prächtig zu erscheinen, da ihre Wirklichkeit so arm ist". Hegel sieht in der Liebe nicht primär das ethische Pflichtgebot verwirklicht, sondern die „Einigkeit des Geistes" und die „Göttlichkeit". In dieser Zeit setzte sich Hegel auch mit dem Christentum und der griechischen Philosophie auseinander. Erstmals tauchen in den Schriften jener Jahre die für die hegelsche Philosophie bedeutsamen Begriffe „Aufhebung", „dialektischer Fortschritt" und „Versöhnung" auf. Das Christentum entwickelt sich, nach Hegels Darlegung, vom Katholizismus über den Protestantismus zur Philosophie, die die konfessionellen Gegensätze in sich aufhebt und in einer lebendigen Einheit versöhnt.

1799 starb Hegels Vater. Die Erbschaft ermöglichte dem jungen Philosophen eine akademische Laufbahn. Alsbald habilitierte er sich auf die Fürsprache des erfolgreichen, professoral etablierten Jugendfreundes Schelling im Sommer 1801 in Jena. Wie seinerzeit im Tübinger Stift fand nun ein fruchtbarer geistiger Austausch zwischen beiden Denkern statt. Hegels Vorlesungen zur Logik und Metaphysik besuchten nur wenige Zuhörer. Schelling erfreute sich bei den Studenten großer Beliebtheit.

1801 veröffentlichte Hegel die „Differenzschrift", in der er die Unterschiede in den philosophischen Systemen von Fichte und Schelling darlegte. Mit seinem alten Freund Schelling gab er das „Kritische Journal für Philosophie" heraus. Als dieser 1803 einen Ruf nach Würzburg annahm, wurde Hegel zum alleinigen Herausgeber. Fast alle Artikel verfasste er selbst. In einem Beitrag „Über das Wesen der philosophischen Kritik" kritisierte er jene Denker, die die Auffassung vertraten, dass es verschiedene, in gleicher Weise gültige Philosophien gäbe. Das verzweifelte Bemühen um Originalität und die Verflachung des Denkens durch eine populäre Ausdrucksweise beurteilte er als armselig. Man muss zuweilen, wie Hegel überzeugt war, um der Sache willen auch unverständlich sein. Es gilt allein, dem Gegenstand der Untersuchung gerecht zu werden. Jegliche Zugeständnisse an die Unbildung der Zuhörer oder Leser hielt er für unwissenschaftlich. In der Abhandlung „Glauben und Wissen oder die Reflexionsphilosophie der Subjektivität" wandte sich Hegel gegen Kant, Fichte und Jacobi. Er tadelte deren „Richtung auf das Empirische". Sie hätten sich nur zum Begriff, nicht aber zur Idee erhoben: „So ist das, worauf solche Philosophie ausgehen kann, nicht Gott zu erkennen, sondern, was man heißt, den Menschen. Dieser Mensch und die Menschheit sind ihr absoluter Standpunkt: nämlich als eine fixe, unüberwindliche Endlichkeit der Vernunft, nicht als Abglanz der ewigen Schönheit, als geistiger Fokus des Universums, sondern als eine absolute Sinnlichkeit, welche aber das Vermögen des Glaubens hat, sich noch mit einem ihr fremden Übersinnlichen an einer und anderer Stelle anzutünchen." Nach hartnäckigem Bitten beim zuständigen Minister Goethe wurde Hegel 1805 zum außerordentlichen Professor in Jena ernannt.

Bereits 1800, im „Frankfurter Systemfragment", verstand Hegel – seine später ausgearbeitete Geschichtsphilosophie vorwegnehmend – das Individuum als „blindes Glied in der Kette der absoluten Notwendigkeit", als Teil der geschichtlichen Entwicklung. Allein philosophisch vermag sich der Einzelne in ihr zu erheben, indem er die Gesetze des Geschehens erkennt, die „große Notwendigkeit" will und mitgestaltet. 1806 erlebte Hegel den Einmarsch der französischen Armee unter Napoleon. Die „Weltseele" sei durch die Stadt geritten, bekannte er ergriffen: „Es ist in der Tat eine wunderbare Empfindung, ein solches Individuum zu sehen, das hier auf einem Punkt konzentriert, auf einem Pferde sitzend, über die Welt übergreift und sie beherrscht …" Hegel sorgte sich bald, dass das Manuskript seines Hauptwerkes „Phänomenologie des Geistes" geraubt werden könnte. Sein Haus wurde geplündert. Die soldatischen Gehilfen der „Weltseele" richteten unter Hegels Papieren ein heilloses Durcheinander an. Die Universität stellte die Gehaltszahlungen ein.

Eilends floh Hegel nach Bamberg, nicht allein Napoleons wegen, sondern auch weil er Vater eines unehelich geborenen Sohnes wurde. In Bamberg arbeitete er zunächst als Redakteur. Wenig später bestellte man ihn zum Rektor eines Nürnberger Gymnasiums. 1807 wurde die „Phänomenologie des Geistes" publiziert. Der Schulunterricht verschaffte ihm wenig Freude. Philosophie gehörte seines Erachtens nicht an die Gymnasien. Er fürchtete, dass sich die Pennäler für Philosophen hielten, sobald sie nur ein paar Sentenzen der Weltweisheit aufsagen könnten: „Der Jugend muss zuerst das Sehen und Hören vergehen, sie muss vom konkreten Vorstellen abgezogen, in die innere Nacht der Seele zurückgezogen werden, auf diesem Boden stehen, Bestimmungen festhalten und unterscheiden lernen. Ferner, abstrakt lernt man denken durch abstraktes Denken." Jegliche empirische Forschung im Bereich der Philosophie lehnte Hegel entschieden als unwissenschaftlich ab: „Weil das Abstrakte das Einfachere ist, ist es leichter aufzufassen. Das konkret sinnliche Beiwesen ist ohnehin wegzustreifen; es ist daher überflüssig, es vorher dazuzunehmen, da es wieder weggeschafft werden muss, und es wirkt nur zerstreuend." Wer volkstümlich lehrt, so war Hegel überzeugt, ist überhaupt kein Philosoph: „Die Eitelkeit und Oberflächlichkeit ist schnell fertig und treibt sich zum baldigen Dreinsprechen; der Ernst aber um eine in sich große und nur durch die lange und schwere Arbeit vollendeter Entwicklung sich genügende Sache versenkt sich lange in stiller Beschäftigung in dieselbe."

Hegel versuchte sich in dieser Zeit auch als Dichter, aus gutem Grund. Er schrieb Liebesgedichte für die über zwanzig Jahre jüngere Marie von Tucher, die er 1811 heiratete. Wenig später legte Hegel die „Wissenschaft der Logik" vor. Als „allgemeines Lehrbuch" taugte das schwer verständliche Buch nicht. Er wusste das selbst nur zu gut: „Es ist keine Kleinigkeit, im ersten Semester seiner Verheiratung ein Buch des abstrusesten Inhalts von 30 Bogen zu schreiben. – Aber injuria temporum! Ich bin kein Akademikus; zur gehörigen Form hätte ich noch ein Jahr gebraucht; aber ich brauche Geld, um zu leben." Hegels „Logik" ist als Fortführung der klassischen Logik gedacht, ein metaphysischer Traktat, der die Idee im Zustand des An-sich-Seins betrachten sollte, um „dem unwürdigen Schauspiel ein Ende zu bereiten, dass ein gebildetes Volk ohne Metaphysik, wie ein sonst mannigfaltig ausgeschmückter Tempel ohne Allerheiligstes sei". Hegel glaubte, mit der „Logik" die „Gedanken Gottes vor der Schöpfung" nachvollziehen zu können.

1816 wurde er als Professor nach Heidelberg berufen. Zwanzig Stunden umfasste das wöchentliche Lehrpensum. Zuweilen las er nur vor vier oder fünf Zuhörern. Das war zwar unbefriedigend, doch die Stadt Heidelberg gefiel ihm ausnehmend gut. Als er 1818 in Berlin den Lehrstuhl Fichtes übernahm, besuchten zahlreiche Studenten seine Vorlesungen zur Logik, Naturphilosophie und Philosophie des Geistes. Er lehrte auch über Geschichts- und Religionsphilosophie, Ästhetik und die Geschichte der Philosophie. Die Vorlesungsmitschriften wurden später von seinen Schülern herausgegeben. Mochte Hegel auch schwer verständlich vortragen, so übte er auf die Studenten kraft seiner Persönlichkeit eine immense Faszination aus. In einem zeitgenössischen Bericht heißt es: „Die ganze Erscheinung zwang zu einem so tiefen Respekt, zu solch einer Empfindung der Würdigkeit und zog durch eine Naivität des überwältigendsten Ernstes an, dass ich mich bei aller Missbehaglichkeit unabtrennbar gefesselt fand. In den Tiefen des anscheinend Unentzifferbaren wühlte und webte jener gewaltige Geist in großartig selbstgewisser Behaglichkeit und Ruhe. Dann erst erhob sich die Stimme, das Auge blitzte scharf über die Versammelten hin und leuchtete in still auflodernder Feuer seines überzeugungstiefen Glanzes, während er mit nie mangelnden Worten durch alle Höhen und Tiefen der Seele griff."

Hegel las über Religionsphilosophie und polemisierte rüde gegen Schleiermachers „Gefühlstheologie". Wer die Religion auf das Gefühl gründete, müsste in einem Hund, der ganz im Gefühl lebt, den besten Christen sehen, weil dieser vom Hunger erlöst ist, sofern er einen Knochen findet. Den Inhalt der christlichen Religion setzte Hegel mit der Philosophie gleich. Alles Subjektive verbrennt im „absoluten Feuer". Aus diesem ersteht die Wahrheit der Philosophie, in der der menschliche Geist sich selbst und den Geist Gottes erkennt, so dass zuletzt jede „religiöse Vorstellung" in ein „philosophisches Dogma" umgestaltet wird: „Der Mensch weiß nur von Gott, insofern Gott im Menschen von sich selbst weiß; dieses Wissen ist Selbstbewusstsein Gottes, aber ebenso ein Wissen desselben vom Menschen, und als Wissen Gottes vom Menschen ist es Wissen des Menschen von Gott, der Geist des Menschen, von Gott zu wissen, ist nur der Geist Gottes selbst." Trotz des bitteren Spottes wurden Schleiermachers Predigten weiterhin von vielen Christen aufmerksam verfolgt.

Große Abhandlungen veröffentlichte Hegel in der Berliner Zeit nicht mehr. Einzig die „Grundlinien der Philosophie des Rechts" gab er noch heraus, jene Schrift, in der sich ein berühmter, viel kritisierter Passus befindet: „Was vernünftig ist, das ist wirklich, und was wirklich ist, das ist vernünftig." Diese Aussage muss im Zusammenhang mit Hegels spekulativem Idealismus gesehen werden. Für Hegel ist das Endliche, also das empirisch Erfahrbare, nicht wahrhaft seiend; dies kennzeichnet den Idealismus seiner Philosophie. Der Begriff „Spekulation" wird nicht auf den alltäglichen Sprachgebrauch zurückgeführt, sondern auf „speculum", was übersetzt „Spiegel" heißt, und auf „speculatio", womit die Reflexion eines Gegenstandes im Spiegelbild, das vom erkennenden Subjekt aufgenommen wird, bezeichnet ist. Das spekulative Moment besteht in dem „Fassen des Entgegengesetzten in seiner Einheit", anders gesagt „des Positiven im Negativen". Gleichwohl gesteht Hegel ein: „Es ist die wichtigste, aber für die noch ungeübte, unfreie Denkkraft schwerste Seite. Ist solche noch darin begriffen, sich vom sinnlich-konkreten Vorstellen und vom Räsonnieren loszureißen, so hat sie sich zuerst im abstrakten Denken zu üben, Begriffe in ihrer Bestimmtheit festzuhalten und aus ihnen erkennen zu lernen." In diesem Zusammenhang ist auch der Gedanke „Was vernünftig ist, das ist wirklich, und was wirklich ist, das ist vernünftig" zu verstehen. Die Philosophie, so wird ausgesagt, ist auf das, was ist, ausgerichtet. Die politische Ordnung des Staates soll ein Reich der Freiheit sein. Nicht gemäß dem Gutdünken eines Einzelnen oder einer Gruppe ist der Staat zu führen. Die Gesetze sollen herrschen. Nur durch vernünftige Gesetze herrscht Freiheit. Als Fundament des Staates gelten Erkenntnis und Wissenschaft. Ist aber darum alles Wirkliche vernünftig? Hegel sah sich missverstanden. Mit dem Begriff des Wirklichen identifizierte er nicht das bestehende Zufällige, nicht das sinnlich Wahrnehmbare und Erfahrbare. Was erlebt wird, ist allzu oft mit dem Unvernünftigen verknüpft. Der Ausspruch bezieht sich auf die mit der Vernunft unterschiedslos übereinstimmende Existenz.

Andererseits rechtfertigte und rühmte der Philosoph den – empirisch durchaus realen und erfahrbaren – preußischen Staat. Dies rief vielfältigen Widerspruch hervor: „Hegels metaphysischer Pilz ist ja nicht in den Gärten der Wissenschaft, sondern auf dem Misthaufen der Kriecherei gewachsen … Wissenschaftlicher Ernst wird gegen diesen Propheten unter den Bütteln nicht die rechte Waffe sein." In jungen Jahren noch nannte er die Theorie den „Sturmbock", mit dem die Welt neu gestaltet werden sollte. Im Alter wandte er sich gegen die Überzeugungen seiner Jugend: „So wie die Vernunft sich nicht mit der Annäherung, als welche weder kalt noch warm ist und darum ausgespien wird, begnügt, ebenso wenig begnügt sie sich mit der kalten Verzweiflung, die zugibt, dass es in dieser Zeitlichkeit wohl schlecht oder höchstens mittelmäßig zugehe, aber eben in ihr nichts Besseres zu haben und nur darum Frieden mit der Wirklichkeit zu halten sei; es ist ein wärmerer Friede mit ihr, den die Erkenntnis verschafft." Hegel selbst warnte bis zu seinem Tode davor, dass Philosophie nicht erbaulich sein dürfe, mokierte sich, dass ungebildete Menschen leichthin tadelten, aber unfähig seien, das Gute und die innere Notwendigkeit desselben zu erkennen. Er forderte, die Kritik zu überwinden und zum Positiven fortzuschreiten, und diagnostizierte, dass die verdrießlich gestimmte Mittelmäßigkeit noch immer die Welt regiert: „Es gibt keinen Helden für den Kammerdiener; nicht aber weil jener nicht ein Held ist, sondern weil dieser – der Kammerdiener ist." Hegel wusste auch, dass ein freier Mensch nicht neidisch ist, sondern gern und dankbar anerkennt, was groß und erhaben ist, und sich daran freut, auch weil er die Bedeutung seiner selbst in rechter Weise einzuschätzen weiß.

Hegel litt daran, dass niemand sein komplexes, kompliziertes philosophisches System begriff. Selbst Eduard Gans, sein ergebenster Schüler, hatte erhebliche Schwierigkeiten, den Denkwegen des Philosophen zu folgen. Es wird erzählt, dass Hegel kurz vor seinem Tod sagte: „Eigentlich hat mich von allen meinen Schülern nur der Gans verstanden ... – und der nur falsch." 1831 wurde Berlin von der Cholera heimgesucht. Hegel blieb in der Stadt und fiel der Seuche oder, wie neueste Forschungen nahelegen, vielleicht auch einem Magenleiden zum Opfer.

Phänomenologie des Geistes

Konstitutiv für Hegels Philosophie ist die Dialektik. Nur wer dialektisch argumentiert, bewegt sich in der Wahrheit. Die Dialektik lässt sich nach Hegels Überzeugung allein mit der Dialektik und nur dialektisch begreifen. Wer sich außerhalb der Dialektik befindet, steht außerhalb der Wahrheit und kann nichts Richtiges über die Dialektik sagen, da er sich im Falschen bewegt. Hegels Denken beansprucht, bei „der Sache selbst" und zugleich die Sache selbst zu sein. Die Dialektik ist das „eigene Leben des Begriffs". Nicht wir stellen Reflexionen an, die Begriffe „untersuchen sich" selbst. Weil sich die Dialektik stets auf die Sache bezieht, ist eine Reflexion auf die Dialektik unmöglich. Wir versuchen dennoch, Hegels Philosophie aus kritischer Distanz zu begreifen und die Grundstrukturen und die Methodologie der „Phänomenologie des Geistes" zu verstehen. Die „Arbeit des Begriffs" ist weder eine bloße Analyse der verwendeten Begriffe noch die Untersuchung variierender Bedeutungen einzelner Wörter. Auch sucht Hegel nicht Begriffsbestimmungen. Die „Arbeit des Begriffs" ist die begriffliche Durchleuchtung der Wirklichkeit und die Erfassung der Kraft der „Verflüssigung" des Begriffs selbst, der nur wiederum im Begriff dialektisch ausdrückt werden kann.

Die Dialektik wird zum philosophischen Denkprozess. Der erkennende Geist sucht zur These und Antithese die Synthese. Allerdings soll die Dialektik nicht schematisiert werden, sondern stets aus der Sache neu hervorgehen. Denkend vergegenwärtigt sich der Erkennende die Sache. Er konzentriert sich ganz auf sie und ist von ihr ergriffen. Dieses Denken ist weder eine nützliche Methode noch eine erlernbare Technik. Hegels Dialektik ist vom Absoluten erfüllt. Wer das absolute Wissen besitzt, dem erschließt sich alles Seiende: „Das Wahre ist das Ganze." Umschließt dieses Wissen des Seins in allen seinen

Besonderungen tatsächlich die Totalität? Oder bleibt es doch eine bloße Konstruktion? Hegel glaubte wirklich, das Absolute begriffen zu haben. Er erkannte es überall wieder, in der Logik, in der Welt, in der Natur, in der Geschichte der Menschheit, in der Philosophie, die, indem sie alles und das Ganze versteht, sich selbst versteht. Insofern ist es in sich schlüssig, dass Hegel davon überzeugt war, in der Logik könne er die Gedanken Gottes vor der Schöpfung denken, ebenso wie jene nach der Schöpfung in der Theorie der Naturwissenschaften und in der Philosophie des Geistes.

In der Dialektik erweist sich die Negativität als bewegender Faktor. Wenn ein Subjekt „Etwas" denkt, denkt es sogleich ein „Anderes". Es gibt kein Sein, das still steht, und kein Verstandesdenken, das in sich ruht. Das Sein schließt durch seine Bestimmtheit „Anderes" aus. Aber das „Andere" bringt sich zur Geltung. Der Verstand wird vorangetrieben zu „Anderem". Daher ist es unmöglich, aus etwas Beliebigem etwas Endgültiges zu machen. Die Bewegung wird bodenlos, wenn sie sich ins Endlose fortsetzt, oder vollendet, wenn sie in sich zurückkehrt. Unendlich, nicht aber endlos, ist sie im Kreise geschlossen. Die unendliche Bewegung ist vollendet. Sie übersieht sich und weiß sich im Ganzen des Seins, das als ein Kreis von Kreisen verstanden wird, heimisch. Die dialektischen Rundungen schließen sich, bis der absolute Kreis erreicht ist. Alles Wissen mündet in das System des Ganzen. Das Sein ist erreicht, wenn ich im „Anderen" bei mir selbst ankomme, wenn ich im Wissen das „Andere" als mich selbst weiß. Das Bewusstsein steht nicht im Widerspruch zu sich selbst und auch nicht zu dem, was es weiß. Es ist sich nicht entfremdet, überwindet die Subjekt-Objekt-Spaltung und gelangt zur Einheit.

Versuchen wir nun, einige Stadien von Hegels „Phänomenologie des Geistes" nachzuvollziehen. Wer auf den „gemeinen Menschenverstand" baut und vertraut, begreift die „Phänomenologie des Geistes" nicht. Aber der spekulative Idealismus versteht den „gemeinen Menschenverstand" durchaus. Weil der „gemeine Menschenverstand" dessen Argumentationsweise nicht nachvollziehen kann und nur das Moment der Negation in der Aufhebung sieht, nicht aber das Positive, hasst er die Spekulation, verfolgt und verabscheut sie, wenn er sich nicht in der „völligen Indifferenz der Sicherheit" befindet. Der „gemeine Menschenverstand" ist außer Stande, die Spekulation in ihrer Gänze zu erkennen und zu erfassen. Er sieht allein das Negative. Das ist seine Torheit und Begrenzung. Der spekulative Idealismus ist auf objektive Wahrheit ausgerichtet. Der „gemeine Menschenverstand" behauptet unphilosophisch beliebige Meinungen, die als verlässliche Standpunkte zur Orientierung in der „Nacht der Totalität" der Unwissenheit dienen. Hegels Philosophie erkennt aber sogar in den Spruchweisheiten des „gemeinen Menschenverstandes" das Absolute. Wirklich ist, wie bereits bemerkt, für die Spekulation nur die Erkenntnis, sofern sie im Absoluten gegründet ist. Die Spekulation hebt auf, was sie erkannt hat. Der „gemeine Menschenverstand" muss notwendig überwunden werden. Bemühte sich derjenige, der auf ihn vertraut, um die Erkenntnis der objektiven Wahrheit in der Dialektik durch Dialektik, so würde er nicht auf seinen vermeintlich tiefsinnigen Einsichten beharren und den spekulativen Idealismus ablehnen. Bereits in einem frühen Aphorismus kommt Hegels Ablehnung der Beliebigkeit, die dem „gemeinen Menschenverstand" eigen ist, zum Ausdruck: „Das gemeine Denken konstruiert nicht: hier ein Lindenbaum neben Weiden, Stecklingen usw., und unten läuft eine Kuh vorbei. Es beweist nicht, sondern es nimmt seine Anstrengung zum Beweise für etwas, die Langeweile für Tiefe und seine Ermattung für das Resultat." Der „gemeine Menschenverstand" bleibt verständnislos und verhält sich feindselig gegen den spekulativen Idealismus. Er sieht seinerseits die philosophisch notwendige Aufhebung der beliebigen Meinungen, auf denen er naiv, trotzig und kindlich beharrt, ausschließlich als negativ an und versucht, Grundverkehrtes zu behaupten und durchzusetzen. Das scheinbare Wissen des Alltags soll die objektive Wahrheit der Philosophie niederringen. Der „gemeine Menschenverstand" hält sich freilich auch für philosophisch gestimmt, begleitet ihn doch die Ahnung des Absoluten. Bezweifelt wird zudem, dass es dem spekulativen Idealismus, der die Erfahrung für bedeutungslos hält und sich als Theorie der metaphysischen Erkenntnis begreift, gelingt, den „gemeinen Menschenverstand" adäquat zu erfassen. In der „Phänomenologie des Geistes" wird der „gemeine Menschenverstand" auch das „natürliche Bewusstsein" genannt, das der Philosophie gegenübergestellt ist. Wer auf das „natürliche Bewusstsein" vertraut, gerät notwendig in eine Krise und schließlich in die Verzweiflung. Versucht das „natürliche Bewusstsein" nämlich, seinen Anspruch auf Wissen mit dem eigenen Maßstab zu überprüfen – was es tun muss, um das Resultat für sich anzunehmen –, so gewinnt es ein negatives Wissen von sich selbst, ein „skeptisches Wissen seines Nichtwissens", das, so Hegel, nur wahrhaft philosophisch im „absoluten Wissen", in der Aufhebung des Unterschieds von Subjekt und Objekt, aufgehoben werden kann.

Die Programmatik der „Phänomenologie des Geistes" bringt er auf folgende Weise zum Ausdruck: „Wahre Gedanken und wissenschaftliche Einsicht ist nur in der Arbeit des Begriffs zu gewinnen. Er allein kann die Allgemeinheit des Wissens hervorbringen, welche weder die gemeine Unbestimmtheit und Dürftigkeit des gemeinen Menschenverstandes, sondern gebildete und vollständige Erkenntnis, noch die ungemeine Allgemeinheit der durch Trägheit und Eigendünkel von Genie sich verderbenden Anlage der Vernunft, sondern die zu ihrer einheimischen Form gebildete Wahrheit ist, – welche fähig ist, das Eigentum aller selbstbewussten Vernunft zu sein." Wer sich auf eine „Philosophie des gemeinen Menschenverstandes" beruft, zeigt allein, dass er über sein eigenes, überholtes Denken nicht aufgeklärt ist. Wer sich dem Fortschritt der Dialektik in der Philosophie verweigert, nimmt eine Position ein, die sie bereits überwunden und dialektisch aufgehoben hat. Wer sich nicht in den Gang der Dialektik integriert, bleibt ausgeschlossen und betreibt keine Philosophie, denn er verweigert sich dem, was er als objektiv notwendig, wissenschaftlich richtig und absolut gültig einsehen müsste.

Die objektive Wahrheit ist erkennbar. Die Aufhebung der Differenz von Subjekt und Objekt vollzieht sich in der Identität des subjektiven Urteils mit der objektiven Wahrheit und findet sich im Selbstbewusstsein, im Wissen des Menschen von sich selbst. Wer über sich selbst reflektiert und im Zuge dieser Reflexion von sich als Reflektierendem weiß, erkennt sich selbst, wie er an sich ist. Dieses Wissen ist auch bei der Objekterkenntnis möglich. Das Absolute tut sich kund im vernünftigen Wissen. Insoweit der Mensch dies begreift, hat er an dem Absoluten teil, so dass schließlich das Absolute sich in seinem Wissen selbst erkennt. Die eindrucksvolle resümierende Schlusspassage der „Phänomenologie des Geistes" lautet: „Indem seine (des Geistes) Vollendung darin besteht, das was er ist, seine Substanz, vollkommen zu wissen, so ist dies Wissen ein Insichgehen, in welchem er sein Dasein verlässt und seine Gestalt der Erinnerung übergibt … Das Geisterreich, das auf diese Weise sich in dem Dasein gebildet, macht eine Aufeinanderfolge aus, worin einer den andern ablöste, und jeder das Reich der Welt von dem vorübergehenden übernahm. Ihr Ziel ist die Offenbarung der Tiefe, und diese ist der absolute Begriff … Das Ziel, das absolute Wissen, oder der sich als Geist wissende Geist hat zu seinem Wege die Erinnerung der Geister, wie sie an ihnen selbst sind und die Organisation ihres Reiches vollbringen. Ihre Aufbewahrung nach der Seite ihres freien in der Form der Zufälligkeit erscheinenden Daseins ist die Geschichte, nach der Seite ihrer begriffenen Organisation aber die Wissenschaft des erscheinenden Wissens; beide zusammen ... bilden die Erinnerung und die Schädelstätte des absoluten Geistes, die Wirklichkeit, Wahrheit und Gewissheit seines Throns, ohne den er das leblose Einsame wäre; nur – aus dem Kelche dieses Geisterreiches schäumt ihm seine Unendlichkeit."

Wir wollen versuchen, den Weg der Erkenntnis zum absoluten Wissen zumindest in groben Zügen nachzuvollziehen. Die einzelnen Stadien sind notwendige Momente des Ganzen. Hierzu zählt Hegel beispielsweise den Stoizismus, gekennzeichnet als das „überhaupt wegsehende Denken", und den Skeptizismus, den er als das „unruhige Denken" bestimmt. Diese Arten zu denken, diese Formen des Bewusstseins vermögen nicht die Einheit von Gegenstand und Denken zu erfassen. Das Bewusstsein ist unglücklich, sein Denken begrifflos, eine „warme Nebelerfüllung" oder das „gestaltlose Sausen des Glockengeläutes". Somit sind diese Stadien zwar in sich notwendig, aber nicht im eigentlichen Sinne Philosophie.

Hegel weist in der „Phänomenologie des Geistes" notwendige Etappen der Bewegung der Erkenntnis auf. Zunächst denken wir uns ein gegebenes Objekt. Bevor sich der Mensch diesem Gegenstand erkennend nähert, ist er ihm als existent gewiss. Die „sinnliche Gewissheit" ist der Ausgangspunkt, das „absolute Wissen" mit der Aufhebung der Differenz von Gegenstand und Denken, Subjekt und Objekt das Ziel. Wie können wir diesen Gegenstand nun erforschen? Wir würden aus heutiger Sicht vielleicht an physikalische oder chemische Untersuchungen denken. Man könnte bestimmte Eigenschaften des Objekts mit spezifischen Methoden herausfinden und beschreiben. Danach würde man sich ähnliche oder scheinbar gleichartige Gegenstände suchen, um mit ihnen auf dieselbe Weise zu verfahren. Für Hegel wäre eine solche Vorgehensweise unvorstellbar und ganz und gar unphilosophisch. Der Philosoph fasst den Gegenstand als Einheit auf. Wenn wir uns nur einzelne Eigenschaften vergegenwärtigen wollten, würden wir den Blick für das Ganze preisgeben und uns an die Auflistung der Pluralität einzelner Bestimmungen verlieren. Dem konkret gegebenen Objekt als Gegenstand unserer Erkenntnis kommt nach Hegels Überzeugung eine Kraft zu – man könnte auch sagen: ein wirkendes Prinzip oder eine Gesetzmäßigkeit –, die die Eigenschaften prägt, die dafür verantwortlich sind, dass sich das Objekt so und nicht anders verhält, als es sich mit Notwendigkeit verhalten muss. Von diesen Gesetzmäßigkeiten ist der Gegenstand, auch in der Erscheinung und Veränderung, bestimmt. Empirisch sind diese Gesetzmäßigkeiten nicht ersichtlich. Es ist eine Leistung des menschlichen Verstandes, den Eigenschaften, die mit der „sinnlichen Gewissheit" erfasst werden, Gesetzmäßigkeiten zuzuschreiben. Während der Mensch auf diese Weise vorgeht, wird er sich selbst als erkennendes Subjekt bewusst – und begreift die Differenz zwischen dem Bewusstsein vom gegebenen Objekt und dem Bewusstsein seiner selbst. Das Selbstbewusstsein richtet sich auf den Gegenstand aus. Aber die Gegenstände und die in ihnen wirkenden und sie prägenden Gesetzmäßigkeiten existieren unabhängig vom Menschen. Steht das den Gegenstand erkennende und von sich wissende Selbstbewusstsein ganz für sich allein? Mögen das Gegenstandsbewusstsein und das Selbstbewusstsein sich voneinander unterscheiden, so bleiben sie im Prozess der Erkenntnis relational aufeinander bezogen. In der Vernunft, in der die Differenz zwischen Subjekt und Objekt im absoluten Wissen aufgehoben ist, sind Gegenstandsbewusstsein und Selbstbewusstsein miteinander verknüpft.

Identität ist ein dialektischer Prozess. Immer wieder andere Widersprüche ergeben sich, die stets aufs Neue überwunden werden müssen. Das Absolute ist kein starres Prinzip, so dass die dialektische Bewegung nicht regressiv in den Ursprung führt.

Es ist das Ganze, das Ganze mit den Stadien, die es in der Bewegung absolviert. Die schroff aufragenden Widersprüche innerhalb dieses prozessualen Geschehens bringen die Bewegung zu Stande, die sich über These, Antithese und Synthese vollzieht. So wird sozusagen das Sein in allen seinen Formen und Erscheinungen in den Fluss des Denkens integriert. Die Gegensätze werden beachtet. Denken und Sein bewegen sich: „Das Wahre ist so der bacchantische Taumel, an dem kein Glied nicht trunken ist, und weil jedes, indem es sich absondert, ebenso unmittelbar sich auflöst – ist er eben so die durchsichtige und einfache Ruhe." In der Bewegung konstituieren sich die Momente der Erkenntnis und auch die Wirklichkeit. Für Hegel führt der Weg der Philosophie von der „sinnlichen Gewissheit" zum „absoluten Wissen", von der unphilosophischen Mutmaßung zur Wissenschaft. Alle Stufen dieser Entwicklung sind im „absoluten Wissen" als notwendige Momente dieses Weges der Erkenntnis aufgehoben. Im „absoluten Wissen" fallen subjektive Gewissheit und objektive Wahrheit zusammen: „Das Wahre ist das Ganze. Das Ganze aber ist nur das durch seine Entwicklung sich vollendende Wesen. Es ist von dem Absoluten zu sagen, dass es wesentlich Resultat, dass es erst am Ende das ist, was es in Wahrheit ist; und hierin besteht seine Natur, Wirkliches, Subjekt oder Sichselbstwerden zu sein". Der in der „Phänomenologie des Geistes" entfaltete spekulative Idealismus ist die vollkommene Hingabe an die Sache, bei der der Philosoph gleichsam erkennend in deren innerstes Wesen eintritt.

Zur Philosophie der Geschichte

Hegels Theoreme greifen die spekulative Metaphysik der tradierten Geschichtsphilosophie auf. Wie Joachim von Fiore im Mittelalter und Giambattista Vico in der Renaissance, gleichwohl abweichend von deren Systemen, ist Hegel überzeugt, dass sich die Geschichte der Welt auf vernünftige Gesetze zurückführen lässt. Diese Gesetze können spekulativ erschlossen werden. Weil „die Vernunft die Welt beherrscht", muss gefolgert werden, „dass es also auch in der Weltgeschichte vernünftig zugegangen ist". Die Geschichte ist ein zielgerichteter Prozess.

Wer sich Hegels Philosophie lesend und reflektierend vergegenwärtigt, hält hier gewiss inne. Geht es in der Geschichte der Menschheit wirklich vernünftig zu? Wir würden uns schwer damit tun, die Verbrechen des NS-Staates oder auch den Terror der stalinistischen Systeme in Osteuropa als notwendiges Moment in einem vernünftigen Verlauf der Geschichte zu betrachten. Gleiches gilt für die Opfer von Naturkatastrophen und Hungersnöten. Eine solche geschichtsphilosophische Betrachtung mutet absurd, ja zynisch an. Gleichwohl sind für Hegel alle Ereignisse, auch die Tragödien der Weltgeschichte, unvermeidlich gewesen und letzthin ein Beweis für den Triumph der Vernunft in der Geschichte. Er schreibt dazu: „Der einzige Gedanke, den die Philosophie mitbringt, ist aber der einfache Gedanke der Vernunft, dass die Vernunft die Welt beherrsche, dass es also auch in der Weltgeschichte vernünftig zugegangen sei. Diese Überzeugung und Einsicht ist eine Voraussetzung in Ansehung der Geschichte als solcher überhaupt ... Die Vernunft zehrt aus sich und ist sich selbst Material, das sie verarbeitet; wie sie sich nur ihre eigene Voraussetzung, ihr Zweck der absolute Endzweck ist, so ist sie selbst dessen Betätigung und Hervorbringung aus dem Inneren in die Erscheinung nicht nur des natürlichen Universums, sondern auch des geistigen – in der Weltgeschichte. Dass nun solche Idee das Wahre, das Ewige, das schlechthin Mächtige ist, dass sie sich in der Welt offenbart und nichts in ihr sich offenbart als sie, ihre Ehre und Herrlichkeit, das ist es, was, wie gesagt, in der Philosophie bewiesen wird."

Als „Ziel der Weltgeschichte" gilt, dass der in ihr gegenwärtige „Geist" sich verwirklicht und zu einem Bewusstsein seiner selbst gelangt. Dazu bedient er sich der handelnden Individuen in der Geschichte, die die ausführenden Subjekte und somit die Träger des „Weltgeistes" sind. In ihnen wird die Vernunft als ordnendes, bewegendes Prinzip der Geschichte sichtbar. Eine welthistorische Persönlichkeit ist Napoleon. Die Veränderungen in Europa zu seinen Zeiten erscheinen als die Hervorbringungen jenes außerordentlichen Mannes. Gestalten wie Napoleon handeln nach Hegels Überzeugung absolut rechtmäßig, zwar nicht im Sinne schriftlich niedergelegter Kodizes, aber doch so, dass sich ihre Taten in Übereinstimmung mit dem „Weltgeist" vollziehen, als dessen „Geschäftsführer" sie wirken. Sie verfügen über die notwendige Einsicht, wissen, was unbedingt zu tun ist, befinden sich auf der Höhe der Zeit und handeln souverän. Die Völker gehorchen ihnen, weil sie ihre Größe spüren. Zwar scheinen diese herausragenden Persönlichkeiten ihre eigenen Zwecke zu verfolgen. Doch der „Weltgeist" bemächtigt sich ihrer mittels der „List der Vernunft". Nur kleingeistige „Schulmeister" bezeichnen Gestalten wie Alexander den Großen und Julius Caesar als „unmoralische Menschen". Hegel schreibt: „Ein welthistorisches Individuum hat nicht die Nüchternheit, dies und jenes zu wollen, viel Rücksichten zu nehmen, sondern es gehört ganz rücksichtslos dem *einen* Zwecke an … Solche große Gestalt muss manche unschuldige Blume zertreten, manches zertrümmern auf ihrem Wege." Welches Individuum würde nun als neiderfüllter, vergrämter Beobachter am Rande, dessen vermeintlicher Anspruch auf „Glück" unerfüllt bleibt, nicht eine „Litanei der Klagen" anstimmen und darüber räsonnieren, dass die Tugendhaften in der Geschichte die Verlierer sind, also diejenigen Menschen, die sich darum bemühen, sittlich gut zu leben? Hegel hätte geantwortet, dass jeder Mensch vom „lautesten Lärm der Weltgeschichte" so weit unbeeinträchtigt bleibt, dass er die Pflicht seines Gewissens erfüllen kann. Im Übrigen soll er akzeptieren, was vernunftgemäß und absolut notwendig ist: „Das Recht des Weltgeistes geht über alle Berechtigungen." Wie aber lassen sich die Spuren des „Weltgeistes" im Strom der Geschichte entdecken? Hat Sören Kierkegaard, der Hegels Geschichtsphilosophie kritisiert, nicht Recht, wenn er bezweifelt, dass sich der Philosoph wirklich mit dem Plan der Vorsehung vertraut gemacht hat und dass er im Rate Gottes zugegen war, als dieser die Welt gründete? Mit der Philosophie lässt sich nach Hegels Auffassung der „Plan Gottes" erfassen und die „verschmähte Wirklichkeit" erkennen und rechtfertigen. Hegel war überzeugt, zur „Erkenntnis des Plans der göttlichen Vorsehung" entscheidend beigetragen zu haben: „Die Weltgeschichte ist der Fortschritt im Bewusstsein der Freiheit – ein Fortschritt, den wir in seiner Notwendigkeit zu erkennen haben."

Nur die Ausrichtung auf diesen höchsten Zweck, die Versöhnung der Vernunft mit der Wirklichkeit am Ende der Zeiten, rechtfertigt das schwere Schicksal der Menschen, die in den „wechselnden Schauspielen der Geschichte" auf brutale Weise sterben müssen. Die Geschichte ist, wie Hegel wusste, eine „Schlachtbank", auf der das „Glück der Völker" geopfert wird. Gleichwohl herrscht in ihr die „List der Vernunft", die sich auch die Wünsche und Träume, Begehrlichkeiten und Leidenschaft des Menschen zu Nutze macht, um das „Reich der Freiheit" zu verwirklichen: „Die objektive Freiheit aber, die Gesetze der reellen Freiheit fordern die Unterwerfung des zufälligen Willens, denn dieser ist überhaupt formell. Wenn das Objektive an sich vernünftig ist, so muss die Einsicht dieser Vernunft entsprechend sein, und dann ist auch das wesentliche Moment der subjektiven Freiheit vorhanden … Nur die Einsicht kann den Geist mit der Weltgeschichte und der Wirklichkeit versöhnen, dass das, was geschehen ist und alle Tage geschieht, nicht nur nicht ohne Gott, sondern wesentlich das Werk seiner selbst ist."

Die dialektische Bewegung findet sich somit auch in der Geschichte, in der Negation und im Widerspruch, in der Unwahrheit und im Bösen. Das, was wir als grausam erleben, betrachtet Hegel als den notwendigen Weg zur Ruhe der Wahrheit und Wirklichkeit. Als er während einer Vorlesung Brutalitäten, Unmenschlichkeiten und Gewalttaten auflistete, erhob sich ein Student und rief: „Nun ist alles aus!" Hegel trug das Negative nur gelassen vor. Er war sich gewiss, dass sich alles Geschehen vom absoluten Wissen her erklären lässt, mit der unbedingt gültigen, immer da seienden Wahrheit.

Der Philosophiehistoriker Wilhelm Windelband bemerkte 1878, dass diejenigen Philosophen, welche Hegels „Phänomenologie des Geistes" – auch im Sinne ihres Verfassers nicht mehr und nicht weniger als ein Werk, das auf der Höhe der Zeit liegt und diese geistig durchdringt – adäquat verstehen konnten, bereits im Aussterben begriffen seien. Lakonisch fügte er hinzu, man könne selbst jene leicht abzählen, die dieses Opus auch nur ganz von Anfang bis zum Ende gelesen hätten. Schon Hegels Zeitgenossen fragten sich, ob der Philosoph das Absolute wirklich denkend erfassen konnte. – Ein Vater, so erzählt eine Anekdote aus der Zeit des Biedermeier, wird von seinem Sohn befragt: „Hat Gott die Welt erschaffen?" Dieser antwortet: „Natürlich, mein Sohn." Der Sohn bohrt nach: „Hat er sie fertig bekommen?" Auch dies bestätigt der Vater gern. „Was tut er dann jetzt?" Der Vater überlegt und erwidert: „Er sitzt Modell für das Absolute bei Fichte, Schelling und Hegel, mein Sohn."

IV. Von Schopenhauer zu Marx

Wie kein zweiter Denker prägte Georg Wilhelm Friedrich Hegel die Philosophie des 19. Jahrhunderts. Er evozierte mannigfachen Widerspruch. Wer Hegel nachfolgte, rezipierte und kritisierte seine Philosophie. Sören Kierkegaard und Karl Marx beispielsweise wenden sich entschieden gegen Hegels Denken. Ablehnung erfuhren viele Theoreme des erfolgreichen Professors bereits zu dessen Lebzeiten. Vor allem äußerte sich ein stets pessimistisch gestimmter, ausgesprochen missgünstiger Philosoph, der für kurze Zeit auch Hegels Kollege an der Berliner Universität war, verächtlich und manchmal voller Hass über die Philosophie des Deutschen Idealismus und ihren selbstbewussten Meisterdenker: Arthur Schopenhauer.

Arthur Schopenhauer

Arthur Schopenhauer wurde 1788 in Danzig geboren. Seine Mutter Johanna reüssierte als Schriftstellerin. Sie verfasste eine Fülle populärer Unterhaltungsromane. Den Vater, einen erfolgreichen Großkaufmann, begleitete er schon in jungen Jahren auf Reisen durch Europa. Kenntnisse des Griechischen und Lateinischen eignete sich Schopenhauer erst mit neunzehn Jahren an. Dafür sprach er fließend Französisch, Englisch und Spanisch. Er besaß eine profunde Menschen- und Lebenskenntnis. Auch im Alter empfahl er nachdrücklich jedem Menschen, der zu philosophieren beabsichtige, gründlich im „Buch der Welt"

zu lesen und nicht als akademischer Stubengelehrter zu ver-
kümmern. 1806 beging der Vater, seit langem an Depressionen
leidend, Selbstmord. Schopenhauer, der ihn sehr geliebt hatte,
verwaltete das ererbte Vermögen klug. Das Studium nahm er
zunächst in Göttingen auf. Nach ein paar Semestern wechselte
Arthur Schopenhauer nach Berlin.

1811 hörte Schopenhauer Fichtes Vorlesungen und wendete
sich enttäuscht der klassischen Philologie zu. Napoleons Feld-
züge vertrieben ihn aus Berlin. Er zog sich nach Thüringen zurück. Dort verfasste er seine Dissertation „Über die vierfache
Wurzel des Satzes vom zureichenden Grunde". Mit dieser Arbeit wurde er 1813 von der Universität Jena in Abwesenheit
promoviert. Schopenhauer bemerkt: „Ich bin den Musen auch
unter dem allgemeinen Waffengetümmel treu geblieben. Vielleicht wird es mancher tadeln, aber ich bin mir bewusst, recht
getan zu haben, dass ich nicht in einen Wirkungskreis trat, in
welchem ich nichts als guten Willen hätte zeigen können, und
dafür einen verließ, in welchem ich, wenn die Götter es zu-
lassen, mehr zu leisten hoffe ..." Statt in den Krieg zu ziehen,
wollte er lieber das Wagnis der Philosophie eingehen und bestehen. Der Student Schopenhauer notiert: „Die Philosophie
ist eine hohe Alpenstraße, zu ihr führt nur ein steiler Pfad über
spitze Steine und stechende Dornen: Er ist einsam und wird
immer öder, je höher man kommt, und wer ihn geht, darf kein
Grausen kennen, sondern muss alles hinter sich lassen und sich
getrost im kalten Schnee seinen Weg selbst bahnen ... Der
Philosoph selbst steht immer in reiner, kühler Alpenluft und
sieht schon die Sonne, wenn unten noch schwarze Nacht liegt."

Zeitlebens schwärmte Schopenhauer von der erhabenen
Pracht des Montblanc-Massivs. Aber auch bei seiner leichtlebigen Mutter in Weimar, bei der er zeitweilig wohnte, war die
Luft rauh genug. Dort lernte er Johann Wolfgang von Goethe
und Christoph Martin Wieland kennen. Beide erkannten die

außerordentliche Begabung Arthur Schopenhauers. Vor allem der alte Wieland riet dem tief pessimistisch gestimmten jungen Mann vom Philosophieren ab. Schopenhauer zeigte sich unbeirrt und erwiderte: „Das Leben ist eine missliche Sache: Ich habe mir vorgesetzt, es damit hinzubringen, über dasselbe nachzudenken."

Die Verschwendungssucht und der Lebenswandel seiner Mutter befremdeten den jungen Philosophen. Johanna Schopenhauer ließ sich von ihrem Sohn keine Vorschriften machen. Als ein Verehrer zu ihr zog, wurde der entrüstete Sohn ungeniert des Hauses verwiesen. Mutter und Sohn begegneten sich nicht wieder. Arthur Schopenhauer siedelte nach Dresden über und widmete sich fortan ausschließlich philosophischen Studien: „Während dieses vierjährigen Aufenthalts in Dresden ist es gewesen, dass in meinem Kopfe, gewissermaßen ohne mein Zutun, mein philosophisches System, strahlenweise wie ein Kristall zu einem Zentro konvergierend, zusammenschoss, so wie ich es sofort im ersten Bande meines Hauptwerks niedergelegt habe. Mich haben nicht die Bücher, sondern die Welt hat mich befruchtet."

1818 erschien sein Hauptwerk „Die Welt als Wille und Vorstellung". Das Opus blieb sträflich unbeachtet, und Schopenhauer litt sehr darunter. Zwei Jahre später habilitierte er sich in Berlin. Als akademischer Lehrer blieb er erfolglos, ganz anders als Hegel, den Schopenhauer als schleimigen „Windbeutel", widerwärtigen „Schaumschläger" und elenden „Scharlatan" diffamierte. Enttäuscht nahm der Philosoph seinen Abschied vom universitären Betrieb. Über seine Zeitgenossen, die ihn nicht zur Kenntnis nahmen, bemerkt er grimmig: „Ihr Beifall ist prostituiert, und ihr Tadel hat nichts zu bedeuten."

Schopenhauer blieb unverheiratet. Über die Frauen schreibt er: „Das niedrig gewachsene, schmalschultrige, breithüftige und kurzbeinige Geschlecht das schöne nennen, konnte nur der vom

Geschlechtstrieb umnebelte männliche Intellekt. Mit mehr Fug könnte man das weibliche Geschlecht das unästhetische nennen. Weder für Musik noch Poesie noch bildende Künste haben sie wirklich und wahrhaftig Sinn und Empfänglichkeit, sondern bloße Äfferei, aus Behuf ihrer Gefallsucht, ist es, wenn sie solche affektieren und vorgeben." Schopenhauer verbrachte seine Tage in stolzer Einsamkeit und bezeichnete sich als „systematisch ungesellig". Von 1830 an lebte er als Privatgelehrter in Frankfurt am Main. Das väterliche Erbe sicherte Schopenhauer dauerhaft ein gutes Auskommen. Die Stadt Frankfurt, ein „Hospital von Narren", gefiel ihm gar nicht: „Endlich, was das leibliche Wohlbefinden angeht, ist Frankfurt am Main der beste Ort von Deutschland: und was die Menschen angeht, die Gesellschaft ist, glaube ich, hier noch dümmer als anderswo, – ich lasse mich nicht stören, da ich seit langem vom Verkehr mit den Menschen angeekelt bin … Ich lebe also einsam, mit einem weißen Pudel, einem guten und sehr klugen Tier, mit meiner Bibliothek, die ich kommen ließ, und ich bin fern der Langweile, weil die Zeit davonrast."

Altmodisch gekleidet und in Selbstgespräche verstrickt spazierte Arthur Schopenhauer durch Frankfurt. Gelegentlich verfasste er kleine philosophische Abhandlungen und ergänzte sein Werk „Die Welt als Wille und Vorstellung". Auch glaubte er, alles Bedeutsame gesagt zu haben, selbst wenn dies niemand zur Kenntnis nehmen wollte. Im Umgang war Schopenhauer oftmals aufbrausend, ungestüm, abweisend und schroff, voll Hass, Verbitterung und Zorn. Der mürrische Denker war überzeugt, dass eine gemütvoll-leidenschaftslose „Milch- und Wassernatur" außer Stande ist, bedeutende Werke zu schaffen. Über Schopenhauer wird berichtet: „Sein blaues, lebhaftes Auge, seine dünne Lippe, welche ein feines sarkastisches Lächeln umspielte, seine weite, von zwei weißen Haarlocken eingerahmte Stirne drückten der von Geist und Boshaftigkeit sprühenden Physiognomie das Siegel des Adels und der Vornehmheit auf …"

Die revolutionäre Bewegung von 1848 nannte Schopenhauer eine „souveräne Kanaille". Er veröffentlichte 1851 gesammelte Aufsätze, die „Parerga und Paralipomena". Diese enthalten auch die berühmten „Aphorismen zur Lebensweisheit". Inständig wünschte sich Arthur Schopenhauer, um seiner Philosophie willen respektiert werden. Fand sein Werk Erwähnung, freute er sich wie ein Kind. Nun beschäftigte er sich sogar mit okkulten Phänomenen und Magie. Er war überzeugt, dass spiritistische Experimente und das Tischerücken glaubhafte Belege für seine philosophischen Lehren erbringen konnten.

Schopenhauers populäre Arbeiten wurden gelesen. Der Historiograph Erdmann, ein Hegelianer, erbat sich Daten zu Schopenhauers Leben. An der Universität Leipzig wurden die Werke des alten, lange verkannten Denkers beachtet. Nachdem es Schopenhauers Verleger lange Zeit gereut hatte, überhaupt Bücher aus seiner Feder publiziert zu haben, führte die jetzt einsetzende rege Nachfrage zu stetigen Neuauflagen. Der Komponist Richard Wagner sandte ihm einen nur für Freunde gedruckten Text von „Der Ring des Nibelungen" mit der respektvollen Widmung: „Aus Verehrung und Dankbarkeit".

Schopenhauer erwehrte sich zudringlicher Gelehrter, die nun seine Nähe suchten, nachdem sie vorher nichts von ihm hatten wissen wollen. Ein Gesprächspartner des Philosophen berichtet: „Dass seinen Leib nun bald die Würmer zernagen würden, sei ihm kein arger Gedanke: Dagegen denkt er mit Grauen daran, wie sein Geist unter den Händen der Philosophieprofessoren zugerichtet werden würde." Den Zuspruch nahm Schopenhauer zwar zwiespältig auf, aber letztlich freute ihn die ihm so spät zuteil gewordene Anerkennung: „Bin ich zuletzt doch auch angelangt und habe die Befriedigung, am Ende meiner Laufbahn den Anfang meiner Wirksamkeit zu sehen, unter der Hoffnung, dass sie, einer alten Regel gemäß, in dem Verhältnis lange dauern wird, als sie spät angefangen hat." Am 21. September 1860 starb der Philosoph im Alter von zweiundsiebzig Jahren. Seine letzte Ruhestätte fand er vor den Toren Frankfurts. Er wünschte sich ein schlichtes Begräbnis und einen einfachen Grabstein. Schopenhauer war sich gewiss: „Es ist einerlei, sie werden mich finden."

Grundprobleme der Philosophie Schopenhauers

Für Schopenhauer ist die Welt nichts als die Vorstellung des Menschen, der in ihr lebt. Die Wirklichkeit, wie sie sich darstellt, konstituiert sich als eine Art Phantasmagorie in der subjektiven Anschauung. Auch die Gegenstände werden imaginiert. Zunächst ist diese Welt ausschließlich für das in ihr befindliche Individuum gegeben, nicht anders als in der Weise, wie ein Mensch einen Gegenstand als wirklich erfährt. Über die Wirklichkeit des Objekts ist nichts ausgesagt. Als Erscheinungen gewinnen die Gegenstände allein im Auge des Betrachters Realität. Gleichwohl müssen diese Erscheinungen auf die Wirklichkeit bezogen sein.

Die sich aus der kantischen Philosophie ergebende Problematik des „Dings an sich" soll aufgelöst werden. Mittels der reinen Verstandesbegriffe werden Gegenstände als seiend gedacht und kausale Verbindungen erfasst. Diese Begriffe bilden sozusagen das Rüstzeug unseres Bewusstseins. Die Welt der Erscheinungen ist der Bereich möglicher Erfahrung. Gleiches gilt für die apriorischen Vorstellungen von Existenz und Kausalität, die auf den Bereich der Erscheinungen begrenzt sind. Ist es gestattet, hiervon auf die „Dinge an sich" zu schließen, die ihnen möglicherweise zu Grunde liegen? Das ist redlicherweise unzulässig. Auch die nachkantische Philosophie umgeht diese Problematik. In den idealistischen Systemen wird die Einheit des Bewusstseins als Ich, das in schöpferischer Spontaneität die Gesamtheit der empirischen Welt und die bewusstseinsunabhängige Natur umschließt, zur Quelle alles Gegebenen. Schopenhauer nennt diese philosophischen Gedankengebäude „Träume ohne Fundament". Die Erscheinung erweist sich für Schopenhauer als eigentümlich selbstständige Wirklichkeit.

Schopenhauer verdeutlicht, dass das, was den Menschen in seinem Inneren erfüllt und ausmacht, ein machtvoll wirkender „Wille" ist. Einen solchen „Willen" schreibt er auch den jeweils für ihn vorhandenen Erscheinungen in der Außenwelt zu: „Der ganze Leib, der die Handlungen vollzieht, folglich auch der Prozess, durch den und in dem er besteht – ist nichts anderes als die Erscheinung des Willens, die Sichtbarwerdung, Objektivität des Willens ..." Jede absichtsvolle Handlung, jede Bewegung bei Mensch und Tier, jeder naturhafte Prozess in der organischen wie in der anorganischen Welt ist für Schopenhauer nur in der Erscheinung verschieden. Die treibende Kraft ist der „Wille": „Erscheinung heißt Vorstellung, und weiter nichts: alle Vorstellung, welcher Art sie auch sei, alles *Objekt* ist *Erscheinung*. *Ding an sich* aber ist allein der *Wille*: als solcher ist er durchaus nicht Vorstellung, sondern toto genere von ihr verschieden: er ist es, wovon alle Vorstellung, alles Objekt, alle Erscheinung, die Sichtbarkeit, die *Objektivität* ist. Er ist das Innerste, der Kern jedes Einzelnen und ebenso des Ganzen: er erscheint in der blind wirkenden Naturkraft: er erscheint auch im überlegten Handeln des Menschen; welche beide große Verschiedenheit doch nur den Grad des Erscheinens, nicht das Wesen des Erscheinenden trifft." Dieser „Wille" ist als „blinder, unaufhaltsamer Drang" allgegenwärtig, als „Ding an sich", das der Mensch in seiner Körperlichkeit, als Geschlechtstrieb und Kraft spürt. Der „Wille" treibt an, bewirkt Leiden und richtet sich zuweilen gegen sich selbst: „Meine ganze Philosophie lässt sich zusammenfassen in dem einen Ausdruck: Die Welt ist die Selbsterkenntnis des Willens." Schopenhauer nennt seine Philosophie auch eine „Abspiegelung der Welt": „Sie ist eine Erkenntnis vom eigentlichen Wesen dieser Welt, in der wir sind und die in uns ist; eine Erkenntnis davon im Ganzen und Allgemeinen, deren Licht, wenn sie gefasst ist, nachher auch alles Einzelne, das jedem im Leben vorkommen mag, beleuchtet und ihm dessen innere Bedeutung aufschließt."

Die auf die bezeichnete Problematik fokussierte Bemühung um Erkenntnis kann als intellektuelle Analyse der von Schopenhauer zwar nicht dämonisierten, aber mit expressiver Metaphorik bezeichneten Urkraft des „Willens" bestimmt werden. Er weist die anmaßende intellektuelle Überheblichkeit, die mit dem vermeintlichen Primat der Vernunft bei der Wirklichkeitserkenntnis einhergeht, entschieden zurück: „Diesem allen zufolge sind die Genitalien der eigentliche Brennpunkt des Willens und folglich der entgegengesetzte Pol des Gehirns, des Repräsentanten der Erkenntnis." Indessen interpretiert Schopenhauer die kantische Philosophie in schöpferischer Freiheit, wenn er auf das ethische Prinzip des „guten Willens" verweist und behauptet, Kant habe die intelligible Natur des Menschen willensartig bestimmt. Nur hat er es wohl nicht so deutlich gesagt, sonst müsste Schopenhauer nicht mit Mutmaßungen arbeiten: „Ich nehme daher wirklich an, obwohl es nicht zu beweisen ist, dass Kant, so oft er vom Ding an sich redete, in der dunkelsten Tiefe seines Geistes immer schon den Willen undeutlich meinte."

Die innere Erfahrung mit ihrem Bestand als „Wille" soll Aufschluss über den unerfahrbaren Kern aller empirischen Erscheinungen geben und gleichzeitig eine Folge der kritischen Philosophie Kants sein. Schopenhauer versucht auf diese Weise eine systematische Deutung der Wirklichkeit im bewussten Gegensatz zur idealistischen Philosophie, die eine Wissenschaft aus Begriffen, statt in Begriffen, betreibt: „Begriffe sind freilich das Material der Philosophie, aber nur so, wie der Marmor das Material des Bildhauers ist: Sie soll nicht aus ihnen, sondern in sie arbeiten, d. h. ihre Resultate in ihnen niederlegen, nicht aber von ihnen als dem Gegebenen ausgehen."

Die „Aufgabe der Metaphysik" ist die „richtige Erklärung der Erfahrung im Ganzen". Die Philosophie bemüht sich gleichsam um eine „Entzifferung" geheimnisvoller Zusammenhänge: „Wenn dieses Ganze nur tief genug gefasst und an die äußere die innere Erfahrung geknüpft wird, so muss es aus sich selbst gedeutet, ausgelegt werden können." Entsprechend schreibt Schopenhauer in „Die Welt als Wille und Vorstellung": „Wenn wir die Welt nun mit forschendem Blicke betrachten, wenn wir den gewaltigen, unaufhaltsamen Drang sehen, mit dem die Gewässer der Tiefe zueilen, die Beharrlichkeit, mit welcher der Magnet sich immer wieder zum Nordpol wendet, die Sehnsucht, mit der das Eisen zu ihm fliegt, die Heftigkeit, mit welcher die Pole der Elektrizität zur Wiedervereinigung streben und welche, gerade wie die menschlichen Wünsche, durch Hindernisse gesteigert wird … So wird es uns keine große Anstrengung der Einbildungskraft kosten, selbst aus so großer Entfernung unser eigenes Wesen wiederzuerkennen, jenes Nämliche, das in uns beim Lichte der Erkenntnis seine Zwecke verfolgt, hier aber, in den schwächsten seiner Erscheinungen, nur blind, dumpf, einseitig und unveränderlich strebt, jedoch, weil es überall eines und dasselbe ist – so gut wie die erste Morgendämmerung mit den Strahlen des vollen Mittags den Namen Sonnenlicht teilt –, auch hier wie dort den Namen Wille führen muss, welcher das bezeichnet, was das Sein an sich jedes Dinges in der Welt und der alleinige Kern jeder Erscheinung ist."

Schopenhauer glaubt, mit der Analytik des Problems des „Willens" sämtliche Fragestellungen der Naturwissenschaften endgültig beantwortet, die wirkenden, offenbar irrationalen Kräfte in der Natur mit einer ebenso irrationalen Deutung erfasst zu haben – durch den „Willen", der dem erkennenden Selbstbewusstsein vertraut ist. In sich selbst findet es beides wieder, Vorstellung und „Wille".

Der rastlos strebende, ewig unerfüllte „Wille" ist auch die Quelle des Leides in der Welt. Welchen Rat hält der Philosoph hierfür bereit? Schopenhauers ethisches Konzept ist praktiziertes Mitleid mit der geschundenen Kreatur: „Offenbar nur dadurch, dass jener Andere der letzte Zweck meines Willens wird, ganz so wie sonst ich selbst es bin: also dadurch, dass ich ganz unmittelbar sein Wohl will und sein Wehe nicht will, so unmittelbar, wie sonst nur das meinige. Dies aber setzt notwendig voraus, dass ich bei seinem Wehe als solchem geradezu mitleide, sein Wehe fühle, wie sonst nur meines, und deshalb sein Wohl unmittelbar will, wie sonst nur meines. Dies erfordert aber, dass ich auf irgendeine Weise mit ihm identifiziert sei, d.h. dass jener gänzliche Unterschied zwischen mir und jedem Andern, auf welchem gerade mein Egoismus beruht, wenigstens in einem gewissen Grade aufgehoben sei … Es ist das alltägliche Phänomen des Mitleids. Dieses Mitleid allein ist die wirkliche Basis aller freien Gerechtigkeit und aller echten Menschenliebe. Nur sofern eine Handlung aus ihm entsprungen ist, hat sie moralischen Wert." Das Mitleid ist Ausdruck der Sympathie mit den Leidenden. Es begreift alle Lebewesen mit ein, die Schmerzen aushalten müssen, auch die Tiere. Wer Mitleid empfindet, betrachtet das Schicksal des Nächsten, als ob es sein eigenes wäre.

Wie lässt sich das Leid überwinden? Dies kann allein dem Individuum gelingen, das entsagungsvoll seinen „Willen" negiert. Den Tod begreift Schopenhauer als eine Rückkehr in das Wesen der Dinge, in jenen Urgrund, der sich in den Individuationen stets aufs Neue reproduziert: „Alles Wollen entspringt aus Bedürfnis, also aus Mangel, also aus Leiden. Diesem macht die Erfüllung ein Ende; jedoch gegen einen Wunsch, der erfüllt wird, bleiben wenigstens zehn versagt: ferner, das Begehren dauert lange, die Forderungen gehen ins Unendliche; die Erfüllung ist kurz und kärglich gemessen." Der Tod, der „Musaget der Philosophie", bedeutet die Aufhebung des „principium individuationis" und erlöst von den Qualen unerfüllten Wollens. Diesem Zustand annähern kann sich ein Lebewesen allein, wenn es asketisch lebt. Die höchste Ausdrucksform der Entsagung ist die Kunst, insbesondere die Musik, in der der beständig auf und ab wogende „Wille" dargestellt ist, in dem sich das Leid ausdrückt, jenes Leid, dass das Leben ein „Trauerspiel" ist – die „rastlose Neckerei des Augenblicks", die Furcht vor Gegenwart und Zukunft, die Sorge vor den „Komödienszenen" des „auf Schabernack bedachten Zufalls", die unerfüllten Wünsche, das „vereitelte Streben", die „vom Schicksal unbarmherzig zertretenen Hoffnungen" und die „unseligen Irrtümer des ganzen Lebens", das in elender Verzweiflung zu Ende geht.

Allein in der Musik erfährt der Mensch durch den beglückenden Augenblick wohlgefügter melodischer Klänge die Erlösung von den zermürbenden Traurigkeiten dieser Welt: „Wir sehen also hier die Willensbewegungen auf das Gebiet der bloßen Vorstellung hinübergespielt, als welche der ausschließliche Schauplatz der Leistungen aller schönen Künste ist, da diese durchaus verlangen, dass der Wille selbst aus dem Spiel bleibe und wir durchweg uns als rein Erkennende verhalten. Daher dürfen die Affektionen des Willens selbst, also wirklicher Schmerz und wirkliches Behagen, nicht erregt werden, sondern nur ihre Substitute, das dem Intellekt Angemessene als Bild der Befriedigung des Willens und das jenem mehr oder weniger Widerstrebende als Bild des größeren oder geringeren Schmerzes. Nur so verursacht die Musik uns nie wirkliches Leiden, sondern bleibt auch in ihren schmerzlichsten Akkorden noch erfreulich, und wir vernehmen gern in ihrer Sprache die geheime Geschichte unseres Willens und aller seiner Regungen und Strebungen mit ihren mannigfaltigen Verzögerungen, Hemmnissen und Qualen selbst noch in den wehmütigsten Melodien. Wo hingegen in der Wirklichkeit und ihrem Schrecken unser Wille selbst das so Erregte und Gequälte ist, da haben wir es nicht mit Tönen und ihren Zahlenverhältnissen zu tun, sondern sind vielmehr jetzt selbst die gespannte, gekniffene und zitternde Saite.“

Sören Kierkegaard

Sören Kierkegaard wurde 1813 in Kopenhagen geboren. Der Vater, Michael Pedersen Kierkegaard, war bereits siebenundfünfzig, die Mutter fünfundvierzig Jahre alt. Sören verlebte eine unauffällige, stille Kindheit. Er beschäftigte sich vornehmlich mit sich selbst. Nie spielte er mit anderen Kindern. Sören sollte sich vorstellen, er sei draußen auf der Straße, während Vater und Sohn ausdauernd durch die eigenen vier Wände spazierten. Der alte Kierkegaard erzählte fantasievoll, lebensnah und anschaulich und erteilte Übungen in Dialektik. Er war ein schwerblütiger Pietist, ein kluger, belesener Mann, der sich aus bescheidenen Verhältnissen hochgearbeitet hatte und mit Bischof Mynster, dem Oberhaupt der dänischen Staatskirche in Kopenhagen, engen Kontakt pflegte. Am liebsten hätte er es gesehen, wenn aus Sören dank seiner unkonventionellen Erziehungsmethoden ein genialer Poet, eine ethische Persönlichkeit oder ein wahrhaft frommer Christ geworden wäre. Zwischen den beiden bestand zu keiner Zeit ein Vertrauensverhältnis. Im Jahr 1844, sechs Jahre nach dem Tod des Vaters, notiert Kierkegaard in seinem Tagebuch: „Im Allgemeinen disputierten sie und unterhielten sich miteinander nur wie zwei gute Köpfe, und nicht als Vater und Sohn." So wurde aus Sören Kierkegaard ein verschlossener, gedankenvoller Melancholiker. Eine Art Selbstcharakteristik gibt Kierkegaard in der von ihm nicht zum Druck gegebenen Schrift „Johannes Climacus oder De omnibus dubitandum est": „In der Stadt H… lebte vor einigen Jahren ein junger Student namens Climacus, der in keiner Weise danach trachtete, in der Welt bemerkt zu werden, da er im Gegenteil seine Freude daran hatte, verborgen und in der Stille vor sich hin zu leben. Diejenigen, die ihn etwas näher kannten, versuchten, sich sein verschlossenes Wesen, das jeder näheren Berührung mit Menschen auswich, dahin zu erklären, dass er entweder melancholisch oder verliebt sei. Diejenigen, die das Letztere vermuteten, hatten in gewissem Sinne nicht unrecht, obgleich sie irrten, wenn sie vermuteten, dass ein Mädchen der Gegenstand seines Träumens sei. Dergleichen Gefühle waren seinem Herzen ganz und gar fremd, und so fein und ätherisch, wie sein Äußeres war, fast durchsichtig, so war seine Seele im selben Grade viel zu sehr geistig bestimmt, als dass sie von der Schönheit eines Weibes gefesselt werden konnte. Verliebt war er, schwärmerisch verliebt – in den Gedanken oder richtiger, in das Denken … Dass die Menschen ihn belächelten, merkte er nicht, ebenso wenig, dass zu anderen Zeiten ein Einzelner sich erfreut umwandte, um ihm nachzublicken, wenn er leicht wie im Tanz durch die Straßen eilte. Er achtete der Menschen nicht, dachte auch nicht darüber nach, dass sie seiner achten könnten, er war und blieb ein Fremder in der Welt."

Früh bemerkte der sensible Sören die stille Verzweiflung des Vaters, eine „verborgene Schuld", die schwer auf diesem lastete: „Das Gefährlichste ist, dass er ein frommer und gottesfürchtiger Mann ist, dass das Kind innig und tief davon überzeugt ist, und dass es dennoch merkt, wie sich tief eine Unruhe in seiner Seele verbirgt, der also doch Gottesfurcht und Frömmigkeit noch keinen Frieden zu schenken vermochten. Das Gefährliche liegt just darin, dass das Kind in diesem Verhältnis dazu veranlasst wird, einen Schluss zu ziehen im Hinblick auf Gott: dass Gott doch nicht der unendlich Liebevolle ist." Gleichwohl nahm Kierkegaard 1830 das Studium der Theologie an der Universität Kopenhagen auf. Indessen befremdete ihn die romantische Deutung der Gotteslehre genauso wie die saturierte Lauheit der dänischen Kirche und ihrer prominenten Repräsentanten. Die Philosophie des Deutschen Idealismus faszinierte ihn. In Johan Ludvig Heiberg fand er einen begabten Vermittler von Hegels Theoremen. Unbehagen bereitete Sören Kierkegaard aber nicht nur die Theologie. Auch im Elternhaus fühlte er sich zunehmend unwohl. In einem unbedachten Moment bekannte sich der Vater zu dem, was ihn zuinnerst bewegte und belastete. Er war ein außereheliches Verhältnis eingegangen. Ein Jahr nach dem Tod der ersten Frau hatte er 1794 die von ihm zuvor geschwängerte Dienstmagd geheiratet. Vier Monate später wurde die erste Tochter der Kierkegaards geboren. Die Ehe wurde nur geschlossen, um dem Kind die Schande der außerehelichen Geburt zu ersparen. Niemals erwähnte Kierkegaard seine Mutter. Für den Vater, der Sexualität als Sünde schlechthin ansah, blieb das eigene Fehlverhalten bis zuletzt eine schwere Last. Er glaubte im Alter deswegen auf ewig verdammt zu sein. Noch schrecklicher war, dass der alte Kierkegaard als kleiner Junge Gott verflucht hatte. Sören Kierkegaard notiert Jahre später: „Das Entsetzliche mit dem Manne, der einstmals als kleiner Junge, da er auf der jütischen Heide die Schafe hütete, viel Schlimmes erduldete, hungerte und elend war, sich auf einen Hügel stellte und Gott verfluchte – und dieser Mann war nicht im Stande, es zu vergessen, als er zweiundachtzig Jahre alt war." Dieses Wissen veränderte Sören Kierkegaard tiefgreifend. Er vernachlässigte sein Studium, flanierte durch Kopenhagen und besuchte oft das Theater. Besonders angetan war er von Mozarts „Don Giovanni". Kierkegaard entwickelte eine kritische Distanz zu den Hegelianern. Er fragte sich, welches Verhältnis zwischen Philosophie und Leben in der Wirklichkeit besteht und erkannte, dass ihm Hegels Denken, dem die existenzielle Dimension fehlte, nicht länger genügte.

Nicht nur die innere Verbundenheit mit der Philosophie Hegels, auch die starke Bindung an seinen Vater wollte Sören Kierkegaard lösen. Doch er scheiterte. Er versuchte das Leben zu genießen und versank nur noch tiefer in seiner Schwermut. 1836 notiert er: „Ich komme jetzt eben aus einer Gesellschaft, wo ich die Seele war, die Witze strömten aus meinem Munde, alle lachten, alle bewunderten mich – aber ich, ja, der Gedankenstrich müsste genauso lang sein wie die Radien der Erde ———————— ging fort und wollte mich erschießen." Im gleichen Jahr besuchte er ein Bordell. Das Tagebuch gibt darüber Aufschluss: „Mein Gott, mein Gott … Das tierische Kichern …" Kierkegaard hatte Reißaus genommen, bevor es zum Äußersten gekommen war. Der Vater erkannte besorgt die betrübliche Entwicklung des Sohnes. Er ahnte auch das Unbehagen, das dieser gegen das Christentum hegte. Kierkegaard sah am Beispiel seines Vaters, dass der Glaube den Menschen schwächte statt erbaute. Er bezweifelte nicht die Existenz Gottes, wohl aber, dass dieser Gott ein gütiger Gott ist.

Im Mai 1837 verliebte sich Kierkegaard in die fünfzehnjährige Regine Olsen. Im Jahr darauf starb der greise Vater. Kierkegaard studierte noch zwei Jahre. 1840, kurz nach der theologischen Staatsprüfung, hielt er um Regines Hand an. Sie sagte ohne Zögern zu. Kierkegaard, von Zweifeln übermannt, wollte bald darauf alles ungeschehen machen. Regine aber, ein junges, aufgewecktes, fröhliches und hübsches Mädchen, war dem schrullig-depressiven Philosophen von Herzen zugetan. Sie versuchte sich ihm zu nähern, glaubte, dass ein ganz normales Leben, auch in sexueller Hinsicht, die beste Kur für den versponnenen Grübler sein müsse. Kierkegaard wies sie schroff zurück und fasste den Entschluss, das Verlöbnis zu beenden. In dem Schreiben, das den zurückgesandten Ring begleitete, heißt es in einer stilisierten Selbstbetrachtung: „Vergiss vor allen Dingen denjenigen, der dies schreibt: Vergib einem Menschen, der, wenn er auch einiges vermochte, doch eines nicht vermochte, ein Mädchen glücklich zu machen." Kierkegaards Disputation über die Doktorarbeit „Über den Begriff der Ironie mit ständiger Rücksicht auf Sokrates" erfolgte kurze Zeit später. Dann brach er nach Berlin auf, um bei Schelling zu studieren. Regine ließ er ratlos in Kopenhagen zurück. Kierkegaard lernte Deutsch, hörte Vorlesungen und nahm an Kolloquien teil. Auf den berühmten Schelling setzte er seine „ganze Hoffnung". Wenig später bemerkt er: „Schelling ist im Äußern ein höchst unbedeutender Mann, er sieht aus wie ein Steuereinnehmer; indessen versprach er uns, der Wissenschaft und uns mit ihr zu jener Blüte zu verhelfen, die sie seit langem verdient hat, der höchsten, die sie erreichen wird. Das kann für einen alten Mann erfreulich genug sein; für einen jungen Menschen ist es immer eine bedenkliche Sache, in so jungen Jahren Zeitgenosse dieser seltenen Blüte zu werden." Kurz vor der Abreise aus Berlin schreibt Kierkegaard: „Schelling salbadert ganz unerträglich … Ich hätte ganz und gar dumm werden können, falls ich fortgefahren hätte, Schelling zu hören … Ich bin zu alt, um Vorlesungen zu hören, ebenso wie Schelling zu alt ist, sie zu halten. Seine ganze Lehre über Potenzen verrät die äußerste Impotenz."

Sören Kierkegaard wollte sich von Regine Olsen lösen, vermochte es aber nicht, sich gedanklich von ihr zu trennen. Eine Phase außerordentlicher schriftstellerischer Produktivität begann. Zugleich geriet der Philosoph mit der dänischen Kirche, namentlich mit dem populären Bischof Mynster, aneinander. Nicht „Sonntagsansichten" führen in die Ewigkeit. Die religiöse

Entscheidung fällt in der „Wohnstube": „Und gerade in der Wohnstube soll ja doch die Schlacht geschlagen werden, damit das Fechten der Religiosität zu einer Wachtparade einmal in der Woche wird; in der Wohnstube soll doch die Schlacht geschlagen werden, denn der Sieg soll ja gerade darin bestehen, dass die Wohnstube zu einem Heiligtum wird …" Zugleich ein glückliches Leben führen und die „ewige Seligkeit" erreichen zu können, erscheint unmöglich: „Ästhetisch kann man sich sehr wohl Reichtum, das Glück, das schönste Mädchen, kurzum alles wünschen, was ästhetisch-dialektisch ist; aber dann *zugleich* sich die ewige Seligkeit zu wünschen, ist doppelter Gallimathias …"

In rascher Folge verfasste er nun etliche Bücher, die bekanntesten darunter sind die im Jahr 1843 publizierten Werke „Entweder – Oder" und „Furcht und Zittern", 1844 „Der Begriff Angst", 1845 „Stadien auf des Lebens Weg", 1849 „Die Krankheit zum Tode" und 1850 „Einübung ins Christentum". Zahlreiche Abhandlungen erschienen unter verschiedenen Pseudonymen. Kierkegaard experimentierte. Er nahm probeweise wechselnde Standpunkte ein. Nur christliche Schriften veröffentlichte er unter eigenem Namen.

In Kierkegaards Werken finden sich filigrane psychologische Studien, Kritik an der Philosophie Hegels, die Auseinandersetzung mit dem Problem eines authentischen christlichen Glaubens und fortwährend Reflexionen über das Verhältnis zu Regine. Er versuchte zu ergründen, warum er nicht für die ethische Existenz saturierter Bürgerlichkeit taugte, warum das Verhältnis zu dem Mädchen zerbrochen war: „Hätte ich alles erklären sollen, dann hätte ich sie in entsetzliche Dinge einweihen müssen, in mein Verhältnis zum Vater, seine Schwermut, die ewige Nacht, die im tiefsten Innern brütet, meine Verirrung, meine Lüste und Ausschweifungen, die vielleicht in Gottes Augen doch nicht so himmelschreiend sind; denn es war doch Angst, die mich dazu trieb, zu fehlen, und wo sollte ich einen Halt suchen, da ich wusste oder ahnte, dass der einzige Mann, den ich um der Stärke und Kraft willen bewundert hatte, schwankte."

Kierkegaard glaubte, dass er sich gegenüber Regine offen hätte verhalten und mit ihr über alles, was ihn bewegte und belastete, sprechen und ihr zugleich etwas hätte verschweigen müssen. Vielleicht war er einfach überfordert. Angst bestimmte ihn, jene objektlose Angst, die er als Übergang zwischen der Welt des Geistes und der Sphäre der Natur bezeichnet, als Brücke zwischen dem Göttlichen und dem Tierischen. Die Angst zieht an, aber sie stößt auch ab, offeriert Wege zur Erlösung und zur Verdammnis. Wie sich ein Mensch zum Geist verhält, entscheidet darüber, ob er sich befreit oder in der Sünde endet. Das Sündhafte schlechthin ist für Kierkegaard das Sexuelle. Wer die Warnungen des Schamgefühls ignoriert, ist für immer verloren. Regines Versuche, Kierkegaard zu verführen, mussten misslingen. Er setzte den Besuch des Bordells mit den frevelhaften Taten seines Vaters gleich,. Vor dem „tierischen Kichern" hatte er die Flucht ergriffen. Er identifizierte Regine mit der Prostituierten, vor der er geflohen war. Erneut lief er davon, diesmal vor aufrichtiger Zuneigung und vertrauensvoller Liebe, entzog sich und wurde doch nicht von der Sünde erlöst, nicht aus der Angst befreit. Es scheint, als wollte der Melancholiker Sören Kierkegaard die Angst gar nicht verlieren. Er spielte mit ihr, von der Angst ergriffen und gebannt, doch unfähig, die Schwermut zu überwinden: „Es liegt etwas Unerklärliches in der Schwermut. Wer Leid trägt oder Kummer hat, der weiß, weshalb er leidet oder Kummer hat. Fragt man einen Schwermütigen, welchen Grund er dazu habe, was ihn belaste, dann wird er antworten, ich weiß es nicht, ich kann es nicht erklären. Darin liegt die Unendlichkeit der Schwermut. Diese Antwort ist ganz richtig, denn sobald er es weiß, ist sie aufgehoben, während das Leid des Trauernden gar nicht dadurch aufgehoben wird, dass er weiß, weshalb er trauert. – Aber Schwermut ist Sünde, ist eigentlich eine Sünde *instar omnium*, denn es ist die Sünde, nicht tief und innig zu wollen, und dies ist eine Mutter aller Sünden … Schwermütig wird ein Mensch nur durch eigene Schuld." Kierkegaard wählte anstelle von Regine die Schwermut. Hellsichtig vermochte er sich selbst zu analysieren, aber nicht sich zu verändern. Seine exzessive Tätigkeit als philosophischer Schriftsteller lässt sich als Kompensation des Verhältnisses zu Regine und der Flucht vor ihr erklären. In den „Stadien auf des Lebens Weg" lesen wir: „Durch die Frau kommt die Idealität ins Leben; was ist der Mann ohne sie? Manch ein Mann ist durch ein Mädchen Heiliger geworden; – aber er wurde nicht Genie durch das Mädchen, das er bekam; denn durch sie wurde er nur Etatsrat. Er wurde nicht Held durch das Mädchen, das er bekam; denn durch sie wurde er nur General. Er wurde nicht Dichter durch das Mädchen, das er bekam; denn durch sie wurde er nur Vater. Er wurde nicht Heiliger durch das Mädchen, das er bekam; denn er bekam gar keines und wollte nur eine einzige haben, die er nicht bekam, ebenso wie jeder von den andern Genie wurde, Held wurde, Dichter wurde mit Hilfe des Mädchens, das sie nicht bekamen … Oder hat man schon jemals gehört, dass einer Dichter wurde durch seine Frau? Solange der Mann sie nicht hat, begeistert sie. Diese Wahrheit ist es, die der Einbildung der Poesie und der Frau zu Grunde liegt."

Kierkegaards brüske Zurückweisung des Mädchens korrespondierte mit seiner Ablehnung von Hegels Philosophie. Die Mannigfaltigkeit des Lebens in der Welt systematisch zu ordnen hielt er für ausgeschlossen, ein System des Denkens aufzustellen für möglich. Wer das menschliche Dasein in die festgefügten Strukturen eines abgeschlossenen Gedankengebäudes zwängen möchte, gibt die intellektuelle Rechtschaffenheit preis und reduziert das Leben auf bloße Einsichten in vermeintlich zu erkennende Notwendigkeiten. Die spekulative Metaphysik der idealistischen Philosophie scheitert, sofern versucht wird, ihre Denkweisen und Systeme auf das Alltagsleben anzuwenden: „Es geht den meisten Systematikern in ihrem Verhältnis zu ihren Systemen wie einem Manne, der ein ungeheures Schloss baut und selbst daneben in einer Scheune wohnt: Sie leben nicht selber in dem ungeheuren systematischen Gebäude." Logik und Dialektik bestimmte Kierkegaard als dialektische Spielerei. Die Verschmelzung von Subjekt und Objekt bezeichnete er als illusionär. Die Einheit von Denken und Existenz galt Kierkegaard als Aberglaube: „Hätte Hegel seine ganze Logik geschrieben und im Vorwort gesagt, dass sie nur ein gedankliches Experiment sei, in welchem er sich obendrein an vielen Stellen vor etwas gedrückt hat, dann wäre er wohl der größte Denker gewesen, der jemals gelebt hat. Nun ist er komisch." Der Standpunkt des absoluten Wissens ist unerreichbar. Kierkegaard hatte die Grenzen der Erkenntnis erfahren und die Ohnmacht der Philosophie gesehen, das Leben zu verstehen. Ihm war es unmöglich, die Zeit philosophisch in Gedanken zu erfassen: „Es ist durchaus wahr, was die Philosophie sagt: dass das Leben nach rückwärts verstanden werden muss. Welcher Satz, je mehr er durchdacht wird, eben damit endet, dass das Leben in der Zeitlichkeit niemals so recht verständlich wird, eben weil ich keinen Augenblick vollständiger Ruhe dazu bekomme, diese Stellung einzunehmen: nach rückwärts."

Als lebensentscheidend bestimmte Kierkegaard die Subjektivität, die er als „Wahrheit" bezeichnet. Die Realität objektiver „Wahrheit" bezweifelte er nicht. Relativistische Betrachtungsweisen lehnte er ab. Aber eine subjektiv aus der bewussten Existenz erschlossene und ergriffene „Wahrheit" kann nur gültig sein, sofern der Entschluss dessen, der sie mit Leidenschaft wählt, fest besteht. Nur wer die „Wahrheit" auf diese

Weise ergreift, von dem kann auch die „Wahrheit" wiederum Besitz ergreifen: „Es gilt, eine Wahrheit zu finden, die Wahrheit auch für mich sein kann, die Idee zu finden, für die ich leben und sterben will." Das existenziell verlassene, einsame Individuum mag Hegels System aufrichtig bewundern. Heimisch wird es in dieser Weltdeutung nicht. Allein was einen Menschen veranlasst, sich substanziell zu ändern, erweist sich als wahrhaft lebensvoll und entscheidend: „Das Ungeheure, das einem Menschen eingeräumt ist, ist die Wahl, die Freiheit."

Sören Kierkegaard hatte sich gegen Hegels Philosophie, gegen die bigotte Oberflächlichkeit der dänischen Staatskirche und gegen Regine entschieden. War er ein gläubiger Christ? Eine Notiz Kierkegaards dazu lautet: „Hätte ich Glauben besessen, wäre ich bei Regine geblieben." Am 25. September 1855 schreibt der Philosoph: „Die Bestimmung dieses Lebens christlich. – Die Bestimmung dieses Lebens ist: zum höchsten Grad von Lebensüberdruss gebracht zu werden. – Derjenige, der, also zu diesem Punkt gebracht, festhalten kann, oder derjenige, dem Gott dazu verhilft, festhalten zu können, dass es Gott ist, der ihn aus Liebe zu diesem Punkt gebracht hat, er macht, christlich, die Prüfung des Lebens, ist für die Ewigkeit reif. – Durch ein Verbrechen bin ich entstanden, ich bin entstanden gegen Gottes Willen. Die Schuld, die jedoch in einem Sinne nicht die meine ist, wenn sie mich auch in Gottes Augen zum Verbrecher macht, ist: Leben zu geben. Die Strafe entspricht der Schuld: aller Lust zum Leben beraubt zu werden, zum höchsten Grad von Lebensüberdruss gebracht zu werden." Seine Kräfte waren erschöpft: „Mein Martyrium ist das Reflexions-Martyrium, oder das Martyrium, wie es sich in der Welt zeigen kann, nachdem die Reflexion an Stelle der unmittelbaren Leidenschaften getreten ist." Kierkegaard war überzeugt, dass er sich, beständig reflektierend, zu Grunde richtete. In den letzten Monaten seines Lebens gab der Philosoph eine Zeitschrift mit dem Titel „Der

Augenblick" heraus. Er selbst war der einzige Autor. Im Alter von zweiundvierzig Jahren verstarb Sören Kierkegaard, der seine Zeit im Schatten von Angst und Verzweiflung, zwischen Furcht und Zittern zugebracht hatte, an den Folgen eines Schlaganfalls.

Kierkegaards Stadienlehre

Im 1843 veröffentlichten Werk „Entweder – Oder" werden die kontrastierten Lebensweisen des Ästhetikers und Ethikers aufgeführt. Statt nüchtern zu argumentieren, schildert Kierkegaard eindrucksvoll-nuanciert zunächst die ekstatische Haltlosigkeit eines sinnenfrohen Menschen. Dieser lässt sich von der Lust am berückenden Augenblick leiten. Dem leichtlebigen Ästhetiker wird der prinzipienfeste Ethiker gegenübergestellt. Entscheiden soll sich der Leser sozusagen nicht „Entweder – Oder", sondern „Weder – Noch", weder für die ästhetische noch für die ethische Art zu leben. Die Entscheidung soll zu Gunsten einer dritten, nämlich der religiösen Lebensweise erfolgen, ein Stadium, auf das Kierkegaard in diesem Buch hinweist, ohne es näher zu beschreiben.

Ein wesentlich ausgereifteres Werk, in dem die komplexe Problematik erneut behandelt wird, ist die Schrift „Stadien auf des Lebens Weg". Darin zeigt sich, dass die behandelten Stadien nicht linear, sondern zirkulär sind. Wer ein Unbehagen an der ästhetischen Existenz verspürt, bemüht sich um eine ethische Lebensweise. Aber er spielt den Ethiker nur, als hätte er eine neue Rolle angenommen. Ebenso ist das Bemühen um Frömmigkeit, der Wille zur religiösen Existenz, nicht authentisch. Denn wer unbedingt religiös sein möchte, hat nur den Wunsch, so zu sein oder als ein religiöser Mensch zu gelten – aber er ist nicht religiös.

Jedes Stadium ist eine Existenzsphäre, für die man sich entscheiden kann. Das ästhetische Stadium ist gekennzeichnet durch ein exzessives Genussleben, innere Leere und die rastlose Jagd nach Vergnügungen. Der Ästhetiker lebt unwirklich. Er äußert sich ironisch. Innerhalb des ethischen Stadiums lebt man in Übereinstimmung mit der Gesellschaft, sozusagen „gutbürgerlich" im Sinne des zeitgenössischen Biedermeiertums. Die Reflexion über die eigene Lebensweise führt zu Zuständen der Verzweiflung. Kann ein Mensch sich aus sich selbst heraus wahrhaftig verhalten? Inwieweit ist es erfüllend, allein den bestehenden Regeln der Gesellschaft zu genügen? Der Ethiker räsonniert unablässig. Er wagt nichts, er kalkuliert: „Keiner entscheidet mehr selber; man begnügt sich damit, Komitees und Komitees aufzustellen; zuletzt endet es damit, dass das ganze Zeitalter zum Komitee wird." Im ethischen Stadium droht die Resignation. Solch ein Leben ist für den Ethiker nichtig. Er spürt die metaphysische Leere. Kein Anspruch fordert ihn, keine Kraft hält ihn. Mechanisch folgt er einem entleerten Glauben. Die Rituale der Kirche vollzieht er nur noch um ihrer selbst willen. Das religiöse Stadium stellt die ethischen Postulate zurück. Es nimmt Rücksicht auf etwas, das möglicherweise zu diesen Forderungen in Widerstreit geraten könnte. Im religiösen Stadium erfolgt die Besinnung auf die Unendlichkeit: „Es kommt darauf an, dass einer es wagt, ganz er selbst, ein einzelner Mensch, dieser bestimmte einzelne Mensch zu sein; allein vor Gott, allein in dieser ungeheuren Anstrengung und mit dieser ungeheuren Verantwortung."

Die verschiedenen Stadien sollen verdeutlicht werden. Kierkegaard wählt dafür die Rolle der Frau. Im ästhetischen Stadium verhindert eine dämonische Macht das dauerhafte Zusammensein der Geschlechter auf unergründliche Weise. Wer ästhetisch und genusssüchtig ist, taugt nicht für die aufrichtig empfundene Liebes- und Lebensgemeinschaft. Anders verhält es sich im ethischen Stadium. Mann und Frau gehören nach Kierkegaard unterschiedlichen Existenzsphären an. Ein Mädchen kann nicht anders, als die Liebe spielerisch, somit ästhetisch, zu begreifen. Prinzipientreu und sozialisiert wie der Mann ist, kann er die Dauerhaftigkeit der Ehe nur dadurch erreichen, dass sich die Frau ihm anpasst, ja dass er ihr hilft, das Ästhetische zu Gunsten des Ethischen zu überwinden. Dass auch ein Mann ein Ästhetiker sein und ein Mädchen dem ethischen Stadium angehören könnte, ist für Kierkegaard unvorstellbar. Im religiösen Stadium zeigt sich erneut die fundamentale Differenz der Geschlechter. Der religiöse Mann steht auf besondere, schwer verstehbare Weise in Relation zur Zeitlichkeit. Es ist ein Verhältnis zum Leiden. Wer sich im religiösen Stadium befindet, liegt mit sich selbst im Widerstreit. Leidend erringt er seine Größe, da er auf diese Weise die Idee realisiert, die ein zwischenmenschliches Liebesverhältnis ausschließt.

Kierkegaard benennt die ausgebliebene Parusie, also die nicht eingetretene Wiederkehr Christi, als die eigentliche Schwierigkeit einer religiösen, somit christlichen Existenz. Wer sich entschließt, Christ zu sein, muss dies mit einer existenziellen Radikalität tun. Er lebt für die Überzeugung, dass „über die ewige Seligkeit des Individuums in der Zeit" entschieden wird. Nicht das unendliche Leben des sich in der Geschichte verwirklichenden Weltgeistes ist bedeutsam, sondern das Selbst, das seiner selbst bewusste Individuum, als die „Synthese des Unendlichen und des Endlichen" und die „Verwirklichung der Idee". In der Fokussierung des Subjekts, dem absolute Bedeutsamkeit beigemessen wird, verblasst die schale Objektivität hegelscher Philosophie, die der Inbegriff aller Möglichkeiten der Entfremdung ist. Kierkegaard definiert das menschliche Selbst folgendermaßen: „Das Selbst ist ein Verhältnis, das sich zu sich selbst verhält, oder ist das an dem Verhältnisse, dass das Verhältnis sich zu sich selbst verhält; das Selbst ist nicht das Verhältnis, sondern dass das Verhältnis sich zu sich selbst verhält." Kierkegaard begreift den Menschen als eine „Synthesis" – eine aus Gegensätzen sich konstituierende Einheit – aus „Unendlichkeit" und „Endlichkeit", also aus Seele und Leib, aus „Freiheit" und „Notwendigkeit". Die „Synthesis" ist die Verbindung, aber noch nicht das „Selbst". Erst das Verhältnis, das sich zu sich selbst verhält, das sich gleichsam inwendig wie von außen betrachtet und über sich selbst zu reflektieren im Stande ist, wird als „Selbst" verstanden. Der Mensch entscheidet sich als „Selbst". Er entdeckt seine Aufgabe in der Welt, absolviert die verschiedenen bereits benannten Stadien: von der ästhetischen zur ethischen Existenz und schließlich zum religiösen Stadium, von dem aus er in das Christsein hinübertritt. Die Stadienlehre bleibt zirkulär. Der Ethiker erkennt beim Ästhetiker die Zerrissenheit in der Zeitlichkeit im momenthaften Erleben, dem aber jegliche Kontinuität fehlt. Er kann die Schwermut nicht bewältigen: „Du lebst im Augenblick, und im Augenblick bist du von übernatürlicher Größe …" Dieser „Augenblick" kehrt wieder in der christlichen „Entscheidung". Bereits in „Entweder – Oder" wird die mystische Wahl als „ästhetisch eitel" bezeichnet, da die Zustände religiös-ekstatischer Anschauung den Fluss des Lebens aufbrechen und eine Kontinuität unmöglich machen. Kierkegaard schreibt: „Hier sieht man wieder, dass das christlich Religiöse eine eigene Sphäre ist, wo die ästhetischen Verhältnisse wiederkehren, aber paradox, als höher als die ethischen, was ja sonst umgekehrt ist." Die ekstatischen Aufschwünge des „Augenblicks" oder der „Entscheidung" verweisen auf die matte, leere Zeitlichkeit zwischen diesen Momenten, deren sich der Mensch im religiösen Stadium bewusst wird – „man macht die Ewigkeit zunichte mit lauter Augenblicken". Kierkegaard beschreibt die nihilistisch anmutende Verzweiflung des Menschen, der um die Zirkularität der Stadien weiß: „Ist ein solcher Schmerz und eine solche Versteckheit gegeben, so hängt

es von den Unterschieden der Individualität ab, wie man ab-
biegt, ob diese einsame innere Qual ihren Ausdruck und ihre
Befriedigung darin findet, die Menschen zu hassen und Gott
zu verfluchen oder gerade umgekehrt …"

Zeitgenossen sahen in Kierkegaard einen religiösen Denker.
Doch war der Begründer der Existenzphilosophie auch ein
gläubiger Christ? Was wollte Sören Kierkegaard, der Dichter,
Philosoph und Theologe? „Ganz einfach: Ich will Redlichkeit.
Ich bin … weder Milde noch Strenge – ich bin: Menschliche
Redlichkeit … Und überall, wo Redlichkeit ist, kann ich mitge-
hen …" In „Die Wiederholung" heißt es: „Ist mein Entgelt dies,
dass ich Dichter geworden bin? Ich *verbitte* mir jegliches Ent-
gelt, ich fordere mein *Recht … Ich* habe nicht darum gebeten,
Dichter zu werden, und will es auch *nicht sein um diesen Preis*."
Vielleicht gibt es darauf nur eine, schon bereits zitierte Antwort:
Hätte Kierkegaard Glauben besessen, wäre er, wie er selbst
sagte, bei Regine geblieben. In einem autobiographischen Bericht schreibt er: „Als Kind ward ich strenge und mit Ernst im
Christentum erzogen, menschlich gesprochen, auf wahnsinnige Weise erzogen: Bereits in der frühesten Kindheit hatte ich
mich verhoben an den Eindrücken, unter denen der schwer-
mütige alte Mann (d. i. der Vater), der sie auf mich gelegt hatte, selber zusammensank – ein Kind, auf wahnsinnige Weise
dazu verkleidet, ein schwermütiger alter Mann zu sein. Fürch-
terlich! Was Wunder denn, dass Zeiten kamen, da mir das
Christentum vorkam als die unmenschlichste Grausamkeit …"

Ludwig Feuerbach

Bereits als kleiner Junge hielt Ludwig Feuerbach, der 1804 in
Landshut geboren wurde, ungefragt erbauliche Reden. Der Pennäler wird als eifrig, mustergültig und altklug geschildert. Sein

Vater, der ebenso berühmte wie launische und unbeherrschte Anselm Ritter von Feuerbach, verhielt sich nicht immer vorbildlich. Ludwig respektierte ihn gleichwohl, hing an der Familie und litt sehr darunter, als sich seine Eltern vorübergehend trennten.

1822 absolvierte Feuerbach das Gymnasium und beschloss zu studieren. Er immatrikulierte sich in Heidelberg für Theologie und wechselte wenig später nach Berlin. Dort hörte er Hegels Vorlesungen. Die theologische Fakultät verließ er zum Unwillen seines Vaters im Jahr 1825. Ludwig Feuerbach erklärt seinen Entschluss: „Palästina ist mir zu eng; ich muss, ich muss in die weite Welt, und diese trägt bloß der Philosoph auf seinen Schultern … Mich wieder in die Theologie zurückweisen, hieße einen unsterblich gewordenen Geist in die einmal abgelegte sterbliche Hülle wieder zurückwerfen; denn die Philosophie reicht mir die goldenen Äpfel der Unsterblichkeit und gewährt mir den Genuss ewiger Seligkeit, Gegenwart, Gleichheit mit mir selbst." Farbige Metaphern liebte Feuerbach zeit seines Lebens. Er bewunderte die geistige Weite und Tiefe von Hegels Philosophie. Neben ihr verblasste alle Theologie. Dennoch sollte er später entschieden gegen Hegel zu philosophieren beginnen und dem Hegelianismus vorhalten, dass dieser wie eine matte Weltanschauung abtrünnigen Christen eine letzte Zuflucht bietet und verkennt, dass sich die christliche Religion als anthropologische Projektion begreifen lässt.

Ludwig Feuerbach hielt sich für den fleißigsten, begabtesten und zugleich „bekanntesten" Schriftsteller der Familie, erfolgreich in der Welt wollte er noch werden. Die unbescheidene Selbstcharakteristik entstammt einem anonym publizierten Lexikonbeitrag. Feuerbach bezeichnete sich als „Purgatorium der Gegenwart". Die reinigende Kraft seines Schaffens sollte sich auf die spekulative Metaphysik und auf die zeitgenössische Theologie erstrecken. Ebenso kompromisslos wie empha-

tisch verkündet er in seiner Dissertation: „Und euch, ihr spekulativen Theologen und Philosophen, rate ich: Macht euch frei
von den Begriffen und Vorurteilen der bisherigen spekulativen
Philosophie, wenn ihr anders zu den Dingen, wie sie sind, d. h.
zur Wahrheit kommen wollt."

Lange vor der Publikation von „Das Wesen des Christentums" im Jahr 1841 übersiedelte Ludwig Feuerbach nach Erlangen. 1826 wollte er sich dort mit empirischen Forschungen
beschäftigen. Die rationalistische Strenge der Philosophie, die
er in Berlin studiert hatte, sollte nun erfahrungswissenschaft-
lich geprüft und mit handfester Lebenserfahrung erweitert werden. Das Werk Giordano Brunos faszinierte ihn. In der Vernunft
erblickte Feuerbach die Einheit von Unendlichkeit und Univer-
salität alles Seins. Denken und Sinnlichkeit werden gegenübergestellt. Nur denkend findet der Mensch zu sich selbst: „Im
Denken durchbricht der Mensch die Schranken und Mauern
seiner Individualität. Wir Menschen sind sonst, verhüllt sozusagen durch unsere individuellen Eigenschaften, für einander
undurchdringlich wie feste Körper; in der Mitteilung der Gedanken aber lassen wir, wie durchsichtige Körper, das Licht,
die Gedanken des Andern unverändert und unverdunkelt durch,
und es ist nichts zwischen dir und mir, das im Wege steht und
dein Übergehen in mich vermindern könnte."

Feuerbach forderte und suchte die Aufhebung des „Gefühls
des Unterschieds" von „Ich und Du" zwischen den Menschen.
Eine Erfüllung des „Verlangens nach dem Andern", das im
„tiefsten Innern des Menschen" liegt, erweist sich als möglich.
Feuerbach lokalisiert diesen „Ort" der absolut vollkommenen
„göttlichen Einheit" in der Reflexion. Denkend lässt sich emp-
finden und aussagen: „Ich bin alle Menschen." Feuerbach formuliert in der 1828 in Erlangen eingereichten Dissertation die
These: „Cogito ergo omnes sum homines." – „Ich denke, also
bin ich alle Menschen." Dies beantwortet die Fragen nach der

Relation von Allgemeinem und Besonderen. Das Denken gilt als Muster für das Handeln: „Denn darum, weil ich im Denken nicht unterschieden und nicht getrennt vom Andern bin, muss ich auch im Handeln darauf ausgehen, nicht vom Andern getrennt zu sein, um diese ewige und ansichseiende Einheit – die nicht durch mein Tun und Bewusstsein bewirkt wird – auch in mir selbst, der ich den Andern ausschließender einzelner Mensch bin, zur Erscheinung und Verwirklichung zu bringen. Im Handeln muss ich mich selbst gewissermaßen nachahmen, um mir als Denkendem zu entsprechen."

Von 1829 bis 1832 fungierte Feuerbach als Dozent in Erlangen und lehrte Logik, Metaphysik und Geschichtsphilosophie. Seine Maxime lautet: „Der Mensch muss philosophieren, er mag wollen oder nicht, hierin ist er nicht frei." Feuerbach forderte eine parteiische Philosophie. Die Ideengeschichte soll ausschließlich dazu rezipiert werden, um eine neue zeitgemäße Denkweise zu entwickeln. Zu Vorbildern wählte er den schlesischen Mystiker Jakob Böhme, der den Rationalismus von Descartes, Spinoza und Leibniz bekämpft hatte, und Pierre Bayle, über den er mit Blick auf sich selbst schreibt: „Der wissenschaftliche Mann ist, weil friedfertig, auch nicht rechthaberisch, bekümmert sich nicht um das Geschwätz der Menge, kennt keinen höheren Genuss als Arbeit und Tätigkeit, ist human, denkt gut vom Menschen, giert nicht nach weltlichen Ehren und Reichtümern, ist ein objektiver Mensch; denn die Wissenschaft ist selbst der objektive Geist im Menschen."

Indessen wurde Feuerbach seiner Vorlesungstätigkeit bald überdrüssig. Doch der Rückzug aufs Land, in die Nähe von Ansbach, lag nicht allein darin begründet, dass an der Universität „außer dem Kartoffelbau der Brotwissenschaften nur die fromme Schafszucht im Flor" war. 1830 hatte Feuerbach eine dezidiert religionskritische, pantheistische Schrift mit dem Titel „Gedanken über Tod und Unsterblichkeit" veröffentlicht.

Pamphletistisch und polemisch werden Theologen als „fromme Quacksalber" gescholten und als stumpfe „Polterköpfe auf der Kanzel" und religiöse Heuchler verhöhnt. Die Einsicht in die unausweichliche Vergänglichkeit alles Seienden führt zu der Erkenntnis, dass sich jeder Mensch um die Welt, in der er lebt, im Bewusstsein der Sterblichkeit sorgen muss und im Genuss des flüchtigen, dahinschwindenden Augenblicks die wahrhafte Erfüllung seines Daseins in der Gegenwart entdecken kann. Feuerbach spricht von der diesseitigen, einheitsstiftenden „göttlichen Liebe", in der die Gegensätze von Leib und Vernunft, Ewigkeit und Zeitlichkeit nicht länger als einander widerstreitend betrachtet und erfahren werden. Verwerflich nennt er das verführerische Trugbild des Paradieses, das einzig dazu verwendet wird, um klerikale wie politische Machtstrukturen zu stützen und Menschen zu unterdrücken. Wahrhaft göttlich sind für Feuerbach Natur und Sinnlichkeit.

Nach dem Rückzug in die ländliche Einöde widmete sich Feuerbach philosophischen Studien zur Subjekt-Objekt-Beziehung. Immer stärker geriet er in kritische Distanz zu Hegel. Letztlich bezeichnete er dessen System als Ausdruck der Unwahrhaftigkeit. Feuerbach kritisiert Hegels „absolute Philosophie" als Gegenbewegung eines „unkritischen Objektivismus" zu einem „hyperkritischen Subjektivismus". Den philosophischen Glauben der Gelehrten tituliert er als „raffiniertes Reflexionsprodukt des Unglaubens": „O, ihr Heuchler und Lügner! Die Früchte des alten Glaubens wollt Ihr im Jenseits genießen, aber im Diesseits Euch unterdessen die Früchte des modernen Unglaubens köstlich schmecken lassen."

Feuerbach kritisierte die Religion aus psychologisch-anthropologischer Perspektive. Die Entstehung religiöser Erscheinungsformen lässt sich aus der konstitutiven Unzulänglichkeit des Menschen und aus vordergründigen Neidgefühlen erklären, die er seinen scheinbar überlegenen Mitmenschen gegenüber empfindet. Mit Zunahme der Kenntnisse über die anderen Menschen wächst beispielsweise die Skepsis in Bezug auf deren intellektuelle Dominanz. Die Gewissheit der eigenen Schwäche und Begrenztheit besteht, das Bewusstsein der Mangelhaftigkeit der Gattung Mensch überhaupt wird erkannt: „Und weil er sich weiß als Mensch, weil er sich seiner Gattung bewusst ist und sich eben daher mit der Gattung identifiziert, so erscheint ihm die menschliche Gattung als etwas höchst Beschränktes, Bemitleidens- und Belächelnswertes; er setzt daher über sie andere Wesen als höhere, in denen er weglässt, was er an der Menschheit bemitleidet oder belächelt … Er stellt sich Luftgestalten vor, aber die wesentliche Gestalt ist immer die menschliche, aber diese ist nur die Erscheinung des inneren Wesens." Gott erweist sich demzufolge als eine spezifische Projektion des an seiner Unvollkommenheit leidenden Menschen.

1841 publiziert Ludwig Feuerbach „Das Wesen des Christentums" und legt dar, dass „Vernunft, Wille und Herz" die inneren Beweggründe der menschlichen Handlungen sind. Notwendig für sein Dasein ist ein beständiger Objektbezug. Erst am Gegenstand erscheint das Wesen des Menschen. Dieser ist, so Feuerbach, sein „wahres objektives Ich". Zielgerichtet tätig erschafft sich der Mensch ein „Gedankending", dem er seine eigenen Eigenschaften zuschreibt: „Die Religion zieht die Kräfte, Eigenschaften, Wesensbestimmungen des Menschen vom Menschen ab und vergöttert sie als selbständige Wesen – gleichgültig ob sie nun, wie im Polytheismus, jedes einzeln für sich zu einem Wesen macht oder, wie im Monotheismus, alle in ein Wesen zusammenfasst." Die fantasievoll ausgestaltete Projektion namens Gott ist nichts als Menschenwerk. Der Mensch ist kein Abbild Gottes, sondern Gott ist ein Abbild des Menschen: „Wie der Mensch denkt, wie er gesinnt ist, so ist sein Gott. So viel Wert der Mensch hat, so viel Wert und nicht mehr hat sein Gott. Das Bewusstsein Gottes ist das Selbstbewusstsein des

Menschen. Die Erkenntnis Gottes ist die Selbsterkenntnis des Menschen. Gott ist das offenbare Innere, das angesprochene Selbst des Menschen; die Religion ist die feierliche Enthüllung der verborgenen Schätze des Menschen, das Eingeständnis seiner innersten Gedanken, das öffentliche Bekenntnis seiner Liebesgeheimnisse ... Die Religion geht überall der Philosophie voraus, wie in der Geschichte der Menschheit, so auch in der Geschichte des Einzelnen. Der Mensch verlegt sein Wesen zuerst außer sich, ehe er es in sich findet."

Von zeitgenössischen Denkern wird Feuerbach als Anbeter der Sinnlichkeit bezeichnet, der Gott aus dem Himmel vertrieben und in jedes Menschen Brust gejagt habe. Feuerbachs Antwort auf verschiedentlich artikulierte Einwände zu seiner Lehre lautet: „Nur die Gattung ist im Stande, die Gottheit, die Religion aufzuheben und zugleich zu ersetzen. Keine Religion haben, heißt: nur an sich selbst denken; Religion haben: an Andere denken. Und diese Religion ist die allein bleibende, wenigstens so lange, als nicht ein einziger Mensch nur auf Erden ist; denn so wie wir nur zwei Menschen, wie Mann und Weib, haben, so haben wir auch schon Religion. Zwei, Unterschied ist der Ursprung der Religion – das Du, der Gott des Ich, denn ich bin nicht ohne Dich; ich hänge vom Du ab; kein Du – kein Ich."

Feuerbachs Philosophie soll einen neuen Humanismus ohne theistische oder dezidiert christliche Bezüge begründen. Er bekennt, er philosophiere allein als „purer blanker Mensch", nicht als Gelehrter. An Hegels Philosophie übt Feuerbach weiterhin Kritik. Wohin setzt sie das Wesen der Natur? Außer die Natur. Wo entdeckt sie das Wesen des Menschen? Außerhalb vom Menschen. Sogar den Prozess des Denkens löst sie vom Denken selbst: „Der Mensch denkt, nicht das Ich, nicht die Vernunft. Die neue Philosophie stützt sich also nicht auf die Gottheit, d. i. die Wahrheit der Vernunft allein für sich, sie stützt sich auf die Gottheit, d. i. die Wahrheit des ganzen Menschen. Oder: Sie stützt sich wohl auch auf die Vernunft, aber auf die Vernunft, deren Wesen das menschliche Wesen, also nicht auf eine wesen-, farb- und namenlose Vernunft, sondern auf die mit dem Blute des Menschen getränkte Vernunft. Wenn daher die alte Philosophie sagte: Nur das Vernünftige ist das Wahre und Wirkliche, so sagt dagegen die neue Philosophie: Nur das Menschliche ist das Wahre und Wirkliche; denn das Menschliche nur ist das Vernünftige; der Mensch das Maß der Vernunft."

Feuerbach philosophierte nicht im „Vakuum der Abstraktion". Als „denkender Mensch" wollte er verstanden sein, nicht als ein „Denker", der „aus der Totalität des wirklichen Menschenwesens" herausgelöst ist: „Das Wirkliche ist im Denken nicht in ganzen Zahlen, sondern nur in Brüchen darstellbar. Diese Differenz ist eine normale – sie beruht auf der Natur des Denkens, dessen Wesen die Allgemeinheit, im Unterschied von der Wirklichkeit, deren Wesen die Individualität ist."

So forderte Feuerbach eine Besinnung auf das philosophische Gespräch. Nur im dialogischen Miteinander, im „Blicke des Menschen", kommt ein jegliches Bewusstsein zu sich selbst: „Nur durch Mitteilung, nur aus der Konversation des Menschen mit dem Menschen entspringen die Ideen. Nicht allein, nur selbander kommt man zu Begriffen, zur Vernunft überhaupt." Er wollte die Theologie als versteckte Anthropologie kenntlich machen. In der Politik kämpfte Feuerbach für die Überwindung der monarchischen Staatsform zu Gunsten der Republik. Noch 1848 hielt Ludwig Feuerbach gut besuchte Vorlesungen zur Kritik der Religion im Heidelberger Rathaus, wohlgemerkt nicht an der Universität. Größere Schriften von ihm werden nicht mehr publiziert. Er beschäftigte sich noch mit dem Problem der Willensfreiheit. Der geschichtsphilosophische Optimismus der Aufklärungsphilosophen und der Idealisten befremdete ihn. Nicht die Vernunft, sondern die „menschliche Eitelkeit ist das Prinzip der Geschichte". Im Oktober 1851 schreibt er: „Lasst uns den Andern glauben, was er will, aber fordert dafür auch von ihm, dass er Dich nicht glauben lässt, was er glaubt. Diese Forderung ist gerecht und billig; aber ungerecht und verwerflich, verwerflicher noch als die Intoleranz des Gläubigen, ist die Intoleranz des Aufgeklärten, welcher von den Andern ohne Unterschied verlangt, dass sie zwar nicht so glauben, aber so denken, so frei und gescheit sein sollen wie er selbst. Man muss auch gegen die Unfreiheit und Dummheit tolerant sein."

Geistig ermattet und körperlich völlig entkräftet starb Ludwig Feuerbach im Jahr 1872.

Karl Marx

„Wenn ein Mensch nur für sich schafft, kann er wohl ein berühmter Gelehrter, ein großer Weiser, ein nur ausgezeichneter Denker, aber nie ein vollendeter, wahrhaft großer Mensch sein", schreibt ein auffallend begabter Schüler, der die Welt verbessern wollte. Der junge Mann sinnt darüber nach, welchen Beruf er wählen soll, und formuliert: „Die Geschichte nennt diejenigen die größten Männer, die, indem sie für das Allgemeine wirkten, sich selbst veredelten; die Erfahrung preist den als den Glücklichsten, der die meisten glücklich gemacht; die Religion selber lehrt uns, dass das Ideal, dem alle nachstreben, sich für die Menschheit geopfert habe, und wer wagte solche Aussprüche zu vernichten? Wenn wir den Stand gewählt, in dem wir am meisten für die Menschheit wirken können, dann können uns Lasten nicht niederbeugen, weil sie nur Opfer für alle sind; dann genießen wir keine arme, eingeschränkte, egoistische Freude, sondern unser Glück gehört Millionen, unsere Taten leben still, aber ewig wirkend fort und unsere Asche wird benetzt von der glühenden Träne edler Menschen."

Karl Marx wurde 1818 in Trier geboren. Etliche seiner Vorfahren waren Rabbiner, der Vater arbeitete als Rechtsanwalt. Marx' Vater musste sich 1816 evangelisch taufen lassen und gehorchte dem politischen Druck. Ein preußisches Gesetz hätte es ihm andernfalls untersagt, weiterhin als Anwalt tätig zu sein. Die Taufe der Kinder erfolgte 1824. Karl Marx besuchte das Trierer Friedrich-Wilhelms-Gymnasium, das von Jesuiten geleitet wurde. Er war fleißig und zielstrebig. Auch im Unterrichtsfach Religion zeigte er gute Leistungen. Als Ethik war die religiöse Weltanschauung für ihn akzeptabel. Nach dem Abitur 1835 studierte Marx in Bonn. Wenig später zog es ihn nach Berlin. Jurisprudenz belegte Karl Marx auf Wunsch des Vaters. Sein Interesse galt vor allem den Vorlesungen über Geschichte und Philosophie. Besonders eifrig war er nicht. Marx besuchte die Lehrveranstaltungen des Hegel-Schülers Eduard Gans, den er sehr schätzte. Privatim las er Aristoteles, Spinoza, Leibniz und Hume. Wegen seiner außerordentlich ungeordneten Lebensführung, die ihm Schulden und die Inhaftierung wegen fortdauernder Ruhestörung eintrug, ergaben sich Differenzen mit dem besorgten Vater. Marx dichtete auch und verfasste romantische Balladen und philosophische Aphorismen. Zeitweilig war ihm vorstellbar, als Literat seine Zeit zuzubringen. Karl Marx lernte Jenny von Westphalen kennen und verlobte sich bald mit ihr. Der Vater unterstützte ihn, auch wenn er Karls Vorhaben und seinen Lebenswandel nur bedingt billigte. Den literarischen Wert der „gediegenen Poesie" des Sohnes wusste der alte Marx richtig einzuschätzen. In einem Brief ermuntert er den temperamentvollen Sprössling zu weiteren Studien und empfiehlt ihm, sich zu mäßigen, „reibe dich nicht auf, du hast noch lange, will's Gott, zu deinem und deiner Familie Wohl, und wenn mich meine Ahnungen nicht irren, zum Wohl der Menschheit zu leben". Nach dem Tod des Vaters 1838 bestand ein sporadischer Kontakt zur Mutter fort.

Finanzielle Zuwendungen aus ihrer Hand nahm Karl Marx gern entgegen.

Dass er zum Poeten nicht taugte, entdeckte der junge Philosoph nach einer Weile selbst. Er vertiefte sich zunehmend in die Probleme der Philosophie. Die Beschäftigung mit Aristoteles und Hegel führte zu Einsichten über den Unterschied zwischen objektiven und subjektiven Bestimmungen und zur Frage des „unrichtigen Denkens" und „unrichtigen Bewusstseins": „Wenn Aristoteles die Synthese als Grund alles Irrtums angibt, so ist das in jeder Hinsicht richtig. Das vorstellende und reflektierende Denken ist überhaupt eine Synthese von Sein und Denken, von Allgemeinem und Einzelnem, von Schein und Wesen. Dann besteht ferner alles unrichtige Denken, auch unrichtige Anschauung, Bewusstsein etc. von Synthesen solcher Bestimmungen, die nicht zueinander gehören, sich selbst äußerlichen, nicht immanenten Beziehungen von objektiven und subjektiven Bestimmungen."

Marx las unausgesetzt. 1839 promovierte er über die „Differenz der demokritischen und epikureischen Naturphilosophie". Kurzzeitig erwog er, eine Gesamtdarstellung der Stoa, des Epikureismus und der Skepsis zu verfassen. Diese Pläne gab er rasch auf, da ihn die hegelsche Philosophie nachhaltiger beschäftigte. Eine ganz andere Art der Differenz erkannte Marx zwischen der systematischen Einheit der vollendeten Philosophie, in der Idee und Wirklichkeit miteinander verflochten sind, und der grauen Realität des Alltagslebens. Marx beschloss die Schwächen von Hegels Denken zu analysieren. Dessen Opportunität gegenüber dem preußischen Staat ergrimmte ihn: „Die Welt ist also eine zerrissene, die einer in sich totalen Philosophie gegenübertritt. Die Erscheinung der Tätigkeit dieser Philosophie ist dadurch auch eine zerrissene und widersprechende; ihre objektive Allgemeinheit kehrt sich um in subjektive Formen des einzelnen Bewusstseins, in denen sie lebendig ist ...

Wer diese geschichtliche Notwendigkeit nicht einsieht, der muss konsequenterweise leugnen, dass überhaupt nach einer totalen Philosophie noch Menschen leben können, oder er muss die Dialektik des Maßes als solche für die höchste Kategorie des sich wissenden Geistes halten und mit einigen unseren falsch verstehenden Hegelianern behaupten, dass die *Mittelmäßigkeit* die normale Erscheinung des absoluten Geistes ist."

Die Zurückweisung des anthropologischen Materialismus von Feuerbach erfolgte Jahre später. Emanzipatorischer Fortschritt bedeutete für Marx die Erkenntnis und Organisation des Menschen als gesellschaftliche Kraft. Auf diese Weise, gesellschaftlich also, soll der Mensch bestimmt werden, nicht als ein „abstraktes" und „außer der Welt hockendes Wesen". Marx begnügte sich nicht mit der aufklärerischen Religionskritik, die, wie noch bei Feuerbach, den manipulativen Charakter der Religion, eingesetzt zur Stabilisierung des Staates, sichtbar machte. Für Marx ist die Religion zugleich „Opium" inmitten des Elends, der „Seufzer der bedrängten Kreatur" und das „Gemüt einer herzlosen Welt" angesichts belastender sozialer Verhältnisse: „Die Aufhebung der Religion als des illusorischen Glücks des Volkes ist die Forderung seines wirklichen Glücks. Die Forderung, die Illusionen über seinen Zustand aufzugeben, ist die Forderung, einen Zustand aufzugeben, der der Illusionen bedarf. Die Kritik der Religion ist also im Keim die Kritik des Jammertales, dessen Heiligenschein die Religion ist … Die Religion ist nur die illusorische Sonne, die sich um den Menschen bewegt, solange er sich nicht um sich selbst bewegt. Es ist also die Aufgabe der Geschichte, nachdem das Jenseits der Wahrheit verschwunden ist, die Wahrheit des Diesseits zu etablieren … Die Kritik des Himmels verwandelt sich damit in die Kritik der Erde, die Kritik der Religion in die Kritik des Rechts, die Kritik der Theologie in die Kritik der Politik." Konsequent entwickelt Marx diesen Gedanken weiter: „Die Kritik der Religion endet mit der Lehre, dass der Mensch das höchste Wesen für den Menschen sei, also mit dem kategorischen Imperativ, alle Verhältnisse umzuwerfen, in denen der Mensch ein erniedrigtes, ein geknechtetes, ein verlassenes, ein verächtliches Wesen ist …" Marx beruft sich auf den gemeinen Menschenverstand wider Hegel, der überall die Idee zum Subjekt und das wirkliche Subjekt, die bürgerliche Gesellschaft, zum Prädikat mache: „Der Staat ist ein Abstraktum. Das Volk allein ist das Konkretum … Der Mensch ist nicht des Gesetzes, sondern das Gesetz ist des Menschen wegen da."

Die Schärfung des Bewusstseins für die Bedeutsamkeit der sozialen Frage trat bei Karl Marx im Wesentlichen erst seit seinem Aufenthalt in Paris zu Tage. Da eine akademische Laufbahn nicht in Betracht kam, war er seit 1842 als Journalist bei der von politischer Maßregelung und Zensur bedrohten „Rheinischen Zeitung" tätig. Im Juni 1843 heiratete Marx seine langjährige Verlobte Jenny. Die Übersiedlung nach Frankreich erfolgte wenige Monate später. Karl Marx besuchte Arbeiterversammlungen und erwärmte sich zunehmend für die Idee des Kommunismus. Aus den „verhärteten Gesichtern" der Arbeiter leuchtete der „Adel der Menschheit" hervor. Mit Heinrich Heine befreundete sich Marx binnen kurzem, ebenso mit Michail Bakunin und Georg Herwegh. Marx formulierte „Vorläufige Thesen zu einer Reformation der Philosophie". Er schreibt: „Wir dürfen nur immer das Prädikat zum Subjekt, und so als Subjekt zum Objekt und Prinzip machen – also die spekulative Philosophie nur umkehren, so haben wir die unverhüllte, die pure, die blanke Wahrheit." Den „völligen Verlust des Menschen" konstatierend, fordert Marx die „völlige Wiedergewinnung des Menschen" durch das Proletariat, das durch die industrielle Revolution und die mit ihr verbundene „künstlich produzierte Armut" entstanden ist: „Wie die Philosophie im Proletariat ihre materiellen, so findet das Proletariat in der Philosophie seine geistigen Waffen, und sobald der Blitz des Gedankens gründlich in diesen naiven Volksboden eingeschlagen hat, wird sich die Emanzipation der Deutschen zu Menschen vollziehen … Der Kopf dieser Emanzipation ist die Philosophie, ihr Herz das Proletariat. Die Philosophie kann sich nicht verwirklichen ohne die Aufhebung des Proletariats, das Proletariat kann sich nicht aufheben ohne die Verwirklichung der Philosophie."

Marx studierte nun die Theorien der Nationalökonomie. Gründlich befasste er sich mit den Kategorien Arbeit, Vergegenständlichung, Entfremdung und Aufhebung: „Das Große an der hegelschen *Phänomenologie* und ihrem Endresultate – der Dialektik der Negativität als dem bewegenden und erzeugenden Prinzip – ist also einmal, dass Hegel die Selbsterzeugung des Menschen als einen Prozess fasst, die Vergegenständlichung der Entgegenständlichung, als Entäußerung und als Aufhebung dieser Entäußerung; dass er also das Wesen der *Arbeit* fasst und den gegenständlichen Menschen, den wahren, weil wirklichen Menschen, als Resultat seiner *eignen Arbeit* begreift." Arbeit ist für Marx die Tätigkeit des wirklichen Menschen und niemals eine Abstraktion. Er veranschaulicht in besonderer Eindringlichkeit das Problem der „entfremdeten Arbeit", die ein unverkennbares Signum der industriellen Revolution ist. Im Arbeitsprozess vergegenständlicht der Mensch sein Wesen. Er entäußert sich in dem Gegenstand, der ihm gegenübertritt als etwas, das ihm selbst entfremdet ist. Dem Arbeiter bleibt sein Tagewerk äußerlich. Was er tut, ist nicht Teil seiner selbst. Statt sich arbeitend zu bejahen, verneint er sich in seiner Tätigkeit. Er fühlt sich unglücklich. Der Arbeiter stumpft ab, ermattet geistig und ruiniert seine körperlichen Kräfte. Was er verrichtet, ist eine Arbeit aus Zwang. Der Gegenstand, den der Arbeiter herstellt, ist ihm als Produzenten entrissen. Was er bearbeitet, ist sozusagen sein Werk, ohne dass es zu ihm gehört. Statt ein

Verhältnis zum Arbeitsprodukt einzunehmen wie ein Künstler zu einem Kunstwerk, hat er zum bearbeiteten Gegenstand kein Verhältnis. Auch dem Leben in der Gemeinschaft mit seinen Mitmenschen ist er entfremdet: „Wenn der Mensch sich selbst gegenübersteht, so steht ihm der *andre* Mensch gegenüber. Was von dem Verhältnis zu seiner Arbeit, zum Produkt seiner Arbeit und zu sich selbst, das gilt von dem Verhältnis des Menschen zum andren Menschen wie zur Arbeit und dem Gegenstand der Arbeit des andren Menschen." Das Arbeitsprodukt gehört nicht dem Arbeiter selbst, sondern einem anderen Menschen oder einer ihm fremden Macht: „Also durch die entfremdete, entäußerte Arbeit erzeugt der Arbeiter das Verhältnis eines der Arbeit fremden und außer ihr stehenden Menschen zu dieser Arbeit. Das Verhältnis des Arbeiters zur Arbeit erzeugt das Verhältnis des Kapitalisten zu derselben, oder wie man sonst den Arbeitsherrn nennen will. Das *Privateigentum* ist also das Produkt, das Resultat, die notwendige Konsequenz der *entäußerten Arbeit*, des äußerlichen Verhältnisses des Arbeiters zu der Natur und zu sich selbst. Das Privateigentum ergibt sich also durch Analyse aus dem Begriff der entäußerten Arbeit, d. i. des entäußerten Menschseins, der entfremdeten Arbeit, des entfremdeten Lebens, des entfremdeten Menschen." Arbeitsteilung und die Herrschaft des Geldes auf dem freien Markt sind die sichtbaren Zeichen der Entfremdung. Das Proletariat kennzeichnet der „völlige Verlust des Menschen". Damit sich der Mensch verwirklichen kann, muss sich das Proletariat selbst aufheben. Bis dahin bleibt menschliches Leben an die Macht des Geldes gebunden: „Das Geld verwandelt die Treue in Untreue, die Liebe in Hass, den Hass in Liebe, die Tugend in Laster, die Laster in Tugend, den Knecht in den Herrn, den Herrn in den Knecht, den Blödsinn in Verstand, den Verstand in Blödsinn."

Die politische Befreiung aus der „menschlichen Selbstentfremdung" soll durch die „positive Aufhebung des Privateigentums" und die Etablierung des Kommunismus erfolgen, in dem der Mensch sich wieder seiner selbst bemächtigt hat. Den Kommunismus bezeichnet Marx als „Rückkehr des Menschen zu sich als eines gesellschaftlichen, d. h. menschlichen Menschen". Als „vollendeter Naturalismus" ist der Kommunismus ein „vollendeter Humanismus", der den Widerstreit zwischen Mensch und Natur auflöst, den Konflikt zwischen „Existenz" und „Wesen", zwischen „Vergegenständlichung" und „Selbstbestätigung", zwischen „Freiheit" und „Notwendigkeit", zwischen dem Individuum Mensch und seiner Gattung. In der „Deutschen Ideologie" folgt die Auseinandersetzung mit Ludwig Feuerbach und die Entwicklung der „materialistischen Geschichtsauffassung": „Die Produktionsweise des materiellen Lebens bedingt den sozialen, politischen und geistigen Lebensprozess überhaupt. Es ist nicht das Bewusstsein der Menschen, das ihr Sein, sondern umgekehrt ihr gesellschaftliches Sein, das ihr Bewusstsein bestimmt." Marx wollte praktisch wirksam werden und die „Diesseitigkeit seines Denkens" beweisen: „Die Philosophen haben die Welt nur verschieden interpretiert; es kömmt darauf an, sie zu verändern." Doch kann ein Philosoph wirklich die Welt verändern? Da der Kommunismus für Marx das sich als Lösung wissende „aufgelöste Rätsel der Geschichte" darstellt, erscheint es folgerichtig, dass er gemeinsam mit seinem Gesinnungsgenossen und Freund, dem Fabrikantensohn Friedrich Engels, 1848 im „Manifest der Kommunistischen Partei" die Proletarier zu einer messianischen Bewegung stilisiert und diese aufruft, kämpfend die verheißene kommunistische Gesellschaft zu realisieren. Dieses Manifest beruht auf der „wissenschaftlichen Einsicht in die ökonomische Struktur der bürgerlichen Gesellschaft". Mit prophetischer Selbstgewissheit werden der Triumph des Proletariats und die Beseitigung der Klassenherrschaft verkündet. Dadurch erst wird die menschliche Gesellschaft ermöglicht: „Die Geschichte aller bisherigen Gesellschaft ist die Geschichte von Klassenkämpfen … An die Stelle der alten bürgerlichen Gesellschaft mit ihren Klassen und Klassengegensätzen tritt eine Assoziation, worin die freie Entwicklung eines jeden Bedingung für die freie Entwicklung aller ist. Proletarier aller Länder, vereinigt euch!"

Von 1845 bis 1848 lebte Marx in Brüssel und arbeitete dort für eine deutschsprachige Zeitung. 1848 wurde er aus Belgien ausgewiesen. Marx begab sich nach Köln. Dort stieg er zum Chefredakteur der „Neuen Rheinischen Zeitung" auf. Nach den politischen Unruhen von 1848/49, vor allem wegen seines Engagements für die revolutionären Kräfte, wurde er als Staatenloser am 16. Mai 1849 des Landes verwiesen und musste binnen vierundzwanzig Stunden Preußen verlassen. Über Paris gelangte Karl Marx nach London. Nur mühsam fand er neue Aufgaben. Er arbeitete kontinuierlich an seinem Hauptwerk. Die Schrift „Zur Kritik der politischen Ökonomie" wurde 1859, die überarbeitete und erweiterte Fassung unter dem Titel „Das Kapital" im Jahr 1867 veröffentlicht. Das emanzipatorische Ideal einer sozialen Revolution wird beibehalten. Die Argumentationsweise ändert sich. Soziologische Analysen ersetzen philosophische Betrachtungen. Sein Denken verbindet die Begriffe der Frühschriften mit ökonomischen Kategorien.

Unverändert forderte Karl Marx die Abkehr von einer bloßen Interpretation des Weltzustandes und die Realisierung eines wirklichen Humanismus in Gestalt des Kommunismus. Gegen allzu borniert Genossen gerichtet ist ein überlieferter Ausspruch aus dieser Zeit: „Was mich angeht, so bin ich kein Marxist." In „Das Kapital" schildert Marx die Situation der Arbeiter in seiner Zeit so, „dass vor dem Kapital alle Menschen gleich sind", ausgebeutet, geknechtet und entwürdigt. Marx berichtet vom Tod der Putzmacherin Mary Anne Walkley, die im Alter von zwanzig Jahren in einer Putzmanufaktur, „ausgebeutet von einer Dame mit dem gemütlichen Namen Elise", scheinbar plötzlich verstorben ist: „Diese Mädchen arbeiten durchschnittlich 16 $^1/_2$ Stunden, während der Saison aber oft 30 Stunden ununterbrochen, wobei ihre versagende ‚Arbeitskraft' durch gelegentliche Zufuhr von Sherry, Portwein oder Kaffee flüssig erhalten wird. Und es war grade die Höhe der Saison. Es galt die Prachtkleider adeliger Damen für den Huldigungsball bei der frisch eingeführten Kronprinzessin im Umsehn fertig zu zaubern. Mary Anne Walkley hatte 26 $^1/_2$ Stunden ohne Unterlass gearbeitet, zusammen mit 60 andren Mädchen, je 30 in einem Zimmer, das kaum ein Drittel der nötigen Kubikzoll Luft gewährte, während sie nachts zwei zu zwei ein Bett teilten in einem der Sticklöcher, in die der Schlafraum durch Bretterwände abgepfercht war. Und dies war eine der besseren Putzmachereien Londons. Mary Anne Walkley erkrankte am Freitag und starb am Sonntag, ohne, zum Erstaunen von Frau Elise, auch nur vorher das letzte Putzstück fertig zu machen." Der „Vampirdurst nach lebendigem Arbeitsblut" in der kapitalistischen Produktionsweise ignoriert natürliche Grenzen der physischen und psychischen Kräfte der Arbeiter und die Würde des Menschen. Marx erläutert in diesem Zusammenhang das Problem des „Mehrwerts". Die Arbeiter werden um den Teil ihrer Leistung betrogen, den die Kapitalisten einbehalten. Der Kapitalist häuft den „Mehrwert" an. Er akkumuliert das Kapital. Das Proletariat hingegen verelendet.

Auch über Kinderarbeit berichtet Karl Marx in „Das Kapital". Er weist darauf hin, dass nicht einmal das „kirchenstrenge Parlament" in der „Sabbatentheiligung" ein Problem sieht. Der „Werwolfshunger nach Mehrarbeit" richtet sich auf alle Tage der Woche aus, da der Arbeiter aus der Sicht der Kapitalisten „durch nichts ist außer Arbeitskraft". Bildung ist das „Spiel der geistigen und körperlichen Kräfte", die Sonntagsruhe nichts als „reiner Firlefanz". Der Kapitalist sieht sowohl über die moralischen Aspekte als auch über die körperlichen Grenzen des Arbeiters hinweg: „Das Kapital usurpiert die Zeit für Wachstum, Entwicklung und gesunde Erhaltung des Körpers. Es raubt die Zeit, erheischt zum Verzehr von freier Luft und Sonnenlicht. Es knickert ab an der Mahlzeit und einverleibt sie wo möglich dem Produktionsprozess selbst, so dass dem Arbeiter als bloßem Produktionsmittel Speisen zugesetzt werden, wie dem Dampfkessel Kohle und der Maschinerie Talg und Öl. Den gesunden Schlaf zur Sammlung, Erneuerung und Erfrischung der Lebenskraft verkürzt es auf so viel Stunden Erstarrung, als die Wiederbelebung eines absolut erschöpften Organismus unentbehrlich macht … Das Kapital fragt nicht nach der Lebensdauer der Arbeitskraft. Was es interessiert, ist einzig und allein das Höchstmaß von Arbeitskraft, das in einem Arbeitstag flüssig gemacht werden kann."

Marx wollte die Lohnarbeit abgeschafft und dadurch auch die kantische Forderung, den Menschen jederzeit als Zweck an sich selbst zu begreifen und zu behandeln, verwirklicht sehen. Im Kommunismus ist die Entfaltung und Verwirklichung der eigenständigen Persönlichkeit gewährleistet durch die notwendige Übereinstimmung mit der Vernunft. Bis das Ziel der Geschichte erreicht ist, werden sich die Kapitalisten und Proletarier bekämpfen.

Nach Marx' Verständnis der historischen Entwicklung bestand in jeder vorangegangenen Epoche ein Kampf um die Produktionsmittel. Im Mittelalter gab es den Feudaladel und die Landwirtschaft. Dem folgten die Bourgeoisie und die Industrie. Auf dem Höhepunkt der Entwicklung ergab sich eine Revolution. Die herrschende Klasse wurde gestürzt. Die neuen Mächtigen vertraten die Interessen der Unterdrückten. Aber auch sie wurden wieder, von der Macht korrumpiert, zu einer Last und mussten notwendigerweise gestürzt werden. Für das Ende der Geschichte erwartet Karl Marx den Kampf zwischen den Großkapitalisten und den Proletariern, die sich, gemäß dem Aufruf aus dem „Kommunistischen Manifest", verbündet haben, um die „Despotie des Kapitals" zu brechen und das letzte Gefecht zu bestehen, das nicht als Kampf um Produktionsmittel, sondern aus der schlichten Lebensnotwendigkeit heraus geführt wird. Dieser Auseinandersetzung folgt die „klassenlose Gesellschaft". In der „Deutschen Ideologie" ist das verheißene Zeitalter beschrieben. Die Arbeitsteilung ist aufgehoben, „soweit nämlich die Arbeit verteilt zu werden anfängt, hat jeder einen bestimmten ausschließlichen Kreis der Tätigkeit, der ihm aufgedrängt wird, aus dem er nicht herauskann". In der „klassenlosen Gesellschaft" kann sich jeder Mensch „in jedem beliebigen Zweige ausbilden", weil „die Gesellschaft die allgemeine Produktion regelt und mir eben dadurch möglich macht, heute dies, morgen jenes zu tun, morgens zu jagen, nachmittags zu fischen, abends Viehzucht zu treiben, nach dem Essen zu kritisieren, wie ich gerade Lust habe; ohne je Jäger, Fischer, Hirt oder Kritiker zu werden", also einfach nur als freier Mensch zu leben, ganz bei sich selbst zu sein und nicht als funktionalisiertes Produktionsmittel zweckrational eingesetzt zu werden. Karl Marx träumte von einer Welt, in der niemand von der „Fieberhast der Maschinen" angetrieben wird und kein Kind länger in Flachsspinnereien zur Arbeit genötigt ist, während „Auge, Ohr, Nasenlöcher und Mund sich sofort füllen mit Flachsstaubwölkchen, vor denen kein Entrinnen ist", sondern ganz und gar Kind sein darf und nicht als wehrloses Opfer eines unmenschlichen Produktionsprozesses jämmerlich zu Grunde gehen muss.

Karl Marx arbeitete weiterhin als Journalist für Londoner Zeitungen. Er blieb energisch und selbstgewiss, duldete weder Widerspruch noch Kritik. Über die Mitmenschen urteilte er radikal. Seine Untreue und die anhaltende Armut sorgten für familiäre Konflikte. Marx' Kleidung wurde zuweilen ins Pfandhaus versetzt. Friedrich Engels unterstützte ihn, auch finanziell, so gut er konnte. Jenny Marx verstarb 1881. Im folgenden Jahr unternahm Karl Marx noch Reisen nach Nordafrika, Frankreich und in die Schweiz. Die geistigen und körperlichen Kräfte ließen rapide nach. Marx starb am 14. März 1883 eines sanften Todes.

Was bleibt von der deutschen Philosophie der Aufklärung? Immanuel Kant würde darauf verweisen, dass der „Ausgang aus der selbst verschuldeten Unmündigkeit" für jede Generation aufs Neue eine wichtige Aufgabe bildet – und er ermunterte einen jeden von uns, den selbstständigen Vernunftgebrauch zu lernen. Das bedeutet auch in unserer Zeit, dass wir anfangen, uns etwa mit Kant, Hegel und Schopenhauer zu beschäftigen. Wir beleuchten ihre Denkwege kritisch und untersuchen ihre philosophischen Systeme. Während wir dies tun, beginnen wir – oft ganz unbemerkt – zu philosophieren. Wir erfahren dabei etwas über das Zeitalter der Aufklärung und zugleich über uns selbst. Vielleicht sind wir dann wie aus Fesseln befreit. Niemand muss Marxist werden, um mit Karl Marx zu erkennen, dass Philosophie als eine müßige Denktätigkeit, die bei sich selbst bleibt, ihre Bestimmung verfehlt hat. Wie im 18. und 19. Jahrhundert sind auch heute viele Menschen nicht bereit, die konkrete Hoffnung auf eine bessere Welt preiszugeben. Dies beflügelt ihr Denken und motiviert ihr Handeln.

So wie wir haben sich Menschen im Zeitalter der Aufklärung gefragt: Was kann ich wissen? Was soll ich tun? Was darf ich hoffen? Was ist der Mensch? Wenn wir die Fragen unserer Zeit genauso wie die zeitlosen Fragen der Philosophie erkennen, beginnen wir mit Kant und Hegel, mit Feuerbach und Marx zu philosophieren – und verwalten so auf beste Weise das geistige Vermächtnis der großen Denker jener Epoche.

Literaturverzeichnis

Die von mir verwendeten Zitate sind um der besseren Lesbarkeit willen in der Regel der derzeit gültigen neuen deutschen Rechtschreibung angepasst.

Alle Leser, die sich eingehend mit der Philosophie der Aufklärung beschäftigen möchten, seien zum Selbststudium der klassischen Texte jener Zeit ermuntert. Aus dem reichhaltigen Schrifttum zu dieser Epoche der Philosophiegeschichte habe ich eine Liste einiger Werke, die ich bei der Abfassung dieser Darstellung zu Rate gezogen habe, zusammengestellt. Für ein angemessenes Verständnis der unter II b) versammelten Schriften sind indessen elementare Kenntnisse der Aufklärungsphilosophie erforderlich.

I. Primärliteratur

DONOSO CORTÉS, JUAN: Der Staat Gottes. Eine katholische Geschichtsphilosophie. Übers. und hrsg. v. Ludwig Fischer. Karlsruhe 1933.

FEUERBACH, LUDWIG: Gesammelte Werke. Hrsg. v. W. Schuffenhauer. Berlin 1967 ff.

FICHTE, JOHANN GOTTLIEB: Werke. Auswahl in sechs Bänden und einem Ergänzungsband mit Biographie Fichtes. Hrsg. v. F. Medicus. Leipzig 1908 f.

HEGEL, GEORG WILHELM FRIEDRICH: Werke. Auf der Grundlage der Werke von 1832–45 neu edierte Ausgabe. Redaktion Eva Moldenhauer und Karl Markus Michel. Frankfurt a. M. 1969/70.

HERDER, JOHANN GOTTFRIED: Sprachphilosophische Schriften. Aus dem Gesamtwerk ausgewählt, mit einer Einleitung, Anmerkungen und Register versehen v. Erich Heintel. Hamburg 1960.

DERS.: Werke in zehn Bänden. Bd. 6: Ideen zur Philosophie der Geschichte der Menschheit. Hrsg. v. Martin Bollacher. Frankfurt a. M. 1989.

DERS.: Werke in zehn Bänden. Bd. 7: Briefe zur Beförderung der Humanität. Hrsg. v. Hans-Dietrich Irmscher. Frankfurt a. M. 1991.

HUMBOLDT, WILHELM VON: Werke in fünf Bänden. Hrsg. v. Andreas Flitner und Klaus Giel. Darmstadt ³1980.

KANT, IMMANUEL: Sämtliche Werke in sechs Bänden. Hrsg. v. Wilhelm Weischedel. Mit Übers. v. Monika Bock und Norbert Hinske. Darmstadt 1983.

KIERKEGAARD, SÖREN: Gesammelte Werke. Hrsg. v. Emanuel Hirsch und Hayo Gerdes. Gütersloh 1979 ff.

DE MAISTRE, JOSEPH: Von der Souveränität. Ein Anti-Gesellschaftsvertrag. Berlin 2000.

MARX, KARL: Studienausgabe in sechs Bänden. Hrsg. v. H.-J. Lieber und P. Furth. Stuttgart 1962 ff.

ROUSSEAU, JEAN-JACQUES: Oeuvres complètes, hrsg. v. B. Gagnebin und M. Raymond. Paris 1959 ff.

DERS.: Diskurs über die Ungleichheit/Discours sur l'inégalité. Kritische Ausgabe v. H. Meier. Paderborn u. a. ³1984.

SCHELLING, FRIEDRICH WILHELM JOSEPH: Ausgewählte Schriften in sechs Bänden. Hrsg. v. Manfred Frank. Frankfurt a. M. 1985.

SCHOPENHAUER, ARTHUR: Sämtliche Werke. Textkritisch bearbeitet und hrsg. v. Wolfgang Frhr. von Löhneysen. Frankfurt a. M. 1986.

WOLFF, CHRISTIAN: Gesammelte Schriften. Hrsg. v. J. Ecole u. a. Hildesheim 1962 ff.

II. a) Sekundärliteratur mit einführendem Charakter

AYER, ALFRED J.: Voltaire. Eine intellektuelle Biographie. Weinheim 1994.

BERLIN, ISAIAH: Karl Marx. Sein Leben und sein Werk. München 1959.

DERS.: Der Magus in Norden. J. G. Hamann und der Ursprung des modernen Irrationalismus. Hrsg. v. Henry Hardy. Aus dem Englischen v. Jens Hagestedt. Berlin 1993.

BLUMENBERG, WERNER: Marx. Reinbek bei Hamburg 1962.

BRØCHNER, HANS: Erinnerungen an Søren Kierkegaard. Aus dem Dänischen übers. und hrsg. v. Tim Hagemann. Bodenheim 1997.

CASSIRER, ERNST: Kants Leben und Lehre. Darmstadt 1994.

DERS.: Rousseau, Kant, Goethe. Hrsg., eingeleitet sowie mit Anmerkungen und Register versehen v. Rainer A. Bast. Hamburg 1991.

FETSCHER, IRING: Karl Marx und der Marxismus. Von der Philosophie des Proletariats zur proletarischen Weltanschauung. München 1967.

FICK, MONIKA: Lessing-Handbuch. Leben – Werk – Wirkung. Stuttgart [2]2004.

FISCHER, KUNO: Hegels Leben, Werke und Lehre. Darmstadt 1963 (Neudruck).

FORSCHNER, MAXIMILIAN: Rousseau. Freiburg/München 1977.

FRANK, MANFRED: Eine Einführung in Schellings Philosophie. Frankfurt a. M. 1985.

GEIER, MANFRED: Kants Welt. Eine Biographie. Reinbek bei Hamburg 2003.

GERHARDT, VOLKER: Immanuel Kant. Vernunft und Leben. Stuttgart 2002.

HÖFFE, OTFRIED: Immanuel Kant. München 1983.

HORSTMANN, ROLF-PETER: Wahrheit aus dem Begriff. Eine Einführung in Hegel. Frankfurt a. M. 1990.

IRRLITZ, GERD: Kant-Handbuch. Leben und Werk. Stuttgart 2002.

JAESCHKE, WALTER: Hegel-Handbuch. Leben – Werk – Wirkung. Stuttgart 2003.

JASPERS, KARL: Schelling. Größe und Verhängnis. München 1955.

DERS.: Kant. Leben, Werk, Wirkung. München 1975.

KONDYLIS, PANAJOTIS: Die Aufklärung im Rahmen des neuzeitlichen Rationalismus. Stuttgart 1981.

KORFMACHER, WOLFGANG: Schopenhauer zur Einführung. Hamburg 1994.

KREIMENDAHL, LOTHAR (HRSG.): Philosophen des 18. Jahrhunderts. Eine Einführung. Darmstadt 2000.

KÜHN, MANFRED: Kant. Eine Biografie. München 2003.

LIESSMANN, KONRAD PAUL: Die großen Philosophen und ihre Probleme. Vorlesungen zur Einführung in die Philosophie. Wien 2001.

MÖBUSS, SUSANNE: Schopenhauer für Anfänger. Die Welt als Wille und Vorstellung – Eine Lese-Einführung. München 2001.

PÜTZ, PETER: Die deutsche Aufklärung. Darmstadt ⁴1991.

RITTER, JOACHIM: Metaphysik und Politik. Studien zu Aristoteles und Hegel. Frankfurt a. M. 1969.

RÖD, WOLFGANG: Der Gott der reinen Vernunft. Die Auseinandersetzung um den ontologischen Gottesbeweis von Anselm bis Hegel. München 1992.

DERS.: Der Weg der Philosophie. Bd. II.: 17. bis 20. Jahrhundert. München 1996.

ROHDE, PETER P.: Kierkegaard. Hamburg 1959.

SAFRANSKI, RÜDIGER: Schopenhauer und die wilden Jahre der Philosophie. Eine Biographie. Frankfurt am Main 2002.

SASS, HANS-MARTIN: Ludwig Feuerbach. Reinbek bei Hamburg 1978.

SCHNEIDERS, WERNER: Hoffnung auf Vernunft. Aufklärungsphilosophie in Deutschland. Hamburg 1990.

SEIDEL, HELMUT: Johann Gottlieb Fichte zur Einführung. Hamburg 1997.

STAROBINSKI, JEAN: Montesquieu. Frankfurt a. M. 1995.

DERS.: Rousseau. Eine Welt von Widerständen. München 1991.

TAYLOR, CHARLES: Hegel. Frankfurt a. M. 1983.

VORLÄNDER, KARL: Immanuel Kant: der Mann und das Werk. Hamburg ³1992.

DERS.: Geschichte der Philosophie. Zweiter Band: Die Philosophie der Neuzeit bis Kant. Neu bearb. und mit Literaturübersichten versehen von Hinrich Knittermeyer. Hamburg ⁹1955.

DERS.: Geschichte der Philosophie. Dritter Band, 1. Teilband: Die Philosophen in der ersten Hälfte des 19. Jahrhunderts. Völlig neu bearb. und mit Literaturübersichten versehen v. Lutz Geldsetzer. Hamburg ⁹1975.

WEISCHEDEL, WILHELM: Die philosophische Hintertreppe. München 1996.

WETZ, FRANZ JOSEF: Friedrich W. J. Schelling zur Einführung. Hamburg 1996.

WIEDMANN, FRANZ: Georg Wilhelm Friedrich Hegel. Reinbek bei Hamburg 1965.

II. b) weiterführende Sekundärliteratur

ALLISON, HENRY A.: Kant's Transcendental Idealism. New Haven/London 1983.

BEIERWALTES, WALTER: Platonismus und Idealismus. Frankfurt a. M. 1972.

BENSCH, HANS-GEORG: Perspektiven des Bewußtseins. Hegels Anfang der *Phänomenologie des Geistes*. Würzburg 2005.

BICKMANN, CLAUDIA: Differenz oder das Denken des Denkens. Hamburg 1996.

BRANDT, REINHARD: Rousseaus Philosophie der Gesellschaft. Stuttgart-Bad Cannstatt 1974.

EHRHARDT, WALTER E.: Philosophiegeschichte und geschichtlicher Skeptizismus. Bern 1967.

GRAU, GERD-GÜNTHER: Die Selbstauflösung des christlichen Glaubens. Eine religionsphilosophische Studie über Kierkegaard. Frankfurt a. M. 1963.

HENRICH, DIETER: Fichtes ursprüngliche Einsicht. Frankfurt a. M. 1967.

HINSKE, NORBERT: Kant als Herausforderung an die Gegenwart. Freiburg/München 1980.

HÖFFE, OTFRIED: Kants ›Kritik der reinen Vernunft‹. Die Grundlegung der modernen Philosophie. München 2003.

HORSTMANN, ROLF-PETER: Die Grenzen der Vernunft. Eine Untersuchung zu Zielen und Motiven des Deutschen Idealismus. Frankfurt a. M. 1991.

LÖWITH, KARL: Sämtliche Schriften. Bd. 4: Von Hegel zu Nietzsche. Stuttgart 1988.

LÜTTERFELDS, WILHELM: Das Erklärungsparadigma der Dialektik. Würzburg 2005.

PAPROTNY, THORSTEN: Dissonante Harmonie. Zur kulturanthropologischen Bedeutung symbolischer Formen. Würzburg 1999.

PATON, HERBERT J.: Der Kategorische Imperativ. Eine Untersuchung über Kants Moralphilosophie. Berlin 1962.

SALA, GIOVANNI B.: Kants ›Kritik der praktischen Vernunft‹. Ein Kommentar. Darmstadt 2004.

SCHMIDT, ALFRED: Emanzipatorische Sinnlichkeit. Ludwig Feuerbachs anthropologischer Materialismus. München 1973.

SCHULZ, WALTER: Die Vollendung des deutschen Idealismus in der Spätphilosophie Schellings. Pfullingen 1975.

Für vielerlei Hilfe danke ich sehr herzlich Ingvild Bode, Annika Krüger M.A., Dr. Rainer Miehe, Holger Müller M.A. und meinen Eltern. Wertvolle Anregungen verdanke ich Herrn Prof. Dr. Gerd-Günther Grau.

Lesen – Denken - Staunen

Thorsten Paprotny
Kurze Geschichte der antiken Philosophie
Band 5286
„Erkenne dich selbst!" Die alltagspraktische Weisheit der antiken
Philosophie – spannend bis heute.

Gerd B. Achenbach
Das kleine Buch der inneren Ruhe
Band 5497
Lebensbalance und Gelassenheit, Stille und Einkehr in uns selbst finden
und zum ruhenden Pol auch für andere werden. Dazu inspiriert der Gründer
der weltweit ersten Philosophischen Praxis.

Gerd B. Achenbach
Lebenskönnerschaft
Band 5123
Wie führe ich mein Leben, damit es sinnvoll und lebenswert ist?
Worauf es ankommt, sind die existenziellen Herausforderungen und
das Wissen, was wirklich wichtig ist. Dem Könner des Lebens
wird der „Lebenslauf" zum „Lebensweg".

Gerd B. Achenbach
Vom Richtigen im Falschen
Wege philosophischer Lebenskönnerschaft
Band 5270
Lebenskönner besinnen sich auf das, was bei existentiellen
Lebensproblemen hilft. Sie handeln aufrecht, nachdenklich und beherzt.
In exemplarischen Geschichten zeigt Achenbach, wie das geht.

Michael Simon Babenberger
**Wie Wittgenstein das Rechnen verlernte –
und andere philosophische Rätsel**
Band 5276
Am Anfang steht das Staunen – und plötzlich versteht man die Pointe.
Ein spielerischer Streifzug durch die Geschichte der Philosophie, der Lust
macht, mit– und weiterzudenken.

HERDER spektrum

Hans-Peter Dürr/Marianne Oesterreicher
Wir erleben mehr als wir begreifen
Quantenphysik und Lebensfragen
Band 4847
Wie sprechen wir über das, was Wissenschaft nicht fassen kann?
Was bedeuten Identität und Verantwortung? Eine spannende Begegnung.

Erich Fromm
Die Antwort der Liebe
Die Kunst des richtigen Lebens
Band 5366
Liebe zum Leben – sich auf das Leben einlassen, ohne es absolutem
Sicherheitsdenken unterzuordnen.

Erich Fromm
Authentisch leben
Band 4839
Wissen, was die eigene Person ausmacht, sich nicht von außen leiten lassen,
sondern das Leben bewusst aus eigenen Quellen gestalten.

Erich Fromm
Die Kunst des Lebens
Zwischen Haben und Sein
Band 4917
Ein lebenspraktisches Buch über die Kunst, tiefer zu leben.

Stanislav Grof/Peter Fenwick/Michael Grosso
Wir wissen mehr als unser Gehirn
Die Grenzen des Bewusstseins überschreiten
Band 5284
Führende Wissenschaftler über die Grenzen des menschlichen Bewusstseins.
Der spannende Brückenschlag zwischen Naturwissenschaft und Spiritualität.

HERDER spektrum

Antonia Grunenberg
Arendt
Band 4954
Hannah Arendts Analysen von Macht und Gewalt, totalitärer Herrschaft,
Ideologie und der „Banalität des Bösen" zeigen, weshalb menschliche
Rationalität leicht in die Irre geht. Ihr Gegenentwurf einer freien, pluralistischen
Gesellschaft ist aktueller denn je.

Alois Halder
Philosophisches Wörterbuch
Band 4752
Auf das Wesentliche konzentriert, informiert dieses Handbuch über die
wichtigen Persönlichkeiten, Fragestellungen und Positionen der Philosophie.

Hans Joas
Braucht der Mensch Religion?
Über Erfahrungen der Selbsttranszendenz
Band 5459
Was erfährt, wer glaubt? Die Erfahrung der Selbstüberschreitung braucht
Deutung. Eine überraschende Sicht auf eine alte Menschheitsfrage.

Hans Maier
Die christliche Zeitrechnung
Band 4933
„Eine kompakte Darstellung, die eine Wissenslücke füllt." (Wiener Zeitung)

Dietmar Mieth
Kleine Ethikschule
Band 5471
Ethik kollidiert mit handfesten Vorteilen. Wo liegen Kriterien,
die wir anwenden können? Und wo macht es Sinn, moralisch gut zu
handeln? Klärung im alltäglichen Dschungel der Entscheidungen.

HERDER spektrum

Astrid Nettling
Kleine philosophische Lebenskunst
Band 5397
Wichtige Impulse aus der Weisheit, die zu leben lehrt: den rechten Umgang
mit der Zeit, Beziehungen zu Menschen und die Begegnung mit Alter,
Abschied und Tod.

Wolfgang Reinhard
Glaube und Macht
Kirche und Politik im Zeitalter der Konfessionalisierung
Band 5458
Reinhard entwirrt die Interessen, unterscheidet reformatorischen Eifer,
katholischen Dogmatismus und politische Machtinteressen – und schlägt
den Bogen zur konfessionellen Kultur der Gegenwart.

Hans-Martin Schönherr-Mann
Auf der Spur des verlorenen Gottes
Die großen Religionsphilosophen im 20. Jahrhundert
Band 5351
Von Wittgenstein bis Karl Japers – aufschlussreiche Porträts zur geistigen
Diagnose der Gegenwart.

Jutta, Seibert
Lexikon christlicher Kunst
Themen, Gestalten, Symbole
Band 5311
Ein Kompaktlexikon mit präzisen Informationen über Bilder und Themen
der christlichen Kunst in über 1.000 Stichwörtern.

Gianni Vattimo
Kurze Geschichte der Philosophie im 20. Jahrhundert
Eine Einführung
Band 5176
Technik und Existenz – zwei zentrale Begriffe der Philosphie
des 20. Jahrhunderts. Einer der namhaftesten Philosophen der Gegenwart
gibt hier eine klare Einführung.

16.10   13 0

HERDER spektrum